THE AGE OF DIVERGING TRADITIONS
다양해지는 문화의 시대

지은이 J. M. 로버츠
저명한 역사학자 J. M. 로버츠는 1928년 영국 바스에서 태어났다. 그는 톤턴과 옥스퍼드를 졸업했고, 이후 1953년부터 1955년까지 미국에서 커먼웰스 재단의 특별연구원으로 활동하다 다시 옥스퍼드로 돌아와 1979년까지 머튼 칼리지에서 학생들을 가르쳤다. 1979년 사우스햄튼 대학교의 부총장이 되었고, 1985년 머튼으로 돌아가 학장을 역임하다가 1994년 은퇴했다. 퍼넬 출판사의 『20세기 역사』의 편집책임자였던 로버츠는 수많은 역사서를 출간했다. 그가 출간한 역사서 가운데 『서양의 승리』는 BBC 방송의 시리즈로 제작되었고, 그 프로그램에 그가 직접 출현하여 해설을 맡기도 했다. 1967년부터 1978년까지는 『영국 역사개관』의 편집에 참여했고, 두 개의 총서 『옥스퍼드 간추린 현대사』와 『뉴 옥스퍼드 영국사』의 편집 책임을 맡았다. 가장 최근 작품으로 『유럽의 역사』가 있다.

옮긴이 조윤정
서울 출생으로 연세대 지질학과를 졸업했다. 1998년 중앙일보 신춘문예에 단편소설이 당선되어 등단했다. 옮긴 책으로는 『사라진 섬 레이즈』, 『알파벳과 여신』, 『집시, 바람의 노래를 들어라』, 『예루살렘 성전의 최후』 등이 있다.

THE AGE OF DIVERGING TRADITIONS
All Rights Reserved
Copyright © Editorial Debate SA 1998
Text Copyright © J.M.Roberts 1976, 1980, 1983, 1987, 1988, 1992, 1998
Artwork and Diagram Copyright © Editorial Debate SA 1998
(for copyright in the photographs and maps see acknowledgements pages which are to be regarded as
an extension of this copyright)

Korean Translation Copyright © 2007 by ECLIO Publishing Co.,Ltd.
Korean Translation published by arrangement with Duncan Baird Publishers Ltd
through Imprima Korea Agency

이 책의 한국어판 저작권은 Imprima Korea Agency를 통해
Duncan Baird Publishers Ltd와의 독점 계약으로 이클리오에 있습니다.
저작권법에 의해 한국 내에서 보호를 받는 저작물이므로
무단전재와 무단복제를 금합니다.

히스토리카 세계사
VOLUME 4
다양해지는 문화의 시대
THE AGE OF DIVERGING TRADITIONS

J. M. 로버츠

이끌리오

차례 content

1 이슬람과 서아시아 세계의 재편 _ 10

| 사산 왕조의 탄생 | _ 10
사산 왕조의 통치 | 사산 왕조의 국교, 조로아스터교 | 마니교의 탄생 | 페르시아 기독교도들의 수난 | 페르시아와 로마의 대전 | 비잔티움 제국을 구원한 헤라클리우스 | 아시아의 유목 민족 | 유목 민족의 문화 | 문헌상 최초의 유목 민족 스키타이인 | 흉노족과 유목민의 연쇄 이동 | 비잔티움 제국의 동맹자, 투르크족

| 이슬람교 | _ 19
예언자 마호메트 | 전통 해체의 중심지 메카 | 코란과 마호메트의 가르침 | 헤지라, 이슬람 공동체의 기원 | 형제애에 기반을 둔 이슬람 공동체 | 마호메트가 남긴 유산 | 칼리프 통치의 시대 | 서양을 휩쓴 이슬람의 정복 사업 | 이슬람 정복의 성공 이유

2 아랍 제국 _ 30

| 우마이야 왕조 | _ 30
우마이야 왕조의 사회 제도 | 관대한 정복지 지배 정책 | 아랍인과 현지인의 융합 | 시아파의 세력 확장 | 우마이야 왕조의 몰락

| 아바스 왕조 | _ 34
아바스 왕조의 통치

| 이슬람 문명 | _ 36
문학의 발전과 위대한 예술성 | 과학과 수학 | 이슬람 건축양식의 등장 | 예술의 발달과 아랍 제국의 몰락 | 스페인의 후우마이야 왕조 | 칼리프 권력의 쇠퇴 | 사회 혁명으로서의 이슬람교 | 이슬람교의 세계적인 확산

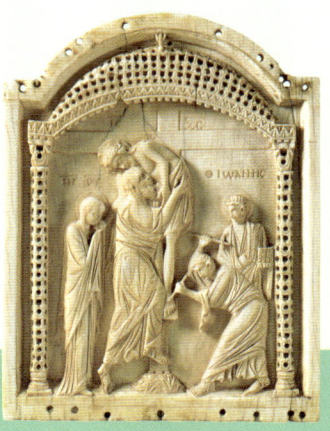

3 비잔티움 제국과 그 주변 세계 _ 50

| 제국 황제의 지위 | _ 51
종교와 황제 | 동방 정교회의 전통 | 동·서 로마 제국의 문화적 분열 | 신학적 논쟁들의 배경
그리스도 단성설 | 비잔티움 제국과 아시아 | 중세의 비잔티움 제국 | 비잔티움 제국이 겪던 어려움들
제국의 축소 | 레오 3세와 비잔티움 제국의 부흥 | 바실리우스 2세와 이사우리아 왕조의 말기

| 성상 파괴주의 | _ 65
성상 옹호론자들에 대한 박해 | 성상 파괴 운동의 원인 | 심화되는 동·서 교회의 갈등 | 비잔티움 제국의 찬란한 영광 | 비잔티움 제국의 경제 | 내부의 권력 투쟁 | 새로운 적들의 등장 | 베네치아 세력의 성장 | 십자군의 도전 | 십자군의 콘스탄티노플 약탈

| 슬라브족 | _ 78
슬라브족의 기원

| 불가르족 | _ 80
불가르족의 기독교 개종 | 키릴 문자의 발명 | 키예프와 비잔티움 | 바이킹족 지배 하의 러시아 | 비잔티움 제국과의 관계 | 러시아의 초기 기독교 | 러시아를 기독교 국가로 만든 블라디미르 | 키예프 공국의 사회 | 야로슬라프와 키예프 공국의 절정기 | 북부 지방의 여러 공국들 | 폴란드의 등장 | 슬라브족과 동·서 교회의 관계 | 공격받는 슬라브 유럽

차례 cont

4 서아시아를 둘러싼 각축의 시대 _ 98
칼리프 왕조

ㅣ투르크족ㅣ _ 99
투르크족의 이슬람교 개종 ㅣ 셀주크 제국 ㅣ 셀주크 제국의 지배 구조 ㅣ 십자군의 위협 ㅣ 불세출의 영웅, 살라딘

ㅣ몽골족과 타타르족ㅣ _ 106
사상 최대의 정복자 칭기즈칸 ㅣ 유럽을 침략한 몽골족 ㅣ 이슬람 세계로 쳐들어간 몽골족 ㅣ 4한국汗國의 성립 ㅣ 몽골족의 통치 ㅣ 몽골 제국의 오만 ㅣ 몽골 제국의 문화 ㅣ 일한국 지배 하의 페르시아 ㅣ 이슬람 세계로 복귀한 페르시아 ㅣ '절름발이' 티무르와 티무르 제국

ㅣ황혼기의 비잔티움 제국ㅣ _ 117
제국의 위기 ㅣ 실패로 돌아간 동·서 교회의 재통합 운동

ㅣ오스만 제국ㅣ _ 121
오스만 제국의 술탄 ㅣ 콘스탄티노플의 공략 ㅣ 오스만 제국의 유럽 정복 ㅣ 오스만 제국이 유럽에 남긴 영향 ㅣ 메메드 2세의 종교적 관용주의

ㅣ사파위 왕조의 페르시아ㅣ _ 128
아바스 1세 시대의 번영 ㅣ 사파위 왕조의 몰락

5 유럽의 성장 _ 134

| 서유럽 문명의 형성 | _ 134
지리적인 한계 | 서유럽의 지역 구분 | 프랑크 왕국이 남긴 유산 | 교황의 승인

| 샤를마뉴 대제 | _ 140
샤를마뉴와 황제의 칭호 | 샤를마뉴의 통치 | 카롤링거 르네상스 | 샤를마뉴의 권위에 의존했던 프랑크 왕국 | 프랑크 왕국의 분열 | 서프랑크 왕국과 동프랑크 왕국 | 카롤링거 왕조의 쇠퇴 | 프랑코니아의 콘라트와 독일의 상황

| 오토 왕조 | _ 151
제국의 부활 | 오토 왕조의 몰락 | 이탈리아와 남부 유럽의 상황

| 스칸디나비아 | _ 156
바이킹의 내습 | 바이킹 침략의 결과 | 앨프레드 대왕과 잉글랜드의 통일 | 스칸디나비아인이 남긴 유산 | 기독교화된 스페인 | 서유럽 교회의 고민

| 교황과 서유럽 기독교 | _ 165
교황권의 취약성 | 황제들이 가져다준 이점 | 니콜라우스 1세와 교황권의 전성기 | 주교와 수도원의 역할 | 교회 개혁의 중심지, 클뤼니 수도원 | 기독교의 문화 지배 | 교회와 지역 공동체 | 서유럽의 경제적 침체 | 중세 초의 농업 | 도시들의 상태

| 봉건 제도 | _ 175
봉건 제도의 사회 조직 | 중세의 귀족과 군대의 관계 | 중세 왕들의 권력 | 주민들의 제한된 일상

연대표 _ 184

색인 _ 186

도판 출처 _ 188

다양해지는 문화의 시대

유스티니아누스 대제 시대의 로마인들은 스스로를 특별한 존재라고 생각했다. 그들은 로마 문명을 세계에서 가장 우수한 문명이라고 여겼으며, 로마에 태어난 것을 커다란 자랑으로 여겼다. 그러나 이러한 자부심은 로마인에게만 있었던 것은 아니었다. 당시 다른 문명권의 사람들 역시 로마인과 비슷한 생각을 가지고 있었을 것이다. 아메리카 대륙과 오스트레일리아 대륙을 제외하면, 예수가 태어나기 훨씬 전부터 세계 곳곳에는 문명이 발달해 있었다. 근대 이전까지는 다른 문명에 비해 오랫동안 우위를 점한 문명은 존재하지 않았다. 따라서 기술의 차이는 그다지 뚜렷하거나 중요하지 않았다. 기술의 차이가 큰 의미를 띠게 된 것은 훨씬 나중의 일이었다. 어쨌든 오늘날보다는 훨씬 낮은 수준이라 하더라도 문명 간의 교류는 꾸준히 존재했다. 어떤 문명도 다른 문명과 완전히 동떨어진 채로 발전하지는 않았다. 단순히 전쟁 형태의 접촉이 일어나도 문명 간에는 기술이나 지식의 전파가 뒤따랐다.

특히 집단적으로 거주지를 옮기거나, 여기저기 떠돌아다니는 유목민들이 여러 문명 지대를 오가는 과정에 문명 간의 교류가 비약적으로 늘어나곤 했다. 민족의 집단 이주는 대개 처음에는 갈등을 낳았지만, 시간이 지나면서 점차 문화적 공생과 융합으로 이어졌다. 물론 이민족의 침입에 따른 문명의 파괴가 문화의 융합이 낳은 창조적 효과를 무색하게 하는 경우도 종종 있었다. 서아시아와 동유럽 문명을 황폐화시켰던 몽골족의 침입이 대표적인 예였다. 몽골의 지배는 새로운 창조를 낳을 정도로 오래 지속되지 못했기 때문에 유라시아 각지에 파괴의 상흔만을 남겼을 뿐이다.

그러나 외래 민족의 침입이 보다 긍정적이고 영속적인 영향을 낳는 경우도 있었다. 예컨대 중앙아시아 지방으로부터 서쪽으로 이주해 온 투르크족은 아나톨리아 반도에 터전을 마련한 뒤 지중해 동부 연안을 아우르는 새로운 제국을 건설했다. 이 제국은 비잔티움 제국이 누리던 영광을 이어받아 찬란한 번영을 이룩했다.

이 책에서는 세계사를 형성하는 중요한 동력인 문명 간의 충돌에 대해서 이야기할 것이다. 이 충돌은 스페인에서 인도네시아까지, 또 니제르에서 중국에까지 수많은 사람들을 혼란에 빠뜨렸지만, 동시에 문명 간의 교류를 촉진한 중요한 계기도 되었다.

기독교·이슬람교·유대교 문화는 중세 서양의 문명사회를 만든 3대 근원이었다. 각 문명은 이들 종교를 기준으로 구분되기도 했다. 오른쪽의 기독교 회화는 9세기 스페인의 작품으로, '아벨다 공의회 사본'에 수록된 것이다. '아벨다 공의회 사본'은 엘 에스코리알 수도원이 보관하고 있던 톨레도 공의회 관련 문서들 중 하나다.

1 이슬람과 서아시아 세계의 재편

전쟁은 증오를 불러일으키지만, 상대방에 대한 이해를 높이기도 한다. 이란에서 일어난 서아시아 국가들과 그리스·로마 중심의 유럽 국가들은 서기 500년경까지 거의 1,000년 동안 줄기차게 상대방의 영역 안으로 진출하고자 했다. 이 과정에서 오고간 것은 단지 군대와 살육만이 아니었다. 정복자들은 자신의 문화를 정복지에 전해 주기도 했지만 피정복민의 문화를 흡수하기도 했다. 고대 페르시아 아케메네스 왕조의 유산을 로마에 전한 것은 알렉산더 대왕과 그 후예들이었고, 로마 제국의 신성한 왕권 개념도 메소포타미아로부터 유래한 것이었다. 서아시아와 유럽의 문화는 이렇게 대립하면서도 서로 불가분의 관계에 놓여 있었다.

대립은 문화적인 교류를 낳았지만 지나친 적개심은 결국 파멸을 불러왔다. 로마 제국을 계승한 기독교 비잔티움 제국과 사산 왕조 페르시아는 서로 간의 싸움에 지나치게 열중한 나머지 그들의 자원을 모두 소진해 버렸다. 적개심이 적개심을 불러일으키는 악순환 속에서 사람들의 융통성은 점차 마비되어 갔다. 서로 간의 대립 의식은 이 두 문명 국가의 문화를 형성했던 것과 마찬가지로 몰락시키고 말았다.

사산 왕조의 탄생

사산 왕조의 초대 왕은 아르다시르 또는 아르타크세르크세스라는 이름으로 불렸다. 스스로 페르시아의 계승자를 자처했던 그는 과

군대와 종교에 대한 지배권 장악은 사산 왕조의 생존을 위해 필수적인 것이었다. 사산의 왕들은 종교를 이용해 자신에게 신적인 권위를 부여하고자 했다. 사진은 페르시아의 부조인데, 조로아스터교의 신들인 미트라와 아후라 마즈다가 아르다시르 2세(379~383)에게 왕관을 수여하는 장면을 묘사하고 있다.

10 다양해지는 문화의 세계

호스로우 1세 시대의 사산 제국

사산 제국의 영토는 6세기 호스로우 1세(531~579 재위) 시대에 최대에 이르렀다. 3세기에 세워진 사산 제국은 시리아와 아르메니아까지 급속도로 영토를 확장했다. 이후 그들은 로마 제국 및 비단길의 접근로를 확보하려는 다른 국가들과 충돌하게 되었다. 4세기 서쪽으로는 비잔티움 제국과 싸움을 벌이는 한편, 제국의 북동쪽에 등장한 훈족의 위협에도 대처해야 했다. 다방면에서 일어난 전쟁으로 인해 쇠약해진 사산 제국은 결국 642년 나하반드 전투에서 아랍인들에게 패해 무너지고 말았다.

거 파르티아나 다리우스 대왕 시절의 전통을 되살리는 데 많은 힘을 기울였다. 그의 후계자들 역시 이에 관한 조각이나 비문들을 통해 자신들이 고대 페르시아 전통의 계승자임을 강조했다.

페르시아 전통 회복의 구호는 단순히 문화적인 차원에 국한된 것이 아니었다. 아르다시르는 다리우스 시대*의 영토를 모두 회복해야 할 땅으로 간주했다. 그는 친히 원정에 나서 메르브와 히바의 오아시스를 정복하고 펀자브를 침공했다. 아르메니아의 정복에는 무려 150년이나 걸렸지만, 사산 왕조는 결국 과거 페르시아의 영역을 대부분 회복하는 데 성공했다. 이들은 6세기까지도 예멘을 지배하는 등 영화를 누렸는데, 이때를 고대 이란 제국의 마지막 부흥기였다고 할 수 있을 것이다.

사산 왕조의 통치

사산 왕조의 정치사를 관통하던 가장 핵심적인 쟁점은 왕과 명문 귀족들 사이의 대립관계였다. 지리적·기후적으로 다양한 사산 제국의 거대한 영토는 언제든지 분열될 소지가 있었는데, 이를 막기 위해서는 제국의 구심점을 강화할 필요가 있었다. 사산 제국의 왕들은 고대 아시리아 시대부터 발달했던 관료

*다리우스 시대
페르시아 아케메네스 왕조의 왕으로, '대왕'이라 여겨지는 다리우스 1세 시대를 뜻한다. 국내 정비와 국외 정복활동을 활발히 하여, 그의 시대에 인더스 강 유역과 도나우 강 건너편까지 넓은 영토를 정복했다.

연대표(224~651년)

- **224년** 아르다시르 1세가 파르티아 제국의 아르타바누스 5세로부터 승리를 거둠. 사산 제국의 탄생
- **260년** 샤푸르 1세가 로마 황제 발레리아누스와의 전투에서 승리를 거둠.
- **363년** 샤푸르 2세가 비잔티움 황제 율리아누스와의 전투에서 승리를 거둠.
- **578년** 사산 제국의 원정대가 실론 섬(스리랑카)에 파견됨
- **591년** 호스로우 2세가 비잔티움 황제 마우리키우스의 도움으로 제위를 되찾음.
- **651년** 사산 제국의 황제 야즈데게르드 3세가 피살되고 아랍인이 페르시아를 정복함.

*아르사크 왕조
파르티아 제국을 세우고 다스린 고대 이란 왕조. 아시아와 그리스·로마를 잇는 대부분의 교역로를 통제하여 막대한 부를 쌓았고, 그 결과 활발한 건설 활동이 이루어졌다.

*마기
종교의식을 담당하던 고대 페르시아의 사제 집단. 이들이 처음부터 조로아스터교였고 최초의 전도자였는지에 대해서는 논란이 많다. 조로아스터교의 경전인 『아베스타Avesta』에 그들에게서 유래한 의례에 관한 부분이 나오기도 한다.

제의 전통과, 국왕에게 부여된 신적 권위를 적극 활용함으로써 제국의 힘을 유지해 나갔다.

그러나 왕의 권력이 절대적인 것은 아니었다. 그들은 언제나 명문 귀족들을 의식하지 않을 수 없었다. 어떤 왕들은 강제로 퇴위되었고, 고관과 군인, 성직자들이 제멋대로 왕의 후계자를 정할 때도 있었다. 이들 소수의 명문 귀족들은 지방 총독을 맡기도 하면서 왕에 대항하는 강력한 세력을 형성했다. 그들은 자신을 파르티아 아르사크 왕조*의 후예라 일컬었으며 엄청난 영지를 보유하고 많은 특권을 누렸다.

다행히도 이들의 독주를 제어할 만한 견제 집단이 있었다. 하나는 주로 하급 귀족들이 지휘하는 용병 부대였다. 용병 부대는 하급 귀족이 상급 귀족의 독선적인 행동에 맞설 수 있는 주요 수단이었는데, 이 중 정예 부대는 중무장한 근위 기병대로 왕에게 직속되었다. 성직 계급 역시 명문 귀족들의 권력에 대항하는 또 다른 세력이었는데, 사산 왕조의 왕들은 이들을 적절히 활용해 명문 귀족들과 힘 겨루기를 전개하기도 했다.

이 청동상은 호스로우 1세의 모습이다. 호스로우 1세는 경제와 군사 부문에서 몇 가지 중요한 개혁을 단행했다. 그의 재위 기간 중 사산 제국이 누렸던 화려한 영광 덕분에 그는 서아시아의 신화에서 이상적인 군주로 등장한다.

사산 왕조의 역사에서는 왕이 귀족들의 요구를 성공적으로 억누른 시기와 그렇지 못한 시기가 번갈아가며 나타났다. 각 시기별로 왕권의 정도는 두 가지 척도를 통해 확인해 볼 수 있다. 하나는 왕이 귀족들의 요구를 물리치고 중요 관직에 자기 사람을 임명할 수 있는가 하는 것이고, 다른 하나는 자기 마음대로 왕위를 계승할 수 있는가 하는 것이다.

사산 왕조의 국교, 조로아스터교

사산 왕조 페르시아는 정치적으로뿐만 아니라 종교적으로도 통일된 사회였다. 아르다시르는 조로아스터교를 복권시켜서 국교로 삼았다. 조로아스터교의 사제인 마기*에게는 중요한 특권을 부여했을 뿐 아니라 정치에도 참여시켰다.

사제들의 역할은 왕권의 신성함을 확인해 주고, 주요 사법 임무를 수행함과 아울러 토지세 징수를 감독하는 것이었다. 이것은 상당히 중요한 역할이었는데, 토지세는 페르시아 재정의 근간을 이루었고, 이들이 설파한 조로아스터교의 교리는 왕권 강화의 근거가 되었기 때문이다. 이들은 창조신 아후라 마즈다*의 숭배를 강조했으며 현세에서 아후라 마즈다의 대리자가 바로 왕이라고 주장했다. 사산 왕조가 조로아스터교를 국교로 삼은 것은 이처럼 왕조의 권위를 확립하기 위한 것이었다.

마니교의 탄생

로마 제국이 기독교 국가가 됨에 따라 종교를 통한 국가이념의 통합 문제가 다시 중요

사산 왕조의 왕들은 사냥을 통해 그들이 지닌 힘과 전투 능력을 과시하곤 했다. 사진은 사냥에 나선 호스로우 2세의 모습을 새긴 사산 왕조의 접시이다.

12 다양해지는 문화의 세계

시되었다. 이전에는 페르시아에서도 기독교 신앙이 허용되었으나 이때부터 기독교 신자는 친로마적 반역자로 간주되기 시작했다. 특히 로마와의 전쟁이 시작되면서 기독교에 대한 박해는 일상화되었다. 국가 간의 대립이 종교적인 대립으로 번지면서 종교적 불관용은 점점 심해져 이윽고 조로아스터교 이외의 다른 종교들도 탄압을 받기 시작했다. 이러한 탄압은 5세기까지 계속되었다.

276년에 처형당한 페르시아의 종교 지도자 마니는 이러한 배경 속에서 희생되었다. 산 채로 가죽을 벗기는 끔찍한 방법으로 처형된 그는 서양에는 마니카에우스라는 라틴식 이름으로 알려졌다. 그는 유대-기독교 신앙과 페르시아의 신비주의를 결합하여 마니교라는 독특한 종교를 창시했다. 마니교의 특징은 선과 악, 자연과 신의 뚜렷한 이분법에 있었다. 마니는 우주를 빛과 어둠이 벌이는 거대한 투쟁의 장소라고 여겼다. 그는 엄격한 금욕으로 이 투쟁에 참여할 것을 주장했으며 이를 통해 구원과 완벽의 경지에 도달할 수 있다고 가르쳤다.

마니교의 과감한 선악의 구분은 일부 기독교 신자들에게도 상당한 호소력이 있었다. 그들은 마니교야말로 바울로의 가르침에 가장 잘 부합된다고 여겼다. 마니의 가르침은

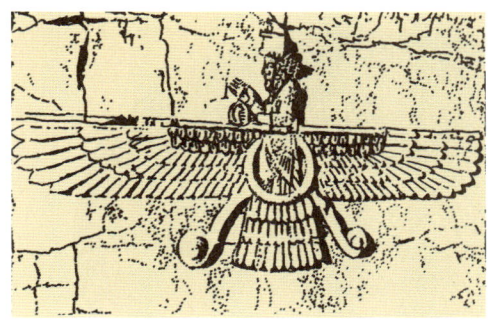

아후라 마즈다는 고대 페르시아의 주신主神으로, 나중에는 유일한 창조주이자 선의 신인 오르마즈드로 알려졌다. 이 석조 부조에서 아후라 마즈다는 날개 달린 빛의 영혼으로 표현되었다.

이후의 기독교 사상에도 큰 영향을 끼쳤다. 예컨대 성 아우구스티누스는 어렸을 때 마니교도였으며, 마니교의 흔적은 훨씬 나중에 중세 유럽의 이단에서도 발견된다.

마니교의 비타협적 윤리관은 몇몇 열성적인 신자를 낳았다. 그러나 한동안 그들은 조로아스터교 국가와 기독교 국가 모두로부터 박해를 받아야 했다. 그들은 중앙아시아와 중국으로 도피했고, 이곳에서 13세기까지 활발한 포교 활동을 하면서 서양의 종교 사상을 동양에 전파하는 역할을 했다.

페르시아 기독교도들의 수난

5세기 비잔티움 제국과 강화조약을 맺으면서 페르시아는 동방 정교회에 대한 박해를 중지하겠다고 약속했다. 그러나 이 약속은 휴지조각에 불과했다. 비잔티움 제국과 페르시아가 팽팽하게 대립하고 있는 와중에 언제 기독교 국가의 편을 들고 나설지 모르는 기독교도들을 페르시아인들은 믿을 수가 없었던 것이다. 5세기 말에 이르러서야 비로소 왕은 기독교를 허가했지만, 이는 단지 기독교도가 많았던 아르메니아인들을 달래기 위해서였을 뿐이었다.

그러나 이것으로 기독교인들의 수난이 끝난 것은 아니었다. 이들은 열성적인 조로아스터교도들로부터 끊임없이 개종 압력에 시달려야 했다. 사산 왕조의 왕들은 거듭해서 기독교 신앙을 허용한다고 밝혔지만, 실제로

*아후라 마즈다
조로아스터교의 최고 신. '지혜로운 주主'라는 뜻으로, 페르시아의 왕 다리우스 1세와 그의 계승자들이 가장 위대한 신이며 정의로운 왕의 수호신으로 숭배했다. 우주와 우주의 질서를 창조했고 그것을 유지한다고 여겨졌다.

◀이 그림에 등장하는 성 아우구스티누스는 마니교의 창시자인 마니의 영향을 받았던 저명한 기독교인 중 하나다. 마니의 가르침은 그가 사산 왕조에 의해 처형되기 전에 이미 동서양에 널리 퍼져 있었다. 마니는 중국과 인도, 티베트를 방문한 적이 있었고, 스페인과 이탈리아 남부를 여행하기도 했다.

이 조각품은 260년 에데사에서 로마 황제 발레리아누스(왼쪽)가 사산 제국의 샤푸르 1세에게 패배하는 장면을 묘사하고 있다. 승리를 거둔 사산 제국은 발레리아누스를 포로로 삼았고, 이어 로마가 포기한 영토에서 36개의 도시를 약탈했다.

*네스토리우스파
그리스도의 신성(神性)과 인성(人性)이 독립된 두 개의 인격이라고 보는 기독교의 종파.

이를 적극적으로 실천한 왕은 거의 없었다. 아마도 정치적 배경 때문에 기독교를 제대로 인정하는 것은 불가능했을 것이다.

다만 기독교의 네스토리우스파*의 신앙만은 예외적으로 허용되었다. 그들은 로마에서 이단으로 몰려 박해를 받고 있었기 때문이다. 그러므로 그들은 정치적으로 신뢰할 만하다고 여겨졌다.

페르시아와 로마의 대전

6세기가 되자 로마 제국의 힘은 쇠퇴하고 사산 왕조는 호스로우 1세의 지도 아래 전성기를 맞이했다. 이로써 로마와 페르시아 간의 힘의 균형은 이전과 크게 달라졌다. 여기에 종교적 대립까지 가미되자 둘 간의 경쟁은 문명의 대결이라는 차원으로까지 치닫고 말았다. 그러나 이 대결은 소모적이기만 했을 뿐 그다지 의미 있는 결과를 가져오지는 못했다.

오리엔트 세계와 유럽 세계는 기원전 5세기 그리스와 페르시아의 전쟁 이래 이미 1,000여 년간이나 싸움을 계속해 왔다. 페르시아와 로마의 전쟁은 이 케케묵은 적대관계의 마지막을 장식하는 싸움이었지만 대부분 지루한 무승부로 일관했다. 양자 간의 대결은 7세기 초 고대의 마지막 세계 대전이라 할 만한 대규모 충돌로 클라이맥스에 이르렀는데, 그 결과 서아시아의 헬레니즘 문화권은 치명적인 타격을 입었다.

당시 페르시아는 사산 왕조 최후의 명군이었던 호스로우 2세가 다스리고 있었다. 서로마 제국은 이미 멸망했고, 동로마인 비잔티움 제국 역시 슬라브족과 아바르족의 침입으로 인해 상당히 약해진 상태였다. 게다가 반란까지 일어나 비잔티움 제국의 유능한 황제 마우리키우스가 폭도들에게 목숨을 잃자 호스로우 2세는 기회가 왔다고 생각했다.

사실 호스로우 2세는 마우리키우스 황제에게 빚을 지고 있었다. 그는 마우리키우스의 도움으로 페르시아의 왕위에 오른 인물이었다. 호스로우 2세는 마우리키우스의 복수를 한다는 구실 하에 군대를 이끌고 레반트로 쳐들어가 시리아의 도시들을 파괴했다. 615년에는 예루살렘을 약탈하고 예루살렘 최고의 보물인 예수의 십자가마저 전리품으로 가져갔다. 그간 로마인의 박해에 시달려 왔던 유대인들은 페르시아의 진출을 환영했으며, 기독교도에 대한 보복 학살을 조금도 주저하지 않았다.

이듬해 페르시아군은 이집트를 침공했고 그 다음 해에는 콘스탄티노플에서 1.5km 떨어진 외곽 지역에까지 진출했다. 그들은 제해권까지 장악하여 키프로스를 침략하고 비잔티움 제국으로부터 로도스 섬을 빼앗았다. 지중해 서편에서는 이베리아의 마지막 로마 땅이 자취를 감추려고 하던 무렵, 지중해 동편에서는 서아시아의 로마 흔적이 모두 사라지려는 찰나였다.

비잔티움 제국을 구원한 헤라클리우스

페르시아와의 오랜 투쟁 역사에서 로마가 이토록 위기에 몰린 적은 일찍감치 없었다. 하지만 다행히도 로마에 구세주가 등장했다.

610년 카르타고 총독 헤라클리우스는 폭정을 일삼던 비잔티움 제국의 황제 포카스에게 반란을 일으켰다. 그는 포카스를 죽이고 총대주교로부터 황제의 관을 수여받았으며 선혈이 낭자한 폭정도 종식시켰다.

비록 서아시아의 페르시아군을 당장 몰아낼 수는 없었지만, 헤라클리우스의 탁월한 군사적 재능은 곧 빛을 발했다. 626년 아바르족이 페르시아와 손을 잡고 북쪽에서 수도 콘스탄티노플을 공격해 오자, 그는 오로지 해군력에만 의지해 도시를 무사히 지켜 내는 데 성공했다. 이때 페르시아는 비잔티움 제국의 해군 때문에 아바르족에게 지원군을 보낼 수 없었다.

이듬해 헤라클리우스는 반격에 나서 서아시아의 전략적 핵심인 아시리아와 메소포타미아 지방에 쳐들어갔다. 때마침 페르시아에서 반란이 일어나 호스로우 2세가 살해당하고 말았다. 사산 왕조의 새 황제는 비잔티움 제국과 강화조약을 맺었으며 예수의 십자가도 예루살렘에 돌려주었다. 이로서 사산 왕조의 영광스러운 날들은 막을 내리게 되었다. 페르시아와 로마는 이후 두 번 다시 전쟁을 벌이지 못했는데, 그것은 새로운 적이 등장하여 이들 모두를 위협했기 때문이다.

아시아의 유목 민족

사산 왕조는 주변에 적이 너무 많았다. 610년은 사산 왕조의 몰락을 예고하는 불길한 조짐이 유난히 많았다. 비잔티움 제국의 헤라클리우스 황제가 즉위해 위협을 가한 것 외에도 페르시아군은 아랍 군대에 처음으로 패배했다. 하지만 페르시아는 오랫동안 남쪽의 아랍인들보다는 북쪽의 적들을 훨씬 더 경계했다.

이 북쪽의 적들이란 중앙아시아의 유목 민족을 가리킨다. 이들의 전체적인 또는 세부적인 역사를 가늠하는 것은 매우 어려운 일이지만, 한 가지 사실만은 분명하다. 즉 이들은 약 1,500년 동안 세계사를 움직인 주요 변수의 하나였다는 점이다. 이들의 행동은 언뜻 산만하고 혼란스러워 보일 수도 있지만, 게르만족이 서양으로 이동하고, 중국의 정치·사회 구조에 커다란 변화가 생긴 것도 모두 이들 때문이었다.

이들은 과연 누구였는가? 유목민을 이해하려면 먼저 그들이 살았던 터전에 대해 알아야 한다. 유목 민족의 주요 근거지였던 중앙아시아는 사실 '중앙아시아'라기보다는 '땅에 갇힌 아시아'라는 이름이 좀 더 잘 어울릴 정도로 바다로부터 멀리 떨어진 지역이다. 이곳의 기후는 대체로 건조하며 전통적

◀사진은 비잔티움 제국 헤라클리우스 황제의 모습이 새겨진 동전이다. 사산 제국의 호스로우 2세가 헤라클리우스 황제에게 패한 지 100여 년 뒤, 사산 제국의 마지막 왕인 야즈데게르드 3세의 자손들은 중국으로 도망쳐야 했다.

중앙아시아의 오아시스 주변에는 무역 도시들이 발달하여 대상(隊商)들에게 숙박 장소를 제공했다. 사진은 우즈베키스탄의 보하라 근처에 있는 라바티-말리크 여관의 입구이다. 정교하게 꾸며진 현관의 장식에서 이 도시들이 누렸던 번영을 엿볼 수 있다.

이슬람과 서아시아 세계의 재편 15

으로 외부의 정치적 간섭이 거의 없었다. 그렇다고 해서 이곳이 문화적으로 폐쇄적이거나 고립된 것은 아니었다. 불교와 기독교, 이슬람교의 전파에서도 알 수 있듯이 이곳은 외부의 문화적 영향에는 개방된 편이었다.

지리적으로 보았을 때 이곳은 6,500km에 걸쳐 동서양으로 긴 통로처럼 이어져 있으며 유목 생활에 매우 적합한 환경이다. 북쪽 경계는 시베리아의 삼림이고 남쪽에는 사막과 거대한 산맥, 티베트 고원과 이란 고원이 가로놓여 있다. 대부분은 초원 지대지만, 남쪽에는 사막이 펼쳐진 곳이 많다. 사막의 드넓은 오아시스들은 언제나 이곳 경제에서 중요한 위치를 차지했다. 오아시스는 정착민들의 거처가 되기도 했는데, 유목민들은 이들을 질투하면서도 한편으로는 이들에게 생필품 조달 등의 도움을 얻기도 했다.

이들 오아시스 중에서도 특히 그리스인에게는 옥수스 강과 야크사르테스 강으로 알려진 두 개의 거대한 강이 있는 지역은 우즈베키스탄 사람들의 왕래가 잦았고, 덕분에 상업이 번창했다. 여기서 생겨난 도시들은 부와 기술로 유명해졌는데 보하라, 사마르칸트, 메르브가 대표적이었다. 중국과 서양을 잇는 교역로는 이 도시들을 통과했다.

유목 민족의 문화

중앙아시아 유목 민족의 조상이 누구였으며 어디서 살기 시작했는지는 아무도 모른다. 정착민들의 입장에서는 이따금씩 불쑥 나타나 일대 혼란을 일으키곤 했던 그들이 언제나 독특해 보였지만, 그것은 유전적으로서가 아니라 문화적으로 달랐기 때문이었다. 기원전 1000년 무렵 유목 민족들은 이미 양 떼나 소 떼와 함께 목초지를 찾아 떠돌아다니며 생활하는 법을 완벽히 터득하고 있었다.

현대에 이르기까지 그들이 문자를 사용하지 않았다는 것은 거의 틀림없는 사실이다. 그들은 고차원의 종교로 개종한 경우를 제외하면 주술과 미신을 신봉하는 원시적인 종교관을 고수했다. 그들은 말 타는 솜씨가 뛰어났으며, 특히 합성궁을 잘 다루었다. 합성궁은 기마 궁수의 무기로, 나무와 뿔을 함께 이용해 만들기 때문에 파괴력이 매우 강했다.

그들은 천을 짜는 일이나 조각, 장식에는 솜씨를 발휘했지만, 건축은 하지 않았다. 천막 생활을 하는 그들에게 건축은 필요가 없었기 때문이다.

문헌상 최초의 유목 민족 스키타이인

이들 유목 민족 가운데 그 이름이 역사에 가장 먼저 나타나는 것은 스키타이인이다. 그러나 그들의 정확한 정체는 여전히 수수께끼다. 스키타이인이 남긴 고고학적 유물들은 중앙아시아와 러시아 곳곳에서 발견되고 있으며 멀리는 헝가리 같은 유럽에서도 확인된다. 그들은 일찍부터 서아시아의 역사에 등장했다. 그들 중 일부는 기원전 8세기에 아시리아의 국경을 침범했다고 전해진다.

스키타이인의 생활과 문화는 그리스인들을 매료했다. 그리스의 역사가 헤로도토스는 이들에 대한 자세한 기록을 남겨놓았다. 어쩌면 이들은 하나의 민족이라기보다는 서로 연관된 부족들의 집단이었을 수도 있다. 이들 중 일부는 러시아 남부에 정착하여 농사를 지으며 그리스인과 정기적으로 접촉했다. 그들은 곡식을 재배하여 흑해 연안의 그리스인들이 만든 아름다운 금 세공품과 맞바꾸었는데 이것들은 스키타이인의 무덤에서 발견

스키타이인은 지도자가 죽으면 그의 묘지 옆에서 장례식을 거행했다. 장례식에서는 죽은 자의 아내와 하인, 말들이 제물로 바쳐졌다. 사진에 나오는 황금 빗은 기원전 4~5세기경 스키타이 왕묘에서 발견된 것이다.

되곤 한다.

하지만 그리스인이 스키타이인에게 감탄한 것은 무엇보다도 전사로서의 그들의 능력 때문이었다. 그들은 전형적인 아시아 유목 민족의 전투 방식으로 싸웠다. 그들은 말에 탄 채로 화살을 쏘았으며, 더 강한 적과 마주치면 즉각 후퇴했다. 그들은 오랜 세월 동안 페르시아의 아케메네스 왕조와 그 뒤를 이은 국가들을 괴롭혔고, 기원전 100년대 말에는 파르티아에도 쳐들어갔다.

스키타이인은 유목 민족의 전형적인 이동 특성을 보여주는 좋은 예다. 그들은 매우 먼 곳에서 일어난 사소한 자극에도 민감하게 반응했다. 다른 민족이 그들에게 압력을 가하면 그들은 이동하면 그만이었다. 생활환경이 척박한 중앙아시아에서 목초지나 자원을 조금이라도 잃는다는 것은 곧 생존의 위협을 뜻했다. 이 때문에 조금이라도 자신들에게 불리한 일이 생기면 유목민들은 지체 없이 살던 곳을 떠나 새로운 터전을 찾아 나서곤 했다.

유목민들은 가축 떼와 함께 이동해야 했기 때문에 그다지 빨리 움직일 수는 없었다. 하지만 오랫동안 변화 없이 지내던 정착지의 환경을 감안한다면 정착 사회에 유목 민족이 난입해 들어오는 것은 갑작스럽게 보일 수도 있었다. 역사적으로 볼 때 중앙아시아의 유목 민족은 정착지에 끊임없이 쳐들어와 약탈을 일삼지는 않았다. 그보다는 주기적으로 대규모의 격변을 일으켰다고 하는 것이 정확할 것이다.

흉노족과 유목민의 연쇄 이동

기원전 3세기가 되자 또 다른 강력한 유목 민족이 몽골 지방에 등장하여 전성기를 구가했다. 이들은 바로 흉노족으로, 서양에는 훈족이라는 이름으로 더 잘 알려져 있다. 수세기 동안 이들의 이름은 고통과 고난의 상징이 되었다. 잔인하고 사나우며 게다가 싸움에도 능했던 이들은 누구라도 피하고 싶은 상대였다.

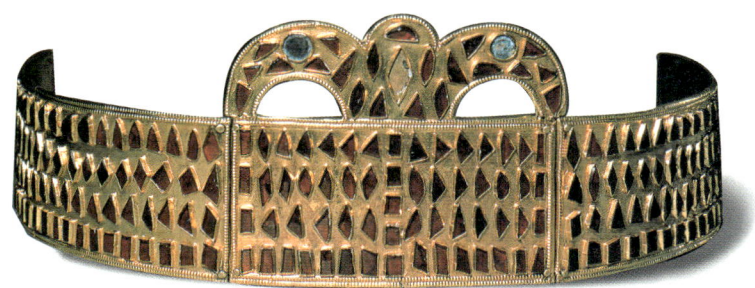

헝가리에서 출토된 이 화려한 보석 금관은 훈족의 지배자들이 썼을 것으로 추정된다.

중국에서는 흉노족을 막기 위해 길이가 2,500km가 넘는 만리장성을 축조하기까지 했다. 그러나 만리장성도 충분한 안전책은 되지 못했다. 흉노족 때문에 끊임없이 골머리를 썩던 중국 정부는 마침내 직접 나서서 흉노를 토벌하기로 했다. 이들은 중앙아시아로 쳐들어가 흉노의 측면을 공격했다. 또 타림 분지를 점령하고 파미르 고원까지 진출해 북쪽에 거대한 방어 시설을 세웠다. 이는 방어적 제국주의의 초기 사례라 할 수 있는데, 강대국들은 단순히 위협거리를 제거하기 위하여 아무런 이해관계가 없는 지역도 종종 침략하곤 했다.

중국의 공격이 주된 원인이었는지는 모르지만, 흉노족은 서쪽으로 방향을 틀어 다른 유목 민족들에게 압박을 가하기 시작했다. 흉노족에 떠밀린 월지*라는 민족은 다시 스키타이인을 내몰았고, 이들은 셀레우코스 왕조의 뒤를 잇는 그리스계 국가인 박트리아 왕국으로 밀려들었다. 기원전 138년 박트리아가 멸망하자, 스키타이인은 곧 파르티아를 침략했다.

스키타이인은 또한 러시아 남부와 인도로 밀고 들어갔지만, 이에 대해 여기서 상세히 언급하긴 어려울 것 같다. 중앙아시아 민족의 역사는 비전문가들이 함부로 다룰 수

***월지**月氏
기원전 128년경~기원후 450년경 박트리아와 인도를 통치한 고대민족.

훈족은 4세기부터 맹렬하게 서유럽으로 밀고 들어왔다. 451년 아틸라가 이끄는 훈족은 갈리아까지 진출했으나 프랑크족과 로마인의 연합군에게 저지당했다. 이듬해 아틸라는 이탈리아 침공을 준비했으나 교황 레오 1세의 간곡한 설득으로 군사를 뒤로 물렸다. 16세기 라파엘로가 그린 이 프레스코화는 당시의 장면을 묘사한 것이다.

*유연柔然
4세기 중엽~5세기 중엽, 몽골 지역에 번성했던 종족. 그 기원은 몽골족 계통으로 보인다. 수렵과 유목을 주로 하던 약소 종족이었으나, 차츰 세력이 성장하여 몽골지역을 지배했으며, 더욱 강성해져 북위北魏와 대립했다. 그러나 내란과 여러 차례 북위의 공격을 받으면서 약해졌고, 그 뒤 돌궐의 공격에 멸망했다.

는 영역이 아니며 전문가들의 의견도 분분하다. 하지만 확실하게 말할 수 있는 것은 기원전 3세기경 흉노족이 촉발시킨 중앙아시아의 격변 이후 400년간의 역사에서 그만큼 큰 영향을 미친 사건은 없었다는 것이다.

흉노족은 그 뒤 서기 350년경 사산 제국을 침략하면서 역사에 다시 등장한다. 이번에는 흉노족이 다른 유목민들에 의해 서쪽으로 밀려났던 것이다. 수백 년간의 이동 끝에 5세기경 이들 중 일부가 러시아의 볼가 강 서안에 모습을 드러냈다. 유럽인들에게 훈족이라 불렸던 이들은 451년에는 오늘날 프랑스의 트루아까지 진출했다. 남쪽으로 향한 훈족 일파는 로마와 대치 중이던 페르시아에게 새로운 짐을 안겨 주었다.

비잔티움 제국의 동맹자, 투르크족

투르크족 역시 역사의 전개 과정에 큰 영향을 미친 중앙아시아의 유목 민족이었다. 투르크족은 원래 '유연*'이라는 유목 민족에게 복속되어 철공 일을 하던 민족이었다. 흉노가 밀려난 후 몽골 지방의 주도권은 유연에게 넘어갔다.

6세기 이들의 세력은 서쪽으로는 헝가리까지 뻗어 나갔는데 유럽인들은 이들을 아바르족이라 불렀다. 이들은 유럽에 최초로 등자*를 소개한 사람들로 기마전에서 혁명을 일으켰다. 등자를 갖춘 아바르의 기병은 유럽의 군대들에 상당한 위협이 되었다.

하지만 이러한 우위는 유럽에만 한정된 것이었다. 550년경 그들은 본거지인 몽골에서 투르크족에게 축출당하고 말았다. 중앙아시아의 주요 민족으로 성장한 투르크족은 이후 서아시아와 러시아 지방으로 활발하게 진출했는데, 여기서 그들은 각각 하자르족, 페체네그족, 쿠만족 등의 이름으로 활약하였다. 이전에 아바르족이 사산 왕조와 동맹을 맺은 것과 대조적으로 하자르족은 비잔티움 제국과 동맹을 맺었다.

우리에게 알려진 최초의 '투르크 제국'은 실상 이처럼 타미르 강에서 옥수스 강까지 널리 퍼져 있던 투르크 부족들 간의 느슨한 연합체에 불과했다. 568년 투르크의 한汗*이 비잔티움에 사절을 파견하면서 시작된 두 나라 간의 관계는 그로부터 약 9세기 후 투르크인들이 무력으로 콘스탄티노플을 점령함으로써 끝이 났다.

7세기에 투르크족은 중국 당나라의 공격을 받은 후 쇠퇴하기 시작해 결국 중국의 종주권을 받아들이고 말았다. 이로써 서아시아에 대한 투르크인들의 공격도 다소 잠잠해지는 듯했다. 그러나 이번에는 남쪽에서 새로운 위협이 등장했다. 637년 아랍 군대가 메소포타미아를 침략한 것이다.

이때는 페르시아가 비잔티움 제국의 헤라클리우스로부터 큰 타격을 입은 직후였다. 페르시아에는 더 이상 이 새로운 적에 대항할 만한 힘이 남아 있지 않았다. 620년까지만 해도 사산 제국은 리비아 동부의 키레나이카에서부터 아프가니스탄과 그 너머에 이르기까지의 광대한 영역을 통치했다. 그러나 그로부터 30년도 채 지나지 않아 지구상에서 사산 제국의 모습은 더 이상 찾아볼 수 없게 되었다. 651년 사산 제국의 마지막 왕이 신하들에게 살해당하자 페르시아의 역사도 그것으로 끝이었다.

사산 왕조의 종말은 새로운 시대의 시작이었다. 조로아스터교 국가를 무너뜨린 것은 단순히 아랍의 무력만이 아니었다. 이것은 서아시아 지역에 새로운 종교적 헤게모니가 들어섰음을 알리는 중요한 사건이었다.

| 이슬람교 |

기독교를 제외한다면, 역사상 이슬람교를 능가하는 확장과 침투 능력을 선보인 종교는 아마도 없을 것이다. 이슬람교는 광대한 지역에 걸쳐서 문화적으로 매우 상이한 사람들에게 똑같은 호소력을 발휘했다. 아프리카의 니제르에서 동아시아의 인도네시아에 이르기까지 이슬람교를 수용한 사람들의 폭은 엄청나게 넓었다. 이슬람교의 탄생지

*등자
안장의 양 옆에 매달아 말을 타거나 앉을 때 발을 받쳐주는 장비.

*한汗
돌궐, 몽고 등의 민족이 족장이나 군주를 이르던 말로 지배자에 대한 호칭. 한汗은 중국어 표기이며, 몽골 등지에서는 칸khan이라 불렸다. 이러한 호칭은 아시아와 이슬람 지역에서 두루 사용되었다.

유럽과 아시아의 유목 민족

4세기의 유라시아 대륙에는 다수의 '야만족'이 살고 있었다. 이들은 모두 유목 생활을 했고, 축산 또는 초보적인 교역을 통해 경제적 필요를 충족시켰다. 이들 자신은 대개 문명을 이룩하지 않았으나, 문명 세계는 이들로 인해 대규모의 정치적·경제적 변화를 겪었다.

4세기 말 유목민들의 인구는 폭발적으로 증가했다. 세력이 강해지고 자원이 부족해진 유목민들은 살던 곳을 떠나 중국, 인도, 페르시아, 로마 같은 부유한 제국들의 국경을 침범했다. 이들은 도시를 약탈하고 사람들을 노예로 잡아

루마니아의 몰도비타 수도원에 있는 프레스코화의 세부도. 투르크족이 비잔티움 제국의 수도 콘스탄티노플을 포위 공격할 때 자행한 기독교도 학살을 묘사하고 있다.

갔는데, 악명 높은 훈족도 이들 중 하나였다.
550년경 오늘날 몽고 근처에 있는 알타이 산맥 일대에 거주하던 투르크족이 서쪽으로 진출하기 시작하자 이에 자극받은 유라시아 유목민들의 침입 활동은 극에 달했다. 투르크족은 계속해서 서쪽으로 이동해 10세기경에는 비잔티움 제국의 국경에 도달했다.

예언자 마호메트의 탄생 장면은 수많은 전설의 소재가 되었다. 어떤 전설에서는 이 그림에서 보는 바와 같이 천사가 직접 내려와 아기 마호메트의 몸을 씻겼다고 한다. 다른 전설에서는, 마호메트의 조부 알-무탈립이 손자의 발자국이 구약 성서에 나오는 아브라함의 발자국과 똑같다는 것을 알아챘다고 한다. 당시 메카의 카바 신전에는 아브라함의 발자국이 보관되어 있는 것으로 알려졌다.

*카바
메카에 있는 이슬람 대사원의 작은 성소. 모든 이슬람교도들이 지구상에서 가장 신성한 곳으로 여기며, 매일 다섯 번씩 예배시간에 이곳을 향해 기도한다. 정육면체 모양인 이곳은 회색 화산암과 대리석으로 지어졌으며 그 모서리는 나침반의 방위와 일치하도록 바르게 맞추어져 있다.

인 아랍 문명권 역시 다양한 문화와 기후가 포함된 지역이었다.

이슬람교의 시작은 매우 보잘것없는 것이었다. 유대인이 만든 종교인 유대교와 기독교를 제외한다면, 세계사를 움직인 주요 축 가운데 이보다 초라한 출발점을 가진 것은 없었다. 유대교와 마찬가지로, 이슬람교 역시 미개하고 원시적인 유목민의 부족 사회에서 탄생했다. 묘하게도 이들은 모두 일신교였으며 훗날 세계 최대의 종교로 성장했다. 이들 종교의 탄생기에 살았던 사람이라면, 해당 종교의 광신자가 아닌 이상 누구도 이들이 그처럼 거대한 세력으로 성장하리라고는 생각하지 못했을 것이다.

예언자 마호메트

이슬람교의 창시자 마호메트에 대해서는 아직도 많은 것이 베일이 싸여 있다. 가장 오래된 그의 전기는 그가 죽은 지 1세기 뒤에야 출간되었고 그의 가르침도 직접적으로 전해진 것은 없다. 그의 정확한 출생일은 확실하지 않지만, 전해지는 이야기로는 570년경 헤자즈의 가난한 부모 밑에서 태어나 곧 고아가 되었다고 한다.

성인이 되자 마호메트는 사람들에게 자신의 종교 사상을 설파하기 시작했다. 그는 오직 하나의 신만이 존재하며 그 신은 유대교의 신과 동일하다고 했다. 예수 그리스도는 그 신의 선지자일 뿐이었다. 신은 공정하며 장차 만인을 심판할 것인데, 종교적 의식과 개인적·사회적 실천을 통해 신의 뜻을 따른다면 구원을 얻을 수 있다고 가르쳤다.

마호메트의 종교 사상은 아랍인의 문화 및 사회적 상황과 밀접한 관련이 있었다. 그는 베두인족의 일파인 쿠라이시 부족 출신이었다. 폭 1,000km, 길이 1,600km에 달하는 아라비아 반도는 광대한 면적에도 불구하고 대부분은 사막이나 돌산으로 이루어져 생활하기에 적합하지 않았다. 이 때문에 상당수 아랍인은 해안의 항구 주변에 모여 살면서 무역에 종사했다. 그들이 기원전 2000년경 이미 능숙한 항해자가 되어 있었던 것도 우연은 아니었다. 아랍 무역상들은 인더스 계곡과 메소포타미아를 연결해 주었고, 홍해를 통해 동아프리카의 향신료와 수지를 이집트에 전해 주었다.

이들과 아라비아 반도 내의 유목민들은 생활방식은 다소 달랐지만 여전히 공통적인 아랍 문화로 묶여 있었다. 아랍인의 유래에 대해서는 확실히 밝혀지지 않았지만 언어나, 구약 성서의 인물들을 조상으로 여겼던 전통으로 미루어 보아 그들은 초기 셈계 목축민의 후손이었다는 것을 알 수 있다. 이 초기의 셈계 목축민은 유대인의 조상이기도 한데, 오늘날의 아랍인 중에는 이 결론에 동의하지 않는 이들도 있다.

마호메트가 살던 당시의 아랍 사회는 큰 변화를 겪고 있었다. 아라비아가 언제나 척박하고 가난한 지역이었던 것은 아니었다. 서기 1세기경에는 이 지역에도 여러 개의 왕국이 들어서 상당한 번영을 누렸다. 그러나 5세기가 되자 환경에 변화가 생겼다. 이슬람 세계에서 전해 내려오는 이야기나 현대의 연구에 따르면, 이 무렵 아라비아 남부의 관개 시설들이 붕괴해 토지가 매우 척박해졌다고 한다. 이에 따라 남부 아랍의 인구가 대규모로 북쪽으로 이주하기 시작했고, 번성하던 왕국들도 소멸하고 말았다.

정치적인 중심이 사라지고 무역도 쇠퇴하자 사람들은 다시 유목 시절의 원시적인 부족 체제로 돌아가 버렸다. 일찍이 로마나 페르시아 등 주요 문명국들의 지배를 거의 받은 적이 없던 아라비아는 외부의 고등 문화로부터도 상당히 단절되어 있었다. 이 때문에 왕국들이 붕괴하자 금세 과거의 유목 생활로 후퇴해 버렸던 것이다. 특히 사막을 떠돌아다니고 있을 때는 혈연이나 부족 단위의 사회 조직만으로도 생활을 영위하기엔 충분했을 것이다.

전통 해체의 중심지 메카

그러나 6세기 말에 접어들자 아랍인의 부족 체제에도 균열이 가기 시작했다. 원인은 몇몇 오아시스에서 일어난 인구 증가였다. 인구가 지나치게 늘어나면서 사회적 갈등이 심해졌고, 이에 따라 전통적인 질서도 흔들리기 시작했다.

젊은 마호메트가 살고 있던 메카는 바로 그런 장소였다. 사람들의 왕래가 유난히 많았던 이곳은 부족적 전통의 붕괴 역시 가장 빠른 곳이었다. 메카는 대규모 오아시스가 있었을 뿐 아니라 순례지로서도 중요했다. 이곳에는 수세기 동안 아랍인들이 신성시했던 카바라는 검은 운석이 있었는데 여기에 참배하기 위해 아라비아 전역에서 순례객들이 모여들곤 했다.

메카는 또한 예멘과 지중해의 항구들을 잇는 대상 무역의 요지이기도 했다. 따라서 외국인과 이방인의 방문도 잦았다. 본래 아랍인은 다신교를 숭배했지만, 외부 세계와의 접촉이 증가하자 이곳에도 유대교와 기독교 공동체가 등장했다. 이슬람교에 나타나는 유대교·기독교의 영향도 아마 여기서 비롯되었을 것이다.

상업이 번창함에 따라 쿠라이시족 일부는 기존의 유목 생활을 버리고 상인이 되었다. 마호메트 역시 20대의 나이에 대상 무역으로 큰돈을 번 쿠라이시족 미망인과 결혼했다. 하지만 상업이 팽창하면 할수록 전통적인 공동체적 가치관은 흔들리기 시작했다. 부족에 대한 헌신 대신 점차 상업적 계산이 앞서게 되었다. 아랍의 부족적 관념에서 부는 당연히 귀족과 연장자들에게 먼저 돌아가는 것이 순서였다. 그러나 이제는 반드시 그렇지도 않았다.

이 그림은 무스타파-알-슈크리가 그린 메카 대사원의 모습이다. 순례자들은 오늘날에도 여전히 메카에 모여 카바 신전에서 예배를 올린다. 이 그림에서 중앙의 검은 신전이 카바 신전이다.

7세기의 아라비아

본래 아라비아 지방의 양대 교역로는 나일 강을 경유하는 길과 티그리스 강 및 유프라테스 강을 거쳐 페르시아 만으로 이어지는 길이었다. 그러나 이 경로들은 6세기 말 페르시아와 비잔티움 제국 간의 대립이 격화되면서 그 기능을 상실했다. 대신 홍해를 거쳐 아라비아 반도를 남쪽으로 우회하는 교역로가 새로 부상했다. 메카는 이 교역로의 중심 도시로서 당대의 주요 교역 도시 중 하나로 성장했다. 메카의 주민 일부는 막강한 영향력을 지닌 경제 거물들이 되기도 했다. 예멘과 지중해의 항구들을 잇는 교역로 주변에는 메카보다는 다소 작지만 역시 번영을 이룬 상업 도시들이 줄지어 늘어서 있었다.

이러한 사회적 혼란은 젊은 마호메트를 고민하게 만들었다. 그는 신과 인간의 관계에 대해 곰곰이 생각한 끝에 마침내 당대의 사회에서 일어난 많은 갈등을 해결해 줄 체계를 만들었다. 그리고 그것은 오늘날에도 여전히 살아 있는 종교로 발전했다.

코란과 마호메트의 가르침

마호메트는 먼저 유대교, 기독교 그리고 아랍 신앙 간의 차이를 관찰하기 시작했다. 유대인과 기독교인이 믿는 하나님은 '알라'라는 이름으로 아랍인에게도 친숙했다. 그러나 유대교 및 기독교에는 문서로 된 경전이 있었다. 그들은 그 경전을 토대로 믿음을 다지고 신앙적 지침을 얻곤 했다. 마호메트는 아랍인에게 우선적으로 필요한 것이 이것이라고 생각했다. 어느 날 메카 근처의 동굴에서 명상 중이던 마호메트는 다음과 같은 음성을 들었다.

"낭송하라, 주의 이름으로. 주는 피 한 방울로써 인간을 창조하셨느니라."

그 말대로 이후 22년간 마호메트는 사람들 앞에서 신의 계시를 낭송했고, 인류의 경전 중 하나인 『코란』을 탄생시켰다.

『코란』은 경전 자체로서도 매우 중요했지만, 현대 독일어와 영어의 틀을 확립한 루터나 제임스 1세의 성서처럼 이후의 아랍어에도 지대한 영향을 미쳤다. 『코란』은 이슬람교도, 즉 무슬림의 생활 규범을 바꾸었을 뿐만 아니라 아랍어의 새로운 표준을 제시했다는 점에서 아랍 문화의 기념비적 산물이었다. 하지만 『코란』의 가치는 이러한 역사성에만 있는 것은 아니었다. 『코란』에는 비전이 담겨 있었다. 새로운 종교와 사회를 향한 열정적인 확신으로 가득한 이 경전은 마호메트의 영적인 천재성과 활력을 보여 준다.

『코란』은 마호메트가 생전에 편찬한 경전은 아니었다. 그가 전한 여러 계시를 측근들이 기록해 두었다가 모아서 펴낸 것이 『코란』이다. 마호메트는 자신을 하느님의 수동적인 도구이자 입이라 생각했다. '이슬람'이라는 말은 복종 또는 항복을 의미했다. 마호메트는 아랍인에게 신의 뜻을 전달하는 것이 자신의 역할이라고 믿었다. 이스라엘 예언자들이 유대 민족에게 했던 일을 그는 아랍인들에게 했던 것이다.

그렇다고 해서 그가 스스로를 이전의 예언자들과 동등하게 여긴 것은 아니었다. 그는

22 다양해지는 문화의 세계

최후의 예언자로서 독자적인 지위를 가지고 있었다. 그가 전한 메시지는 신이 인간에게 내린 마지막 계시들로서 특별한 중요성을 띠었다.

그 메시지들은 알라에 대한 완전한 헌신을 요구했다. 이는 곧 다신교를 청산하고 오직 알라만을 숭배하라는 뜻이기도 했다. 전설에 따르면, 마호메트는 카바의 신전에 들어가 다른 모든 신들의 형상을 지팡이로 쳤다. 그의 지지자들은 성모 마리아와 아기 예수 상만을 남기고 그곳을 깨끗이 치워야 했다. 성모자상은 마호메트 자신이 가져갔다고 한다.

그는 구원에 필요한 일련의 종교 의식과 개인적·사회적 규범들을 만들었다. 이 규범 중에는 남녀노소 구분 없이 개개의 신도들을 인정해 준 것처럼 당시의 사회 질서에 배치되는 것들도 많았다. 게다가 개종자들은 전통 신앙을 고수하는 다른 부족민들과 갈등을 일으키기도 했다. 메카의 순례 사업 역시 상당한 타격을 받았다. 마호메트는 아랍 사회에 한바탕 회오리를 몰고 왔고, 모두가 이를 반기지는 않았다.

마호메트는 혈연보다는 신앙에 의한 사회적인 유대를 중요시했다. 그는 핏줄이 아닌 신도들 간의 형제애가 공동체의 기반이 되어야 한다고 강조했다. 이 역시 아랍의 전통적인 부족적 사회관과는 배치되는 것으로, 후에 이슬람 공동체의 바탕이 되었다.

헤지라, 이슬람 공동체의 기원

마호메트가 그의 부족 지도자들로부터 배척을 당한 것은 이상한 일이 아니었다. 그의 추종자들 중 일부는 박해를 피해 에티오피아로 건너갔다. 에티오피아는 일신교*인 기독교를 채택하고 있었다. 메카에 남아 있던 다른 신도들은 경제적 제재를 감수해야 했다.

마호메트는 북쪽으로 약 400km 떨어진 오

코란

"믿음으로 선을 행하는 이들에게 기쁜 소식을 전하라. 그들을 위해 정원이 있고 그 밑에는 강물이 흐르리라. 여기서 난 과실이 그들에게 주어질 때면 '이는 이전에도 저희에게 베풀어졌던 것이옵니다' 라고 그들은 말하리라. 이제 그들에게는 그와 비슷한 것들이 주어지리라. 또 그들을 위해 순결한 동반자가 기다리고 있으리니 그들은 그곳에서 영생하리라."

"신께서는 모기나 또는 그 이상의 무엇으로 비유를 들기를 서슴지 아니하신다. 신자는 그 비유가 하느님으로부터 온 진리임을 믿으나, 불신자들은 말하기를 '하느님은 그 비유를 들어 무엇을 원하는가?' 라고 한다. 하느님은 이로써 많은 불신자들을 방황케 하기도 하고 또 많은 신자들을 인도하시기도 한다. 하느님은 실로 신앙심이 없는 자들만을 방황케 하시니라. 이들은 하느님과의 계약을 엄숙하게 지켜야 함에도 불구하고 이를 어긴 자요, 하느님이 묶어 놓으라 명한 것을 자른 자요, 세상에 타락을 퍼뜨린 자이니라. 그들은 멸망하리라.

타키투스(기원후 56년경~120년경)의 『역사』 제2권 76장 중에서 발췌. (케네스 웰레슬리의 영어 번역)

* **다신교와 일신교**
다신교란, 여러 신의 존재를 인정하고 이들을 믿는 것이다. 역사상 대부분의 초기 종교가 다신교의 형태를 띤다. 반면에 하나의 신만 믿는 종교를 일신교라고 한다. 그리스도교, 이슬람교 등이 여기에 속한다.

595년 마호메트가 하디자와 결혼식을 올리는 장면. 하디자는 이전에도 두 번이나 결혼한 적이 있던 부유한 미망인이었다. 그녀는 마호메트와의 사이에서 네 명의 딸과 두 명의 아들을 낳았지만, 이 중 아들들은 모두 어릴 때 죽었다.

이슬람과 서아시아 세계의 재편 23

이슬람 신앙의 다섯 기둥

이슬람 신자들에게는 '다섯 기둥'이라 불리는 종교적 의무들이 있다. 첫 번째 기둥은 증언, 또는 고백이다. 이슬람교 신자들은 "알라는 유일신이며 마호메트는 그 예언자다"라는 구절을 낭송해야 한다. 누구든지 이 구절을 선서하면 이슬람교에 입교할 수 있다. 두 번째 기둥은 예배다. 이슬람교도는 새벽, 정오, 오후 중반, 저녁, 밤 이렇게 다섯 번에 걸쳐서 날마다 기도를 올려야 한다. 기도를 드릴 때는 가장 성스러운 도시인 메카를 향해야 한다. 이것은 이슬람교도들이 하느님을 경외하는 방법으로 그들의 가장 중요한 의무로 간주된다. 세 번째 기둥은 자선이다. 자선에는 두 가지 종류가 있는데 하나는 자발적으로 베푸는 것이고, 다른 하나는 의무적인 것이다. 이슬람 국가에서는 자선세 명목으로 정부가 개인 소득의 일부를 거둔다.

네 번째 기둥은 단식이다. 이슬람교도는 이슬람교 달력으로 아홉 번째 달인 라마단에 금식을 한다. 이 달은 마호메트가 처음으로 코란을 계시 받은 달로 알려져 있다. 아이나 임산부, 병자를 제외한 모든 이슬람교도는 이때 새벽부터 해질녘까지 음식을 금해야 한다.

마지막 다섯 번째 기둥은 메카 순례이다. 모든 이슬람교도는 가능한 한 생전에 한 차례 이상 메카로 순례를 떠나야 한다.

이밖에 지하드*, 즉 성전聖戰의 의무는 다섯 기둥에는 들지 않지만 많은 이슬람교도들에게는 그에 못지않게 중요한 것으로 여겨지고 있다. 이슬람교도들은 이슬람 신앙을 수호할 의무가 있다는 것으로 예컨대 이슬람 신앙 때문에 박해받는 신도는 보호를 받아야 한다는 것이다.

*지하드
이슬람교도에게 전쟁을 통해 이슬람을 전파하도록 하는 종교적 의무. 아랍어로 '투쟁' 또는 '전투'라는 뜻이다. 이러한 지하드는 마음, 혀, 손, 칼을 통한 네 가지 방법으로 구분된다. 특히 기독교도와 유대교도를 대상으로 했다.

코란은 이슬람교의 경전이다. 그 내용은 신이 마호메트에게 직접 계시한 것으로 전해진다. 여기에는 이슬람교도가 지켜야 할 신앙과 의무가 114개의 장에 걸쳐 상세히 제시되어 있다. 사진은 18세기 다마스쿠스에서 발행된 코란의 일부이다.

아시스 마을 야스리브가 조금 더 우호적이라는 이야기를 들었다. 622년, 그는 먼저 이주한 약 200명의 신도들 뒤를 따라 야스리브로 갔다. 이 사건을 이슬람교도들은 헤지라, 즉 '이주'라고 부르는데, 이 해는 이슬람 달력의 원년이 되었고 야스리브의 이름 역시 '예언자의 도시'를 뜻하는 메디나로 바뀌었다.

메디나도 경제적·사회적 변화로 인해 불

안정하기는 마찬가지였다. 그러나 메카와 달리 하나의 강력한 부족의 지배를 받지는 않았다. 메디나는 두 개의 큰 부족이 경합을 벌이고 있었으며 유대교를 믿는 또 다른 아랍인 집단도 있었다. 이런 분열은 마호메트가 지도자로 나서는 데 유리하게 작용했다.

이슬람교로 개종한 메디나의 주민들은 메카의 이주민들을 환대했다. 이 두 집단은 훗날 이슬람의 핵심 지도층인 '사하바*'가 되었다. 이제 단순한 설교자가 아니라 실질적인 공동체의 지도자가 된 마호메트는 사회의 조직과 운영에 그의 관심을 집중하기 시작했다. 그는 추상적인 영적 문제보다는 음식, 술, 결혼, 전쟁 등에 관한 실용적이고 구체적인 지침을 마련하는 데 노력을 기울였다. 단순한 종교를 넘어 그 자체로 하나의 문명과 공동체를 이룩했던 이슬람교의 특성은 이때부터 형성되었다.

형제애에 기반을 둔 이슬람 공동체

메디나를 거점으로 한 마호메트의 추종자들은 메카를 시작으로 아라비아 나머지 부족들의 정복에 나섰다. 마호메트는 이슬람 신자들의 통합을 위해 '움마', 즉 이슬람교도의 형제애라는 개념을 만들었다. 이것은 아랍인들을 전통적인 부족 사회와 유사한 공동체적 틀 안에 묶는 것을 뜻했다. 기존의 가부장적 질서는 새로운 이슬람교의 공동체 정신에 어긋나지 않는 한 그대로 유지되었다. 순례지로서 메카가 갖고 있던 최고의 지위에도 변함이 없었다.

마호메트가 어느 정도로 이슬람 공동체를 강화하고자 했었는지는 분명하지 않다. 그는 메디나의 유대인들에게 접근했지만, 그들이 그의 가르침을 거부하자 추방해 버리고 말았다. 그가 유대교나 기독교와 전면적으로 대결을 해야 할 이유는 그다지 많지 않았다. 삼

위일체설*을 주장하는 이슬람교도들에게는 기독교가 다신론 신앙처럼 보이기는 했지만, 이 세 종교 사이에는 일신론 사상 및 경전의 유사성 등에서 많은 공통점이 존재했다. 그럼에도 어쨌든 마호메트는 이교도들에게 개종을 명했고, 그곳에 남고자 하는 사람들은 이슬람교를 수용해야 했다.

마호메트가 남긴 유산

632년 마호메트가 죽자, 그가 창설한 공동체는 분열과 해체의 위기에 빠졌다. 그러나 이 위기의 극복 과정에서 훗날 역사를 지배하게 될 두 개의 아랍 제국이 탄생되었다.

이 두 제국의 구심점은 칼리프였다. 칼리프란, 마호메트의 권위를 승계한 이슬람 사회의 정신적 지도자이자 통치자를 말한다. 1,000년이 넘는 세월 동안 교회와 국가가 분리되었던 기독교와는 달리, 이슬람교는 처음부터 종교와 정치가 일치했다.

마호메트는 이슬람 세계의 콘스탄티누스* 대제였다. 그는 예언자인 동시에 군주였다.

이 그림은 이스탄불의 토프카프 궁전에 보관되어 있는 『예언자의 생애』에 수록된 삽화다. 그림은 훗날 메디나로 이름이 변경되는 도시 야스리브를 향하는 마호메트의 모습을 묘사하고 있다. 마호메트가 야스리브로 도피한 622년은 이슬람 달력의 원년이 되었다. 원래 이슬람 미술에서는 인간의 형상을 표현하는 것이 금지되었지만, 『예언자의 생애』는 보기 드문 예외였다. 그러나 이 책에서도 마호메트의 얼굴을 직접 묘사하는 것은 금지되었다. 그림을 보면 알 수 있듯이 여기서도 예언자의 얼굴은 흰색으로 가려져 있다.

*사하바
'예언자의 벗들'이라는 뜻으로, 예언자의 교우나 측근이 사하바에 속한다.

*삼위일체설
성부·성자·성령의 3위(位)가 동일한 본질을 공유하고 유일한 실체로 존재한다는 교리. 즉 하느님과 예수와 성령은 나누어질 수 없는 하나라는 것.

*콘스탄티누스
최초로 자신이 기독교도임을 공언한 로마의 황제. 니케아 종교회의를 열어 정통 교리를 정했다. 수도를 비잔티움으로 옮겨 '콘스탄티노플'로 이름을 바꾸었다. 재위 기간은 306~337년이다.

이슬람과 서아시아 세계의 재편

*다마스쿠스
시리아의 수도. 남서부에 위치하며 옛날부터 '동양의 진주'라고 불렸다. 기원전 3000년경 세워진 것으로 보이며 세계에서 가장 오래된 도시라고 보기도 한다.

그의 후계자들은 예언자로서의 권위는 지니지 못했지만, 그가 남긴 정치와 종교의 일치라는 유산을 오랫동안 향유하였다.

칼리프 통치의 시대

초기의 칼리프들은 모두 쿠라이시족 출신이었다. 이들은 정통 칼리프라 불렸는데, 대부분 혈연이나 결혼을 통해 마호메트와 관련된 사람들이었다. 하지만 지나치게 많은 부와 특권이 이들에게 집중되자 많은 이들이 반발하기 시작했다. 이슬람교의 순수성을 유지하고자 했던 보수파들은 칼리프가 세속적인 타락에 빠졌다고 비난했다. 결국 내전이 일어나 661년 최후의 정통 칼리프가 퇴위되어 살해당했다. 그들의 자리는 우마이야 칼리프 왕조가 차지했다.

우마이야 왕조는 아랍인이 세운 첫 번째 주요 제국이었다. 이들의 정치적 기반은 시리아로, 수도 역시 다마스쿠스*에 세워졌다. 그러나 우마이야 왕조도 아랍 세계의 내부 갈등을 효과적으로 막는 데는 실패하여, 결국 750년 아바스 왕조에게 권력을 내주고 말았다.

새로 들어선 아바스 왕조는 우마이야 왕조보다 오래 지속되었다. 이들은 수도를 바그다드로 옮겼고, 946년까지 거의 2세기 동안 실질적으로 아랍 세계를 통치했다. 하지만 아바스 왕조는 10세기 이후 허수아비 정권으로 전락하고 말았다. 아랍인이 약 3세기에 걸쳐 서아시아의 패권을 차지한 것은 이 아바스와 우마이야 두 왕조의 덕택이었다.

서양을 휩쓴 이슬람의 정복 사업

아랍의 패권은 그들이 정복 사업을 통해 획득한 것이었다. 불과 1세기 만에 이슬람은 스페인 남단의 지브롤터에서 인도의 인더스 계곡까지 세력을 확장해 나갔다. 중앙아시아의 유목민이 세계 곳곳에 연쇄적인 분란을 일으켰던 것처럼, 과잉 인구에서 촉발된 아라비아의 분란 역시 서아시아 전역에 번져 나갔다. 하지만 아라비아의 확장은 단순한 약탈의 욕구에서 비롯된 것이 아니라 종교적 열정에 의해 통제되었다는 점에서 이전과는 차이가 있었다.

이슬람의 정복 사업은 정통 칼리프 시대 초기부터 시작되었다. 초대 칼리프 아부-바크르는 아라비아 남부와 동부 부족들의 정복에 착수했다. 전쟁은 곧 시리아와 이라크까지 번져 나갔다. 아라비아 밖의 나라들 중 이슬람 세력에게 최초로 희생당한 것은 사산 왕조 페르시아였다. 이슬람 세력의 도전은 페르시아가 헤라클리우스 황제에게 압박을 받고 있을 때 찾아왔다. 나중에는 헤라클리우스의 비잔티움 제국도 똑같이 이슬람의 압박에 시달리게 되었다.

633년 아랍인들은 시리아와 이라크를 침공했다. 3년 뒤 비잔티움 제국은 시리아에서

마호메트가 죽자 그의 장인인 아부-바크르가 초대 칼리프가 되었다. 그는 이슬람의 영역을 팔레스타인과 요르단, 이라크 남부까지 확대했다. 그의 후계자 우마르는 계속해서 시리아, 이라크, 메소포타미아, 이집트, 페르시아를 정복했다. 우마르는 마호메트의 사위 우스만에 의해 계승되었는데, 그가 암살당하자 마호메트의 사촌 알리가 그 뒤를 이었다. 이 그림에서 가운데의 인물은 마호메트이고 그를 둘러싼 이들은 초기 칼리프들이다.

초기 이슬람 세력의 확장

632년 마호메트가 죽을 당시 이슬람교의 신봉자들은 대부분 메카와 메디나를 중심으로 한 아라비아 지역에 머물러 있었다. 이들은 곧 기나긴 영토 확장 사업에 착수했다. 655년 이슬람 군대는 동쪽으로는 오늘날 우즈베키스탄 지역인 사마르칸트, 서쪽으로는 리비아 지역인 트리폴리까지 진출했다.
사산 왕조 페르시아를 무너뜨린 후에는 동유럽으로의 진출도 시도했으나, 비잔티움 제국의 완강한 저항에 부딪혀 실패하고 말았다. 그 대신 이슬람교도들은 새로운 개종자들로부터 지속적으로 신병을 뽑아 가면서 634~650년에 리비아, 시리아, 팔레스타인, 이라크, 이집트 등지를 정복했다.
711년 칼리프의 군대는 스페인을 정복했고, 비슷한 시기에 인도와 중국에까지 이르렀다. 이슬람의 유럽 정복은 732년, 프랑스의 푸아티에에서 프랑크족이 이슬람교도들에게 승리를 거두면서 끝이 났다.

쫓겨났고, 638년에는 예루살렘마저 이슬람의 수중에 떨어졌다. 그로부터 2년 만에 사산 왕조는 메소포타미아를 빼앗겼고, 이집트도 이슬람의 영토가 되었다. 아랍인들은 함대를 창설하여 북아프리카 정복에 나섰다.

630~640년대 아랍 군대는 키프로스를 공격해 섬을 비잔티움 제국과 나눠 가졌다. 7세기 말 이슬람의 세력은 카르타고까지 뻗어 나갔다. 사산 제국이 멸망하자 아랍은 655년에는 호라산, 664년에는 카불 지역을 점령했다. 708년에서 711년 사이 그들은 힌두쿠시 산맥을 넘어 파키스탄 남부의 신드까지 점령했다.

711년 아랍인들은 베르베르족과 동맹을 맺고 지브롤터 해협을 건넜다. 지브롤터라는 이름은 '타리크의 산'이라는 뜻으로 당시 베르베르족 사령관의 이름에서 딴 것이다. 이곳은 유럽의 관문으로 전략적 요충지였다. 아랍과 베르베르 동맹군은 유럽으로 진출하여 서고트족 왕국을 무너뜨렸다.

유럽의 기독교도들에게는 다행스럽게도, 마호메트가 죽은 지 100년째 되던 해인 732

이슬람과 서아시아 세계의 재편

*에드워드 기번
영국의 저명한 역사가로 『로마제국 쇠망사』의 저자. 스위스 로잔에서 공부했으며, 평생을 독신으로 지냈다. 1763년 유럽 대륙 여행을 시작했는데, 로마 카피톨리움의 폐허를 보고 로마사 집필을 구상했다.

년 이슬람의 진격은 한계에 부딪혔다. 이들은 오늘날의 프랑스 안쪽 지역까지 쳐들어갔으나 보급로가 길어지고 겨울이 다가오자 푸아티에 근처에서 회군했던 것이다. 아랍의 진출을 저지하고 그들의 지휘관을 죽인 프랑크족은 기독교 세계의 수호자로 기억되었다.

그러나 어쨌든 이때는 아랍의 정복 사업이 절정을 이룬 시기였다. 그 뒤로도 몇 년 동안 아랍인들은 프랑스 남동부의 론 강 상류까지 진출했으나 아랍인이 더 이상 유럽으로 나아가지 않은 것은 유럽의 무력 때문이었다기보다는 그들이 유럽 정복에 큰 흥미를 느끼지 못해서였을 수도 있다. 한랭한 유럽 대륙은 사실 따뜻한 지중해 연안에 비해 아랍인에게 그다지 매력적인 땅은 아니었다. 결과가 어찌 됐든 아랍인의 유럽 침공은 놀랄 만큼 성공적인 것이었다. 에드워드 기번*이 말했듯이, 정복이 계속됐다면 지금쯤 옥스퍼드대학에서는 『코란』을 가르치고 있었을지도 모른다.

아랍의 진출은 동방에서도 결국 한계에 다다랐다. 그들은 콘스탄티노플을 두 차례나 포위 공격했지만 실패하고 말았다. 그러나 비잔티움 제국을 발칸 반도와 아나톨리아에 묶어 두는 데 성공한 것이 성과라면 성과였다.

심지어 아시아에는 아랍 군대가 8세기 초 중국에까지 이르렀다는 기록도 있다. 이 기록의 신빙성에 대해서는 잠시 접어두더라도, 정복자로서 아랍의 위상이 어땠는지는 미루어 짐작할 수 있다.

한 가지 확실한 것은, 아랍이 비록 8세기 아제르바이잔에서 하자르족에게 패하긴 했지만, 751년 고구려 유민 장수 고선지 장군이 이끄는 당나라 군대를 탈라스 강에서 격파했다는 사실이다. 이로써 이슬람 세계의 동쪽 경계는 카프카스 산맥과 아무다리야 강으로 확정되었다. 아랍 정복의 물결은 8세기 중반이 되자 마침내 가라앉았다.

이슬람 정복의 성공 이유

아랍의 정복 과정이 순탄했던 것만은 아니다. 정통 칼리프 시대 말의 내분은 아랍의 팽창을 잠시 중단시켰고, 7세기 후반의 20년간은 이슬람교도들 사이의 처절한 전투로 얼룩졌다. 하지만 대외적 여건은 대체로 아랍의 확장에 유리했다.

당시 지중해 동부의 양대 강국인 비잔티움 제국과 페르시아는 모두 다른 전쟁에 휘말려 있었다. 이들은 수세기 동안 서로 맹렬하게 싸웠을 뿐 아니라, 중앙아시아 유목민들의 침입에도 시달려야 했다. 아랍인의 정복이 시작될 무렵 이들의 국고는 거의 고갈된 상태였다. 페르시아가 망한 후에도 비잔티움 제국은 여전히 서쪽과 북쪽의 이민족들과 싸워야 했다. 따라서 아랍의 팽창을 저지하는 데 전력을 기울일 수가 없었다.

비잔티움 제국을 제외하면, 당시 서양에는 이렇다 할 만한 강국이 없었다. 중국은 상당한 힘을 지니고 있었지만 너무나 멀리 떨어져 있었다. 덕분에 아랍은 지리적 여건이 허용하는 한 얼마든지 정복을 계속할 수 있었다. 때때로 그들은 패배를 맛보았지만, 이것은 스스로도 감당하기 힘들 정도로 세력을 부풀렸을 때에만 일어났다.

게다가 아랍은 군사적 이점도 지니고 있었다. 그들의 군대는 굶주린 이리 떼와 같았다. 아라비아의 척박한 사막에서 그들은 얻을 것이 별로 없었다. 인구가 불어나자 그들은 다른 나라들을 약탈할 수밖에 없었다. 게다가 이교도와의 전쟁에서 죽으면 낙원으로 갈 수 있다는 이슬람교 신앙은 이들의 사기를 언제나 최상으로 북돋워 주었다.

이들은 다른 나라들의 내부 갈등 덕도 보았다. 아랍 주변의 나라들 중에는 백성이 지배자에게 불만을 잔뜩 품은 경우도 있었다. 예컨대 이집트에서는 비잔티움 제국의 동방

13세기에 그려진 영웅 서사시의 삽화로 전쟁에 나서는 이슬람 군대를 묘사한 것이다.

정교회에 불만을 느낀 사람들이 많았는데, 이들은 통치자들의 힘을 약화시켰다.

하지만 이런 이점들을 모두 고려한다 하더라도 아랍의 성공은 실로 눈부신 것이었다. 근본적으로 이슬람의 종교적 이상에 수많은 사람들이 감동하지 않았더라면 이러한 성공은 불가능했을 것이다. 아랍인은 신의 뜻에 따라 싸웠고, 그 과정에서 새로운 형제애를 낳았다. 그들은 후대의 혁명가들처럼 그들의 신념에 열정적으로 헌신했다.

그러나 정복 사업은 이야기의 시작에 불과하다. 이슬람교가 세계사에 끼친 영향은 그 폭과 깊이에서 유대교나 기독교에 비할 만하다. 이슬람교는 한때 세상 전부를 뒤덮을 듯한 기세로 퍼져 나갔다. 이들의 세계 정복은 결국 실현되지 않았지만, 가장 위대한 문명 중 하나인 이슬람 문명이 정복과 개종 사업에 기초하여 세워진 것은 부정할 수 없을 것이다.

2 | 아랍 제국

이 그림은 1237년의 작품으로, 10세기의 작가 알-무타나비가 이슬람의 스페인 정복에 관해 쓴 시에 첨부된 삽화이다.

*이맘
이슬람교 교단의 지도자. 아랍어로 '지도자' 또는 '모범' 이라는 뜻이다. 코란에서 지도자를 가리키는 용어로 사용되었다. 이는 이슬람의 여러 분파에 따라 달리 해석되어 왔는데, 이 차이는 이슬람을 수니파와 시아파로 갈라지게 한 정치적·종교적 기준이 되었다.

*시아파와 수니파
이슬람교의 2대 분파 중 소수파가 시아파, 다수파가 수니파에 속한다. 제4대 칼리프만을 정통 칼리프로 인정하는 시아파는 현재 이슬람 인구의 16% 정도이며 이란과 이라크, 예멘 등에 살고 있다. 반면 네 명의 역대 칼리프들을 마호메트의 후계자로 보는 수니파는 이슬람 인구의 83%를 차지하며 이란, 이라크 등을 제외한 나라에 대다수가 살고 있다.

아랍의 시리아 총독이었던 무아위야는 661년에 마호메트의 사촌이자 사위인 알리에게 반란을 일으켰다. 알리가 자객에게 살해되자 그는 스스로 칼리프의 자리에 올랐다. 이로써 정통 칼리프 시대 말기의 혼란과 분열은 막을 내렸다. 대다수 이슬람교도들은 이러한 반역행위에 별다른 이의를 제기하지 않았다. 이렇게 해서 우마이야 칼리프 왕조가 시작되었다.

| 우마이야 왕조 |

무아위야의 권력 찬탈은 쿠라이시족 귀족층에게 정치적인 지배권을 안겨 주었다. 이전의 정통 칼리프들 역시 쿠라이시족 출신이기는 했지만 대다수 쿠라이시족 귀족층과는 사이가 좋지 않았다. 정통 칼리프들은 마호메트의 친인척으로 구성되었던 반면 일반 쿠라이시족은 메카에 있을 때 마호메트를 배척했다. 이 둘은 대립 관계에 있었다.

무아위야는 수도를 다마스쿠스로 정하고, 자신의 아들을 왕세자로 삼았다. 이것은 아랍을 왕조로 전환하려는 시도였다. 일부 무슬림들은 이러한 움직임에 반발했다. 그들은 코란을 해석할 권리는 마호메트의 자손에게만 한정되어야 한다고 주장했다. 그들에 의하면 살해된 알리는 신에 의해 세워진 '이맘*'이었으므로 죄나 오류를 범할 수 없었다. 알리의 자리를 이어받을 자격은 오직 그의 자손만이 가지고 있었다. 이들은 시아파*라는 새로운 종파를 만들었다.

한편 우마이야 왕조를 지지하는 사람들도 있었다. 그들은 실질적으로 칼리프가 된 자

연대표 (570~1300년)

570년경	661년	756년	973년	1010년	1250년	1299~1922년
메카에서 마호메트 탄생	우마이야 왕조 수립	아브드-알-라흐만 1세가 스페인에서 후우마이야 왕조를 수립	파티마 왕조가 카이로로 수도를 옮김	스페인이 군소 국가들로 분열됨	이집트에서 맘루크 왕조 수립	오스만 제국

600년   800년   1000년   1200년   1400년

30 다양해지는 문화의 세계

가 종교적 권위도 지닌다고 생각했다. 이들은 수니파로 불렸다.

이러한 대립에도 불구하고, 우마이야 왕조는 왕조의 체계를 착실하게 갖춰 나갔다. 그들은 정규군을 창설하고 이교도로부터 세금을 거두어 군의 재정을 마련했다. 이로써 아랍은 원시적인 부족 사회에서 제대로 된 국가로 한 단계 도약하게 되었다.

주요 근거지를 시리아로 옮긴 우마이야 왕조는 아랍의 문화적인 전통에서 많이 벗어나기 시작했다. 시리아는 지중해 연안에 있는 지역으로, 헬레니즘 문화의 영향이 강하게 남아 있던 곳이었다. 무아위야는 이곳에서 제국을 다스리면서 그리스 문화에 빠져들었다. 그는 아내와 자신의 담당 의사도 기독교 신자로 맞아 들였다.

수도 다마스쿠스는 농경 지대인 비옥한 초승달 지대와, 불모의 사막 지대 중간에 자리 잡고 있었다. 이 도시는 아라비아의 유목 문화와 시리아의 농경 문화를 이어 주는 통로 구실을 했다. 척박한 사막에서 살았던 아랍인들은 다마스쿠스 너머의 풍요로운 문화에 매료되었다. 비잔티움 제국이 여전히 이민족의 침략에 시달리는 동안, 아랍인들은 그리스의 문화를 열심히 받아들이기 시작했다.

우마이야 왕조의 사회 제도

무아위야는 시아파의 반항을 물리치고 재빨리 서아시아를 안정시켰다. 시아파 세력은 지하로 잠적했고 우마이야 왕조는 번영을 누리기 시작했다. 이들의 세력은 685~705년 제6대와 7대 칼리프 시대에 절정에 이르렀다.

불행히도 우마이야 시대의 사회 제도가 어떠했는지를 살펴볼 만한 자료는 거의 남아 있지 않다. 다만 고고학적 유물을 통해 몇 가지 단서를 얻고, 아랍이 이웃 국가에 끼친 영향들을 추론해 보는 것이 가능하다. 외국의

기록과 아랍의 연대기를 통해 중요한 역사적 사건들에 대해서도 알 수 있다. 그러나 다른 책에 부분적으로 인용된 단편적인 문헌을 제외한다면, 초기 아랍의 사회상을 보여 주는 공문서는 전혀 남아 있지 않다.

이슬람교에는 로마 가톨릭 같은 체계적인 성직자 조직도 존재하지 않았다. 가톨릭 성직자들은 수많은 행정 문서들을 남겨 놓았지만, 이슬람교에는 그런 것이 거의 없었다. 오늘날의 역사학자들에게 남겨진 것은 체계적으로 보존된 행정 기록이 아니라, 이곳저곳에서 우연히 발견되는 산만한 유물들뿐이다. 이집트에서 출토된 한 뭉치의 파피루스, 유대인 사회 같은 소규모 공동체에서 보관해 온 문서들, 주화나 비문 그리고 풍부하게 남아 있는 아라비아 문학 정도가 이 시대의 사회상과 관

661년 권력을 장악한 무아위야는 우마이야 왕조를 수립했다. 새 수도 다마스쿠스는 이슬람 제국의 정치적·군사적 중심지가 되었다. 사진에 보이는 다마스쿠스 대사원은 우마이야 왕조 시대의 번영을 떠올리게 한다. 우마이야 왕조는 750년까지 아랍 세계를 지배했다.

련된 단서의 전부다. 따라서 칼리프 시대의 통치 모습이 어떠했는가를 확신 있게 말하는 것은 매우 어려운 일이다.

관대한 정복지 지배 정책

어쨌든 초기 우마이야 왕조의 제도는 정통 칼리프 시대에서 계승된, 느슨하고 단순한 형태의 것이었던 듯하다. 때때로 이것은 지나치게 느슨해 우마이야 왕조의 약점이 되기도 했다.

우마이야 왕조는 정복에 기반을 둔 나라였다. 그들은 타국을 합병하기 위해서가 아니라 공물을 받기 위해서 정복했다. 따라서 정복한 나라의 행정적·정치적 조직을 굳이 뜯어고칠 필요는 없었다. 정복당한 비잔티움 제국과 사산 왕조의 영토에서도 기존의 구조와 관행은 그대로 유지되었다. 비잔티움 영토였던 다마스쿠스에서는 그리스어가 행정 언어로 쓰였고, 사산 왕조의 옛 수도인 크테시폰의 행정 당국은 8세기 초까지 페르시아어를 썼다. 아랍인은 세금 걷는 일 외에는 그들이 정복한 사회를 대부분 그대로 놔두었다.

물론 그렇다고 해서 정복된 나라들에 변화가 전혀 없었던 것은 아니었다. 페르시아 북서부 지방에서는 아랍의 정복 후 상업이 쇠퇴하고 인구가 감소했다. 사산 왕조가 성공적으로 운용하던 복잡한 배수 시설과 관개 체계가 붕괴했기 때문이었다. 다른 정복지들에서는 이처럼 심각한 문제는 없었지만, 이슬람 지배자들과 피정복민들 간의 갈등이 조금씩 나타났다. 대개 종교적인 갈등보다는 정치적인 갈등이었다. 정복당한 자들은 아랍인들이 새로이 부과한 위계질서를 별로 좋아하지 않았다.

아랍인들은 종교에 따라 주민들을 네 개의 신분으로 구분했다. 물론 자신들은 서열의 꼭대기에 놓았다. 그 밑에는 이슬람교로 개종한 피정복민, 다시 그 밑에는 유대교도와 기독교도를 배치했다. 유대교와 기독교도들은 즉 '이슬람에 의해 보호받는 비이슬람교 시민'을

다마스쿠스 대사원의 안뜰 모습. 왼쪽에 있는 것은 세정식을 위한 분수대다. 이 장대한 사원은 우마이야 왕조의 7대 칼리프가 그의 재위 마지막 해인 705년에 세운 것이다. 이 건축물에서 초기 우마이야 왕조의 거대한 부와 야망을 엿볼 수 있다.

의미하는 '딤미'라고 불렸다. 서열의 맨 밑에는 기타 종교의 신봉자들이 있었다.

왕조 초기의 아랍인들은 정복지 주민들과 섞여 살지 않았다. 그들은 특별히 건설된 병영도시에 거주했고, 별도의 전사 계급을 형성했다. 상업에 종사하거나 땅을 소유하는 것은 금지되었지만, 그들에게는 지역의 세금에서 정기적으로 봉급이 지불되었다.

아랍인과 현지인의 융합

이러한 분리 정책은 오래 지속되지 못했다. 정착 생활에 익숙해지면서 아랍인들은 유목민 시절의 전통에서 점점 멀어져 갔다. 그들은 점차 지주나 농민이 되었고, 그들의 병영도시들 역시 쿠파나 바스라 같은 국제적 상업도시로 바뀌었다. 특히 페르시아만 연안에 위치한 바스라는 인도와의 중요한 교역항이 되었다. 현지인과의 교류가 늘어나면서 아랍인들은 점차 지역 주민들과 융합되었고, 원주민 엘리트들도 제국의 행정에 참가하면서 아랍화되어 갔다. 칼리프는 현지인 관리의 수를 점점 늘려 나갔는데, 이들은 시간이 지날수록 현지의 언어보다는 아랍어로 사무를 보곤 했다.

8세기 중엽이 되자 아랍어는 거의 모든 곳에서 행정 언어로 사용되었고, 아랍어가 새겨진 표준 화폐가 널리 보급되었다. 이것은 우마이야 왕조에서 아랍과 기타 문명들 간의 절충이 성공적으로 이뤄졌다는 증거였다. 이러한 변화는 이라크에서 가장 빨리 나타났다. 아랍이 가져온 평화로 인해 교역이 되살아나고 번영이 이루어지자 아랍인은 이 지역에서 크게 환영받았다.

그러나 민족들 간의 정치적 융합이 완벽하게 이루어진 것은 아니었다. 특히 이란 지역에 주로 살던 사산 왕조의 유민들은 제국에서 벗어나기를 원했다. 비잔티움 제국의 지배층은 아랍인이 공격하자 콘스탄티노플로 대거 달아났으므로 우마이야 왕조 내부에서 말썽을 일으킬 일은 없었다. 하지만 사산 제국의 지배층은 아랍 제국의 영내에 남아 하나의 세력을 형성했다. 아랍인은 그들에게 해당 지역에서 누렸던 권한을 대부분 유지하게 해주었다. 그럼에도 불구하고, 그들은 여전히 예전처럼 자신들이 온전히 지배하는 나라를 갖고 싶어 했다.

우마이야 왕조 말기에는 무능한 칼리프들이 잇달아 들어섰다. 이들은 위대한 선조들이 정복민들에게 얻어 낸 존경을 제대로 활용하지 못했다. 안락한 문명 생활은 칼리프들을 나태하게 만들었다. 그들은 때때로 권태로운 일상에서 벗어나고자 사막으로 거처를 옮기기도 했는데, 이는 유목민의 생활을 다시 맛보기 위해서가 아니었다. 그들은 사막에 새로운 도시와 궁전을 짓고 사치스러운 삶을 즐겼다. 이들이 지은 궁전 중에는 한적한 곳에 떨어진 것도 있었으며, 대부분 대단히 화려했다. 온수 설비가 되어 있었고, 거대한 사냥터와 함께 관개 시설이 갖추어진 농장과 정원이 딸려 있기도 했다.

시아파의 세력 확장

우마이야 왕조의 아랍인 우대정책은 불만 세력이 규합하는 빌미를 제공했다. 반체제 세력 중 가장 유명한 것은 시아파였다. 시아파는 왕조 초기에 탄압을 받아 세력이 크게 위축되었다. 그러나 이후 사회의 불만 계층, 특히 칼리프의 아랍인 우대 정책에 저항감을

◀아랍 주화의 특징은 인물상이 전혀 묘사되지 않았다는 점이었다. 종교적 경구, 주화의 제작 장소와 연도 그리고 통치자의 이름만이 새겨졌다.

느낀 비아랍인들을 중심으로 다시 세력을 회복해 나갔다. 시아파의 세력은 특히 이라크에서 급성장했다.

우마이야 왕조는 처음부터 아랍인과 비아랍인을 철저히 구분했다. 앞에서도 살펴보았지만, 똑같이 이슬람교를 신봉하더라도 비아랍인들은 아랍인보다 낮은 대우를 받아야 했다. 우마이야 시대의 아랍인들은 타민족을 개종시키는 데 그다지 적극적이지 않았고, 초기에는 심지어 개종을 이따금씩 막기까지 했다. 그럼에도 불구하고 이슬람교로 개종하는 비아랍인들의 수는 점점 늘어만 갔다. 개종자에게는 세금이 면제되었기 때문이다.

아랍인들이 세운 병영도시들 주변에는 그들의 필요 물품을 공급하는 비아랍인들이 많이 모여 살았다. 이슬람교는 이들 사이에서 급속하게 퍼져 나갔다. 일상적인 행정 업무를 담당하던 지방의 엘리트들도 이슬람교를 수용하는 데 매우 열심이었다. 이렇게 새로 개종한 비아랍계 이슬람교도들을 '마왈리'라고 불렀는데, 이들 중 많은 수가 병사로 선발되었다.

이처럼 마왈리들의 규모와 사회 진출이 활발해짐에도 불구하고, 순수 아랍 혈통의 귀족들은 그들을 여전히 차별하고 무시했다. 이런 상황에서 사람들은 정치적·종교적으로 역시 아랍인 귀족들로부터 소외받고 있던 시아파에게 호감을 느끼게 되었다. 특히 우마이야 왕조의 정통성을 인정하지 않는 시아파의 정통주의와 엄격주의는 많은 마왈리들을 끌어당겼다.

우마이야 왕조의 몰락

최후의 먹구름은 동쪽에서 다가왔다. 749년 이라크의 쿠파에서 많은 지지자들이 아부-알-아바스를 새로운 칼리프로 추대했다. 이는 우마이야 왕조의 종말을 알리는 서곡이었다.

아부-알-아바스는 마호메트 숙부의 후손이었다. 그는 자신의 거사가 칼리프의 정통성을 회복하기 위한 것이라고 설명했다. 그는 시아파를 포함해 다양한 불만 계층의 지지를 얻었다.

그의 별명은 '무자비한 살육자'라는 뜻의 앗-사파흐였는데, 이것은 그의 행적에 아주 걸맞은 이름이었다. 750년 그는 우마이야 왕조의 마지막 칼리프로부터 승리를 거두고 그를 처형해 버렸다. 그러고는 곧바로 만찬을 열어 우마이야 가문의 모든 남자들을 초대한 뒤 그들을 모두 곤봉으로 쳐 죽였다. 여기서 유일하게 살아남은 아브드-알-라흐만 1세는 스페인으로 피신하여 756년 스스로 그곳의 제후 자리에 올랐다.

아부-알-아바스가 이처럼 후환이 될 만한 것을 모두 제거하고 난 후 아바스 왕조는 약 2세기 동안 아랍 세계의 지배자로 군림했다. 특히 아바스 왕조의 첫 100년은 아랍 제국의 역사상 가장 화려한 번영이 꽃핀 시대였다.

| 아바스 왕조 |

아바스 왕조의 주된 근거지는 아랍 세계의 동부였다. 이것은 수도의 위치를 통해서도 어렵지 않게 확인할 수 있다. 새 수도 바그다드는 오늘날의 이라크 지역에 위치한 도시였는데, 아바스 왕조 이전까지는 티그리스 강 유역에 있는 기독교 촌락에 불과했다.

근거지의 이전은 문화적인 면에서 큰 변화를 일으켰다. 헬레니즘 문화권인 지중해 동부에서 페르시아 문화권인 이라크 지역으로 제국의 중심지가 옮겨진 것이다. 이로써 그리스 문화의 영향력은 눈에 띄게 줄어들었다. 사람들은 더 이상 비잔티움의 문물을 무

우마이야 왕조의 경제적·사회적 정책 실패는 왕조의 지지 기반 붕괴로 이어졌다. 사회적 혼란이 계속되자 몇 차례의 반란이 일어났고, 이 반란자들 중 하나인 아부-알-아바스는 749년 그의 지지자들에 의해 칼리프로 추대되었다. 사진에 보이는 이라크의 쿠파 사원은 아부-알-아바스가 칼리프로 추대된 장소이다.

조건적으로 추종하지 않았다. 대신 페르시아의 문화적 전통이 새롭게 부각되었고, 아바스 왕조의 정치나 생활에 많은 영향을 끼치기 시작했다.

지배 계급의 구성에도 큰 변화가 생겼다. 이제는 누구나 아랍어를 할 줄만 알면 아랍인으로 인정을 받았다. 더 이상 아랍에서 태어나거나 아랍인의 자손이라는 것이 특권의 필수 요소가 아니었다. 이로써 아바스 왕조는 이전의 폐쇄적인 소수 집단이 통치하는 한계를 벗어나게 되었다. 이것은 사회 혁명이라고 표현할 정도로 획기적인 변화였다.

하나의 종교와 하나의 언어로 제국의 통일성이 확보되자, 아바스 왕조는 마음 놓고 제국의 엘리트들을 서아시아 전역의 민족들로부터 선발할 수 있게 되었다. 이들은 거의 이슬람교도였는데, 개중에는 개종자나 개종자 가문 출신인 사람들도 상당히 많았다.

외국인과 외국 문물로 북적대는 바그다드의 활기는 새로운 시대의 상징이었다. 바그다드는 인구 50만의 거대한 도시로 성장했는데, 이는 콘스탄티노플과도 비견되는 규모였다. 아랍인의 생활은 그들이 정복을 시작할 무렵과는 판이하게 달라졌다.

통치 이념의 측면에서 보았을 때, 새로운 제국이 과거와 크게 다르지는 않았다. 시아파의 도움으로 권력을 장악한 왕조의 건국 과정을 떠올린다면 이는 다소 의외로 여겨질 수 있다. 게다가 아바스 왕조는 시아파와 수니파 사이에서 여러 가지 정책적 실험을 한 끝에 이전의 수니파 신앙을 승인하고 말았다. 시아파는 이 일로 인해 아바스 왕조에 강한 배신감을 느꼈다.

아바스 왕조의 통치

아바스의 칼리프들은 잔인한 통치자였다. 그들은 자신의 권력을 위협할 만한 요소를 결코 그냥 놓아두지 않았다. 제국에 반대하는 자들은 신속하고도 잔인하게 제압했고, 이전의 동맹자들도 불만을 품으면 가차 없이 처단했다.

이슬람의 형제애보다는 왕조에 대한 충성이 강조되었다. 이는 페르시아 제국의 전통을 따른 것이었다. 그러나 이슬람교 역시 왕권 강화에 적극 활용되었고, 개종을 거부하는 자들은 박해를 받았다.

통치 제도들은 이전보다 한층 정교해졌다. 행정 체계는 전반적으로 더 관료화되었고,

아바스 왕조의 칼리프들은 자신을 예언자 마호메트의 후손이라고 주장했다. 이들은 11세기 중반까지 칼리프 지위를 유지하다가 셀주크 투르크에 의해 물러나고 말았다. 사진은 아바스 왕조 시대의 주화.

*하룬-알-라시드
아바스 왕조 제5대 칼리프. 그가 재위한 786~809년 동안 아바스 왕조는 전성기를 맞았다. 당시 왕조의 수도 바그다드는 세계 무역의 중심지로 번영했고, 당나라의 장안과 비슷한 수준의 발전을 이루었다.

▶아스트롤라베는 항성의 위치를 관측하고, 항성이 수평선으로부터 얼마나 멀리 떨어져 있는지를 계산하기 위한 항해기구다. 사진 속의 아스트롤라베는 스페인 톨레도 출신의 아랍 과학자 이브라힘 이븐 사이드 알-살리가 만든 것이다. 이 아스트롤라베에는 중요한 특징이 있는데, 그것은 아프리카 동부·북부 및 스페인의 여러 도시에서 낮이 가장 길 때와 가장 짧을 때의 낮 시간이 각각 표시되어 있다는 점이다.

제국의 재정은 엄청난 양의 토지세를 통해 원활하게 공급되었다. 특히 총리직의 신설은 주목할 만한 변화 중 하나였다. 이러한 변화들은 모두 왕권 강화에 기여했다. 총리직은 아바스 왕조 최고의 명군이라는 5대 칼리프 하룬-알-라시드*가 없애 버릴 때까지 한 가문에서 독점했다.

그러나 지방의 호족 세력은 그대로 남아 있었다. 각 지방의 총독들은 그들의 지위를 세습하는 경향이 강했다. 이에 따라 총독과 중앙정부와의 거리는 점점 벌어졌고, 총독은 지방 관리의 임용이나 세금 징수에서 갈수록 독자적인 권한을 행사했다.

요컨대 왕권이 이전보다 강화되었음에도 불구하고, 아바스 왕조는 여전히 '느슨한 지역간의 연합체'라는 한계를 극복하지는 못했다. 평상시에는 칼리프를 잘 따르는 듯 보였던 지방 관리들은 상황이 변하면 순식간에 왕조에 등을 돌리곤 했다. 이 때문에 아바스의 칼리프들이 실질적으로 얼마만큼 강력한 지배력을 행사했는가는 쉽게 판단하기가 어려운 문제다.

하지만 아바스 왕조가 그 절정기에 엄청난 부와 번영을 누렸다는 것은 의심의 여지가 없는 사실이다. 아바스 왕조가 가져온 평화는 풍부한 인력 동원, 농경지의 지속적 관리 그리고 안정된 무역을 가능하게 했다. 이 덕분에 농업 생산량은 급증했고 교역도 매우 활발해졌다. 다양한 상품이 그 어느 때보다도 넓은 지역에서 유통되기 시작했다. 상인들의 교역로가 제국의 동서를 가로질렀고 그 길을 따라 수많은 상업도시들이 번창해 나갔다. 8세기 말 하룬-알-라시드의 시대에 바그다드가 누린 번영은 당시의 풍요를 잘 보여준다.

이슬람 문명

서아시아의 이슬람 문명은 아바스 왕조 시대에 그 절정을 맞이했다. 그 이유 중 하나는 이슬람 세계의 중심이 유목 지대인 아라비아 반도나 헬레니즘 문화권인 지중해 동부의 레반트 지역을 벗어나 이라크 지역으로 옮겨졌기 때문이었다. 이로써 아랍인들은 그들의 부족적 전통이나 그리스 문화에 대한 추종에서 벗어나 여러 문명의 전통을 취한 독자적인 문명을 이룩할 수 있게 되었다.

이슬람교도들의 활발한 정복 활동은 방대한 지역을 하나로 통합했을 뿐 아니라 수많은 문화들을 융합하기도 했다. 이전에는 각기 다른 사상이었던 헬레니즘, 기독교, 유대교, 조로아스터교, 힌두교 등은 이슬람교를 중심으로 한데 섞여 종합적인 문화를 탄생시켰다. 특히 아바스 왕조 시대에는 한동안 잊혀졌던 페르시아의 문화유산이 많이 발굴되었고, 인도 문화와의 접촉도 크게 증가했다. 인도 문화는 아랍 문화에 새로운 활력과 창조성을 불어넣었다.

많은 외국 서적들이 아랍어로 번역된 것 역시 아바스 시대의 문화를 풍족하게 만든 한 원인이었다. 이는 아랍어의 보편화 덕분에 가능해진 일이었다. 아바스 왕조 시대에 아랍

「천일야화」

"이야기를 마치자 그녀는 침묵했다. 샤흐리아르 왕이 외쳤다. '아, 세헤라자드야, 정말로 고귀하고 감탄할 만한 이야기구나! 아, 지혜가 가득하고 미묘한 이야기로다. 너는 내게 많은 교훈을 가르쳐 주었다. 네 덕분에 모든 사람이 운명의 신의 부름 아래 있다는 걸 깨달았다. 나는 네가 그간 들려준 왕과 백성의 이야기들에 대해 생각해 보고 있다. 너는 이상한 이야기들을 들려주었다. 그중 많은 이야기는 곰곰이 생각해 볼 만한 가치가 있는 것이다. 나는 천 일 하고도 하루 동안 밤마다 네 얘기를 들었다. 이제 내 영혼은 변했다. 내 마음은 즐겁고 삶에 대한 열망으로 약동하는구나. 너의 입에 달변의 재주를 주고 이마를 지혜로 봉한 이에게 감사하노라! …… 아, 세헤라자드야, 자비심 많은 주께 맹세하노니 이 아이들이 오기 전부터 너는 내 가슴속에 있었노라. 주는 너에게 나를 이길 선물을 주셨다. 나는 영혼을 다 바쳐 너를 사랑한다. 네가 순수하고, 성스럽고, 순결하며, 부드럽고, 솔직하며, 틀림없고, 영리하며, 섬세하고, 설득력 있으며, 신중하고, 항상 미소 짓고, 현명하기 때문이다. 나의 여인아, 알라가 너와, 너의 아버지, 어머니 그리고 네 뿌리와 자손에게 축복을 내리시기를! 아, 세헤라자드야, 우리에게는 이 천 일 하고도 하루의 밤이 낮보다도 밝구나!'"

『천일야화』의 에필로그에서 발췌.

『아라비안 나이트』라는 제목으로도 알려진 『천일야화』는 아마도 가장 유명한 아랍의 문학 작품일 것이다. 18세기 페르시아 필사본에 나오는 이 삽화는 신바드에 관한 이야기 중 한 장면을 묘사하고 있다.

어는 서아시아 지역의 새로운 국제어로 등장했다. 이에 따라 기독교와 유대교 학자들도 플라톤과 아리스토텔레스, 유클리드, 갈레노스*의 저술들을 아랍어로 번역하기 시작했다. 이제 아랍인들도 그리스 사상을 본격적으로 접할 수 있게 된 것이다.

사실 그리스어 서적들은 헬레니즘 문화권인 시리아와 이집트가 정복된 순간부터 줄곧 아랍인의 수중에 있었다. 속국에 대한 이슬람의 관용 정신은 그리스 사상의 유통을 막지는 않았다. 그런데도 우마이야 시대까지는 제국 내에 지배적인 언어가 없었기 때문에 이 책들의 번역도 지지부진했다. 대부분의 중요한 번역이 이루어진 시기는 아바스 왕조 초기였다. 그리스 문화에 대한 전반적인 이해는 이 시대에 크게 높아졌다.

하지만 엄밀히 말해 아랍인들이 받아들인 것은 고대 그리스의 학문 자체라기보다는 후기 로마 이후의 사상이었다고 보는 편이 타당할 것이다. 이 당시 소개된 그리스의 사상들은 사실 수백 년에 걸쳐 기독교도나 사산 왕조 학자들의 해석을 거친 것이었다. 이슬람교도들은 그리스어 서적 번역을 통해 당대의 외래 학문을 흡수했던 것이다.

문학의 발전과 위대한 예술성

아바스 왕조 시대에는 특히 문학이 융성했다. 이 시기의 아랍인들은 아름다운 건물과

*갈레노스
2세기경 활동했던 로마의 의학자. 그리스의 의학을 집대성했고, 중세 르네상스 시대 유럽의 의학 이론에 절대적 영향을 끼쳤다.

천문학은 이슬람 과학에서 핵심적인 위치를 차지했다. 16세기 오스만 제국 시대에 그려진 이 그림은 다양한 기구로 천체를 연구하는 이슬람 천문학자들의 모습을 보여 주고 있다.

화려한 양탄자, 이국적인 도자기를 만드는 데에도 능했지만, 그들의 말과 글의 예술성은 어디에도 비할 수가 없었다. 심지어 아랍의 위대한 과학 저술들에도 아름다운 산문은 빠지지 않았다. 이들은 방대한 양의 문학 작품을 후세에 남겨 놓았다.

불행히도 오늘날 대부분의 서양 학자들은 이 작품들을 읽어 보지 못했다. 상당수의 필사본은 검토된 적조차 없다. 그러나 방대한 문학 자료의 존재는 역사학자들에게는 매우 고무적인 일이다. 초기 이슬람 시대 연구에 걸림돌이 되는 공문서의 부족 문제는 희곡을 제외한 온갖 종류의 문학 작품들을 분석함으로써 상쇄할 수 있을 것이다. 문학이 이슬람 교도들의 일상에 얼마나 깊이 침투했었는지는 확실하지 않지만, 적어도 지식인 층은 시를 짓고 가수와 음유 시인들의 공연을 상당한 수준에서 즐겼던 것으로 보인다.

학교도 곳곳에 세워졌다. 이슬람 세계의 문맹률은 중세 유럽보다 훨씬 낮았을 것으로 생각된다. 고등 교육은 사원이나 종교 지도자들이 세운 학교에서 제도적으로 시행되었는데, 다분히 종교적인 경향이 강했다. 이들의 학문적 수준이 어느 정도였는지는 아직 확실히 평가하기 어렵다.

이슬람의 일류 사상가와 과학자들의 수준에서 보자면, 다른 문화에서 유입된 학문적 자극은 그다지 대단하지 않았을 수도 있다. 하지만 학구적이고 비판적인 문화의 싹은 8세기부터 본격적으로 돋아나기 시작했다. 이슬람 학문이 그 정점에 도달한 것은 후대의 일이었다.

과학과 수학

아랍 문화의 거장들은 9~10세기에는 서아시아에서, 그리고 11~12세기에는 스페인에서 가장 많이 배출되었다. 아랍인들은 다방면에서 뛰어난 문화적 성취를 거두었지만, 그들의 가장 눈부신 업적은 과학과 수학 분야에서 나왔다.

오늘날까지도 널리 사용되는 '아라비아' 숫자는 아랍 수학이 전 세계에 끼친 영향을 보여 주는 대표적인 사례이다. 이 숫자 체계의 도입으로 수학 계산은 로마 숫자를 쓸 때보다 훨씬 간편해졌다. 아라비아 숫자는 원래 인도에서 기원한 것이었지만, 아랍의 수학자들이 체계화하여 보급했다.

아랍인들은 지리적으로 떨어진 문화들을

아랍의 과학 수준을 말해 주는 마이모니데스의 저술

"금성과 수성에 대해서는 고대의 수학자들도 의견을 일치시키지 못했다는 사실을 알아야 한다. 금성과 수성의 위치가 입증되지 않았기 때문에 이 두 행성이 태양의 위에 있는지 아니면 아래에 있는지에 대해 의견이 일치하지 않았던 것이다.
먼저 고대인들은 금성과 수성이 태양 위에 있다는 데 의견을 모았다. …… 하지만 그 뒤 프톨레마이오스가 등장했다. 그는 금성과 수성이 태양 아래 있다고 주장했다. 그의 주장에 따르면, 태양을 중심에 두고 세 개의 행성을 그 위에, 그리고 다른 세 개의 행성을 그 아래 두는 게 보다 자연스럽다는 것이었다. 그러고 나서 알-안달루스의 사람들이 나타났다. …… 그들은 프톨레마이오스의 원리 하에서 금성과 수성이 태양 위에 나타난다는 것을 입증했다.
세비야의 이븐 아플라흐는 …… 이 문제에 관해 유명한 책을 썼다. 그리고 나중에는 저명한 철학자 아부 바크르 이븐 알-사이그가 …… 이 문제를 조사하고 논증을 전개했다. 이 덕분에 금성과 수성이 태양 아래 있다는 이론은 폐기되었다. 하지만 아부 바크르의 주장은 개연성에 관한 이야기였을 뿐이며, 금성과 수성이 결코 태양 아래 있을 수 없다는 이야기는 아니었다.
어쨌든 결국 모든 고대 수학자들은 금성과 수성이 태양 위에 있다고 생각하게 되었다. 이에 근거하여 그들은 천체를 다섯 가지로 나누었다. 달은 두말할 것도 없이 우리와 가깝이 있다. 태양은 그 위에 있다. 여기에 또 다른 다섯 개의 행성이 있고, 이외에 항성들과 항성이 존재하지 않는 그 주위의 영역이 있다."

마이모니데스(1135~1204)의 『방황하는 자들을 위한 안내서』 9장에서 발췌.

13세기의 이 투르크 삽화에서 '지혜의 집'에서 별을 연구하고 있는 점성술사들을 볼 수 있다. 지혜의 집은 아바스 왕조 때 바그다드에 있던 도서관 겸 번역 기관이었다.

서로 교류·융합하는 역할을 담당했다. 아랍 문화는 이렇게 여러 문화의 혼합으로 이루어진 것이었다. 그러나 이것은 아랍 문화에 독창성이 없었다는 뜻은 아니다. 예컨대 이슬람 최대의 천문학자 알-콰리즈미는 페르시아계였지만, 그가 만든 천체 일람표는 아랍 문화의 산물이었다. 아랍 제국에 의해 동서양의 과학이 통합되지 않았다면 이러한 업적은 이루어지기 힘들었을 것이다.

아랍 학자들의 우수성은 그들의 저서가 중세 후기에는 라틴어로 번역되어 유럽에서도 큰 인기를 끌었다는 사실에서도 확인할 수 있다. 위대한 아랍 철학자 알-킨디의 저작은 오늘날 아랍어보다는 라틴어로 더 많이 남아 있다. 페르시아계 의사들의 저작은 수세기 동안 서양 의학의 스승이 되었다. 르네상스 시대 이탈리아의 문호였던 단테는 그의 작품 『신곡』에서 이븐-시나와 이븐-루슈드*를 십자군 시대 아랍의 영웅인 살라딘과 함께 '지옥의 변방'을 뜻하는 바실리카*에 둠으로써 그들에 대한 경의를 표했다. 그리스도 이후에 태어난 사람들 중 단테로부터 이런 대접을 받은 것은 이들밖에 없었다.

아랍 문화가 유럽에 끼친 영향은 오늘날

＊이븐-시나와 이븐-루슈드
페르시아와 아랍의 철학자이자 의학자. 이븐-시나는 이슬람에서 의학과 아리스토텔레스 철학의 연구에 기여한 업적으로 유명하다. 이븐-루슈드는 아리스토텔레스와 플라톤의 작품에 대한 주석서를 저술했으며 이 저서들은 수세기 동안 상당한 영향력을 발휘했다.

＊바실리카
지옥과 천국 사이에 있는 장소로 기독교를 믿을 기회를 얻지 못했던 선량한 사람들의 영혼이 사는 곳.

인간의 모습을 표현하는 것이 금지되었던 이슬람 예술에서는 대신 서예나 추상 무늬, 꽃문양에 바탕을 둔 장식적 양식이 발달했다. 사진은 코르도바 대사원에 있는 모자이크화의 세부도다.

유럽의 언어에서도 확인할 수 있다. 수학·과학 분야에서 오늘날 주로 쓰이는 영zero, 숫자almanac, 대수algebra, 연금술alchemy 등이 모두 아랍어에 기원을 둔 단어들이다. 상업 분야에서도 관세tariff, 세관douane, 창고magazine 같은 아랍어 단어들이 널리 쓰이고 있는데, 이는 아랍의 상업이 얼마나 번창했었는지를 잘 보여 준다. 아랍의 상인들은 기독교도들에게 장부 기록 방법을 가르쳐 주기도 했다.

한 가지 의외인 것은 중세시대 아랍과 유럽 간의 문화적 교류는 거의 한 방향으로만 이루어졌다는 사실이다. 중세시대를 통틀어 라틴어에서 아랍어로 번역된 책은 현재까지 알려진 바로는 단 하나밖에 없었다. 이슬람 스페인은 유럽 대륙 내에 위치하는데도 불구하고, 그들의 800년 역사에서 서양 언어에 관련된 문헌은 몇몇 독일어 단어의 아랍어 풀이가 수록된 논문 한 편밖에 없었다. 당시의 아랍 학자들은 그리스와 페르시아, 인도의 문화유산에 흠뻑 빠져 있었다. 그들은 추운 북쪽의 문명들은 보잘것없다고 무시했는데 이것은 사실 그리 틀린 판단은 아니었다. 하지만 비잔티움 제국의 문화는 아랍인들에게도 강렬한 인상을 남겼다.

이슬람 건축양식의 등장

아랍의 시각 예술 양식은 우마이야 왕조 시대에 그 기초가 다져져서 아바스 왕조 시대에 눈부신 꽃을 피웠다. 그러나 여기에는 이슬람 과학이 누렸던 자유분방함이 결여되어 있었다. 이슬람교는 인간의 형상이나 얼굴을 그리는 것을 금지했다. 이러한 금기가 완전하게 지켜지지는 않았지만, 오랫동안 사실적인 회화나 조각의 등장을 막기에는 충분했다.

그러나 이러한 금기가 건축의 발달을 제한하지는 않았다. 7세기 말 기본적인 양식이 완성된 이래 이슬람 건축은 뚜렷한 개성을 가지고 크게 발전해 나갔다. 이슬람교도들은 과거 여러 문화권의 건축 양식을 취합하여 그들만의 독자적인 양식을 만들었다.

아랍 건축의 발달을 촉진시킨 원인 중 하나가 기독교 세계와의 경쟁이었다. 시리아를 정복한 아랍인들은 그곳의 기독교 건축물을 보고 큰 감명을 받았다. 그들은 비잔티움의 건축 양식을 모방하기 시작했지만 한편으로 이에 만족할 수는 없었다. 그들은 이슬람교도의 경배 장소는 기독교의 교회보다 훌륭해야 한다고 믿었다. 특히 이교도들에게 둘러싸여 있던 초기의 아랍인 정복자들은 시각적으로 독특한 건축물을 지어 그들과 이교도를 구분하고자 하는 욕망이 강했다.

아랍인은 로마의 건축 기술과 그리스의 실내 공간 개념을 빌려 왔지만, 그들의 건축은 그리스나 로마와는 사뭇 달랐다. 이슬람 최초의 종교 기념물은 691년 예루살렘에 세워진 '바위의 돔'이었다. 이것은 돔 양식을 도입한 첫 번째 이슬람 건축물로, 건축의 역사에서 매우 중요한 작품이다. 아랍인들은 유

코르도바 대사원은 이슬람 스페인의 건축물 중에서도 가장 웅장한 것의 하나로 손꼽힌다. 본래 성 비센테 성당이 있던 자리에 세워진 이 사원은 785년 아브드-알-라흐만 1세에 의해 세워진 후 무려 2세기에 걸쳐 증축되었다. 사진은 이 사원의 자랑거리인 기도실의 모습인데, 숲처럼 빼곡히 들어찬 대리석 기둥들이 그 위에 씌워진 아치를 떠받치고 있다.

대교와 기독교에 대해 그들이 거둔 승리를 기념하기 위해 이 건물을 세웠다. 바위의 돔이 세워진 장소는 유대교도들이나 이슬람교도들 모두에게 특별한 의미가 있는 곳이었다. 그곳은 아브라함이 아들 이삭을 제물로 바치려고 했던 곳이자 마호메트가 승천한 장소이기도 했다. 이후 3세기 동안 이슬람 사원들은 아랍 세계 곳곳에 들어서며 이슬람 양식을 정형화했다.

이러한 사원들 가운데 대표적인 작품이 다마스쿠스의 우마이야 사원이었다. '다마스쿠스의 대모스크'로도 알려져 있는 이 사원은 이슬람 고전기의 사원들 중 가장 뛰어난 건축물이다. 아랍 문화 태동기의 다른 문화유산들이 그랬듯이, 우마이야 사원 역시 이방 문화의 영향을 고스란히 간직하고 있었다. 우마이야 사원은 본래 로마의 주피터 신전과 기독교의 교회가 세워져 있던 장소에 건설되었고, 비잔티움식 모자이크화로 장식되어 있었다.

그러나 아랍인들은 사원을 건축하면서 이슬람 특유의 독창적인 양식도 만들어 냈다. 마호메트가 제정한 예배의 형식을 따르기 위해, 메카를 향한 예배실의 벽에는 '미흐라브'라는 일종의 벽감*을 설치한 것이 대표적이다. 미흐라브는 이슬람 사원의 한 특징이 되었으며, 이슬람교도들은 예배를 드릴 때 미흐라브 주변에 모이곤 했다.

예술의 발달과 아랍 제국의 몰락

문학과 마찬가지로, 이슬람의 건축과 조각은 아시아 전역의 문화적 전통들을 흡수하며 발전해 나갔다. 예컨대 아랍의 도공들은 비단길을 통해 들어오는 중국 도자기의 뛰어난 양식과 제작 기술을 따라잡기 위해 많은 노력을 기울였다.

하지만 아랍에서는 공연 예술 분야만큼은 발달하지 않았다. 인접한 지중해나 인도 지역에서는 공연 예술이 상당히 보급되어 있었지만 아랍인들은 이것을 수용하지 않았다.

*벽감
서양 건축에서 벽면의 오목하게 파인 부분으로, 여기에 조각품 등을 세워 두었다.

이야기꾼, 시인, 가수, 무용가는 상당한 존경을 받았지만, 아랍 세계에 극장은 존재하지 않았다.

음악 역시 아랍 문화에서 중요한 부분을 차지했다. 아랍의 음악은 매우 발달하여 현악기의 일종인 류트, 기타, 레베크 등의 악기들이 유럽에 전해지기도 했다. 그러나 아랍 음악은 서양인의 기호에는 다소 맞지 않아, 조형 예술이나 시각 예술에 비해서는 상대적으로 유럽에서 인기가 낮았다.

아랍 문화가 계속해서 위인들을 배출하고 확산되어 가는 동안, 아랍 제국은 때 이른 몰락의 길을 걷기 시작했다. 그 붕괴 속도는 너무나 빨라 당대의 사람들도 피부로 느낄 수 있을 정도였다. 부분적으로 아랍인들이 권력의 핵심부에서 점차 밀려난 것이 원인이었다.

아바스 왕조의 지배력은 빠른 속도로 쇠퇴했다. 처음에는 주변부 영토의 지배권을 잃더니 이내 본거지인 이라크 지역에서마저 더 이상 영향력을 행사하지 못했다. 아바스 왕조는 세계 제국의 전성기를 너무 빨리 맞이했다. 782년 콘스탄티노플 근방까지 진출했던 아랍 군대는 그 이후 다시는 비잔티움 제국의 심장부에 접근할 수 없었다. 8세기 후반 아바스 왕조의 전성기를 일군 하룬-알-라시드는 프랑크 국왕 샤를마뉴의 존경을 살 정도로 위세가 당당했지만, 분열의 조짐은 이미 그때부터 나타나 걷잡을 수 없이 커져가고 있었다.

스페인의 후우마이야 왕조

아부-알-아바스의 학살을 가까스로 피한 우마이야 가문의 한 왕자는 스페인으로 달아난 후 756년 코르도바에서 스스로 제후의 자리에 올랐다. 이 사건은 아바스 제국에 생긴 최초의 균열이었다. 이후 모로코와 튀니지에서도 비슷한 일이 잇따랐다. 이 왕조는 이전의 우마이야 왕조와 구분해 후우마이야 왕조라 부르기도 한다.

후우마이야의 통치자들은 외형상으로는 제후의 칭호에 만족하고 있었지만 실질적으로는 이미 독립 상태에 있었다. 10세기가 되자 8대 왕 아브드-알-라흐만 3세는 스스로 칼리프를 칭하며 아바스 왕조와의 공식적인 결별을 선언했다. 그러나 이것은 후우마이야 왕조의 발전이 결코 순조로웠다는 것을 의미하지는 않는다.

이슬람이 이베리아 반도 전체를 정복한 적은 결코 없었다. 10세기에는 프랑크족이 쳐들어와 반도의 북동부를 탈환했다. 그 무렵 이베리아 반도 북부에는 이미 기독교 왕국들이 들어서 있었다. 이들 왕국은 이슬람 스페인에 분란을 일으키기 위해 많은 공작을 펼쳤다. 이슬람교도들은 기독교인들에게 관대한 정책을 펼쳤지만, 기독교계의 반란 위험을 완전히 없애지는 못했다.

그럼에도 불구하고 이슬람이 지배하는 스페인 지역인 알-안달루스는 번영을 누렸다. 후우마이야 왕조는 기독교도와 싸워 북쪽으로 영토를 넓히기보다는, 해군력을 키워 이슬람교도들이 지배하는 북아프리카로 진출할 계획을 세웠다. 이를 위해 그들은 비잔티움 제국과의 동맹까지도 시도했다.

11~12세기가 되자 후우마이야 왕조는 쇠퇴 기미가 완연했다. 그러나 스페인의 이슬람 문명은 황금기를 맞이했다. 아바스 왕조 시대의 바그다드를 방불케 하는 창조성과 완숙성이 왕성하게 분출되어 이 지역 문화를 화려하게 꽃피웠다. 학문과 철학에서부터 장엄한 건축물에 이르기까지 위대한 문화적 유산들이 이 시기에 수없이 생산되었다. 10세기 코르도바 지역을 장식했던 700여 개의 사원 중에는 오늘날 세계에서 가장 아름다운 건축물의 하나로 널리 인정받는 것도 있었다.

◀예루살렘에 있는 '바위의 돔'은 우마이야 왕조의 제5대 칼리프인 아브드-알-말리크(685~705 재위)에 의해 세워졌다. 그가 이 사원을 건설한 데에는 몇 가지 이유가 있었다. 당시 메디나와 메카는 칼리프에 반대하는 반란 세력이 장악하고 있었다. 그들은 약 10년 동안 이 두 도시에 대한 이슬람교도들의 성지 순례를 방해했다. 이에 아브드-알-말리크는 자신이 확고하게 장악하고 있던 예루살렘을 제3의 성지로 키우기로 결심했다. 그는 예루살렘에 거대한 사원을 세우면 이슬람 순례자들의 관심을 충분히 끌 수 있으리라고 믿었다. 이미 유대교도와 기독교도들의 순례지였던 예루살렘이 이슬람교도마저 끌어들인다면 예루살렘의 위상이나 부가 한층 커지리라는 것은 자명한 이치였다. 그러나 무엇보다도 칼리프는 규모나 아름다움에서 기독교 교회들에 뒤지지 않는 뛰어난 이슬람 건축물을 만들어 과시하고 싶었는지도 모른다. 이렇게 해서 탄생한 바위의 돔은 과연 오늘날까지도 이슬람 건축의 최대 걸작 중 하나로 꼽힌다.

이슬람 지배 하의 스페인 지역 알-안달루스

711년 이슬람 군대는 지브롤터 해협을 건너 서고트 왕국 지배 하의 스페인을 침공했다. 이것은 이베리아 반도의 역사에서 하나의 중요한 전환점이었다. 이후 이슬람교도들은 1492년 에스파냐에 의해 쫓겨날 때까지 약 8세기 동안 알-안달루스를 통치하면서 이곳을 서구 세계의 문화적 중심지 중 하나로 만들었다.

이슬람 스페인은 당시의 기독교 세계에서는 볼 수 없는 수준의 독창적이고 풍요로운 도시 문명을 건설했다. 다양한 민족과 종교가 공존하던 이 지역의 문화는 개방적이며 관대했다. 라틴어와 유대어는 아랍어와 나란히 통용되었으며 기독교인과 유대교인들도 공개적으로 종교 활동을 할 수 있는 자유를 누렸다.

정복된 뒤 한동안 우마이야 왕조의 서쪽 변방에 불과했던 이 지역은 아바스 왕조가 들어서면서 독자적인 발전의 계기를 맞이했다. 아바스 왕조의 탄압을 피해 이곳으로 피신한 우마이야의 왕자 아브드-알-라흐만 1세가 756년 이곳에 후우마이야 왕조를 세웠기 때문이다. 아브드-알-라흐만 1세는 후우마이야의 수도 코르도바를 새로운 다마스쿠스로 만들기 위해 분주하게 노력했다.

929년부터는 코르도바도 독자적인 칼리프를 내세우기 시작했다. 코르도바의 초대 칼리프 아브드-알-라흐만 3세는 뛰어난 지도력을 발휘하여 알-안달루스에 더없이 찬란한 번영의 시대를 가져왔다. 그러나 세월이 흐르면서 칼리프의 권위는 점차 약화되었다. 11세기가 되자 정치적 분열이 가열되면서 이 지역은 '타이파'라는 소왕국들로 쪼개지기 시작했다. 이들 소왕국은 내부의 대립을 계속하다가 결국 알모라비드 왕조와 알모하드 왕조라는 북아프리카 왕조들로부터 두 차례에 걸쳐 지배를 받게 되었다.

알모라비드 왕조와 알모하드 왕조는 각각 강력한 중앙 집권 체제를 구축하려 했지만 성공하지 못했다. 이들 국가가 무너지자 스페인 내의 이슬람 지배 지역은 그라나다의 조그만 왕국으로 축소되었다. 그라나다 왕국은 1492년까지 존속했으나 결국 기독교 세력에 의해 점령되고 말았다. 이로써 스페인에서의 이슬람 시대는 영영 막을 내렸다.

코르도바의 마디나트-알-자하라에 있는 10세기 궁전의 유적. 코르도바의 칼리프들이 사용했던 궁전이다.

이슬람 스페인은 유럽 세계의 발전 과정에서 대단히 중요한 역할을 수행했다. 동방의 학문과 과학 그리고 진귀한 물품들이 이 지역을 통해 유럽에 전해졌다. 스페인은 기독교 세계에 농경 기술과 관개 기술을 전수해 주었으며 오렌지, 레몬, 설탕 등의 새로운 작물들도 소개했다.

이슬람교가 스페인 사회에 끼친 영향은 매우 깊었다. 나중에 이 지역이 기독교화된 후에도 이슬람 시대의 흔적은 상당히 많이 남아 있었다. 오늘날에도 스페인의 언어와 생활방식, 예술에서 여전히 아랍의 자취를 찾아볼 수 있다.

칼리프 권력의 쇠퇴

10세기 후반에는 북아프리카에서도 아바스 왕조의 권위를 위협하는 중요한 분열이 일어났다. 튀니지의 파티마 왕조가 이집트를 점령한 후 수도를 카이로로 옮기고 스스로 칼리프를 칭했던 것이다. 시아파를 지지한 파티마 왕조는 11세기 아이유브 왕조에 멸망할 때까지 이집트를 다스렸다.

그보다 두드러지지는 않지만, 아바스 왕조가 지배하는 영토 내의 다른 곳에서도 분열과 해체 현상을 목격할 수 있었다. 지방 총독들이 스스로 제후나 술탄*을 자처하기 시작했던 것이다.

칼리프의 권력 기반은 급속하게 좁아들었고 분열은 걷잡을 수 없이 확대되었다. 특히 하룬-알-라시드의 아들들 사이에서 벌어진 내전은 이슬람 신자들 사이에서 칼리프의 신망을 크게 떨어뜨렸다.

관료들의 부패와 횡령, 착복 등도 민심을 칼리프로부터 떼어 놓은 주요 원인이었다. 아바스 왕조는 이런 병폐를 피하고자 세금 징수를 민간에 위탁했지만, 이것은 세금 징수자에 의한 새로운 억압만을 낳았을 뿐이었

11세기 중엽 이베리아 반도는 북쪽의 기독교 세력과 남쪽의 이슬람교 세력으로 양분되어 있었다. 기독교 세력은 카스티야 왕국, 레온 왕국, 나바라 왕국, 아라곤 왕국, 바르셀로나 백작령으로 이루어져 있었으며 이슬람 세력의 영역을 향해 남진을 계속했다. 반면 이슬람 세력은 내부 분열로 인해 이미 붕괴 일보 직전에 있는 상태였다. 1086년 알모라비드 왕조가 등장해 기독교도의 남하를 저지하지 않았더라면 이슬람 스페인의 역사는 훨씬 짧아졌을지도 모른다.

다. 게다가 시아파나 그 밖의 다른 신비주의 분파들은 대중들 사이에서 반정부 여론을 조성하고 있었다.

군대는 점차 외국인 용병이나 노예들로 채워졌다. 하룬-알-라시드가 죽고 불과 한 세대 만에 아바스 왕조의 군대는 사실상 투르크군이나 다름없게 되었다. 칼리프의 권력은 이제 투르크족의 손아귀에 놓였다. 이러한 상황은 로마 제국 말기 게르만족이 로마군의 핵심을 구성했던 상황과 무척 흡사했다. 시간이 흐를수록 근위병들도 대부분 투르크족 병사들로 채워졌고, 이들은 곧 칼리프를 마음대로 조종하기 시작했다.

경제적인 번영도 쇠퇴하고 있었다. 아랍

사진은 파티마 왕조 시대에 체스 게임에 사용된 말이다. 파티마라는 이름은 마호메트의 딸 이름에서 비롯된 것이다. 시아파가 주축이 되어 튀니지에 건설된 파티마 왕조는 아바스 칼리프의 권위를 부정하고 스스로 칼리프를 칭했다. 973년 파티마의 수도가 카이로로 옮겨지자, 카이로는 당시 세계의 가장 중요한 경제적 중심지가 되었다. 오직 알라만을 유일한 신으로 숭배했던 다른 이슬람 신자들과 달리, 파티마 왕조는 파티마와 그의 남편 알리도 신격화했다.

*술탄
이슬람의 지배자를 뜻하는 말. 코란에서는 도덕적·정신적 권위를 의미한다. 이후 이슬람 군주의 칭호로 사용되었다. 이슬람 공동체의 우두머리인 칼리프가 군주들에게 이 칭호를 수여하기도 했다.

이슬람교에서 남편은 아내를 쫓아낼 수 있었다. 그러나 이혼이 완전히 승인되기 위해서는 석 달을 기다려야 했다. 이 13세기의 그림에는 재판관이 남편의 말을 듣는 동안 아내가 남편 뒤에 서 있는 모습이 묘사되어 있다.

여인의 장

"신도들이여, 싫다고 하는 여자를 억지로 물려받는 것은 옳은 일이 아니다. 또한 자기가 준 재산 일부를 되찾으려고 여자의 앞길을 막아서는 안 된다. 그러나 그들 여자들이 분명히 간음을 범했을 경우에는 예외다. 사이좋게 같이 살라. 아내가 마음에 들지 않을 수도 있다. 어떤 것이 마음에 안 들 수도 있는 법이다. 그러나 알라는 아내와 사이좋게 같이 사는 자를 좋게 여기신다.

만일 너희들이 아내를 다른 여자로 바꾸고 싶어 한다면, 아내에게 많은 돈을 주었다고 하더라도 거기서 한 푼의 돈도 빼앗으면 안 된다. 없는 죄를 중상까지 하고서 또 돈을 뺏으려 하는가?

그대들은 한때 서로 다정한 사이였으며 서로 엄숙한 서약을 했을진대 어찌 이를 빼앗으려 하는가?

지난날의 일 때문이 아니라면 자기 아버지와 결혼한 여자를 아내로 삼으면 안 된다. 이것이야말로 수치스럽고 혐오스러운, 실로 사악한 짓이다.

-『코란』중,「여인의 장」에서 발췌

상인들의 부는 중세 말 유럽의 경우와는 달리 도시 경제의 구축으로 이어지지 못했다.

아바스 왕조의 통치는 실질적으로 946년에 끝이 났다. 이 해에 페르시아 출신의 장교 무이즈-알-다울라는 바그다드를 점령한 후 칼리프를 퇴위시키고 다른 사람을 새로운 칼리프 자리에 추대했다. 아바스 왕조는 명목 상으로는 계속되었지만, 칼리프의 권력은 완전히 유명무실해졌다. 무이즈-알-다울라가 페르시아에 부이 왕조를 건설한 후 아바스 왕조가 지배하는 땅은 더 이상 남아 있지 않았던 것이다. 이로써 아랍 이슬람 제국은 해체되었고, 서아시아의 통합은 다시 한 번 붕괴되었다.

이후 수세기 동안 아랍 세계는 외세의 침략에 시달려야 했으며, 아랍 세계를 재통일할 국가 역시 한동안 등장하지 않았다. 이슬람 세계는 유럽의 십자군 원정이 개시되면서 한때 다시 뭉치기도 했다. 하지만 이슬람 제국 시절의 영화를 회복하지는 못했다. 13세기에는 몽고족이 쳐들어와 아랍 세계를 뒤흔들어 놓았다. 1258년 아바스 왕조의 마지막 칼리프가 몽고족에게 살해되면서 아바스 왕조의 명맥도 완전히 끊어졌다.

사회 혁명으로서의 이슬람교

이슬람교의 독특한 성격은 종교적 권위와 정치적 권위를 하나로 만들었다. 칼리프들이 누렸던 정치·종교 양면의 권위는 궁극적으로 13세기 말 투르크인들이 건설한 오스만 제국에 의해 계승되었다. 투르크인들은 서아시아를 재통일했을 뿐 아니라, 이슬람의 경계를 더욱 확장시켰고, 유럽 내륙에도 깊숙이 쳐들어감으로써 서아시아 역사의 주역이 되었다.

하지만 이전의 아랍인이 이룩한 성과에 비하면 투르크인의 업적은 비할 바가 못 되었다. 아랍인들은 로마화되어 있던 서아시아와 사산 왕조 페르시아를 정복하고, 비잔티움 제국을 아나톨리아에 가둬 놓았다. 그들은 모로코에서 아프가니스탄에 이르는 광범위한 지역에 이슬람교를 뿌리 내렸고, 새로운 종교에 기반을 둔 독특한 문명을 건설했다. 이후 서아시아 지역에서 거둔 모든 성취는 아랍인이 세운 토대 위에서 이루어졌다.

이슬람교는 많은 면에서 혁명적인 종교였다. 이슬람 사회에서는 노예들에게도 일정한 권리가 주어졌고, 특권을 지니거나 세습되는 성직자 계급도 없었다. 여성은 여전히 열등한 지위에 머물렀지만, 그들에게는 재산에 관한 법적 권리가 부여되었다. 이러한 권리는 유럽에서는 19세기까지도 대부분의 국가에서 인정되지 않았던 것이다.

이처럼 혁명적인 사회 변화는 이슬람교가 유대교처럼 단순한 종교 차원을 넘어서 삶의 지침을 제공했기 때문에 가능했다. 이슬람 문화에서는 신성과 세속, 영적인 것과 현세적인 것을 구분하는 단어가 존재하지 않는다. 이슬람교도들에게 종교는 신앙일 뿐 아니라 그들이 속한 사회 그 자체였다. 따라서 정치적 분열이 거듭되는 와중에도 이슬람 사회는 통합성을 유지할 수 있었다. 이슬람교를 신봉하는 국가들은 비록 지배자들이 제각각 다르더라도 법적·제도적으로 공통된 교리를 따름으로써 많은 동질성을 유지했다. 이슬람교는 개인의 행복을 추구하는 신앙보다는 사회적 실천과 지적 신념을 바탕으로 한 종교라고 할 수 있을 것이다.

이슬람교의 세계적인 확산

이슬람 문화는 기독교 세계에 지적 영향을 크게 미쳤을 뿐 아니라, 아랍권을 넘어 세계 각지에 널리 퍼져 나갔다. 10세기에는 중앙아시아, 8~11세기에는 인도, 11세기에는 수

1800년까지 이슬람교가 전파된 지역

예언자 마호메트의 죽음 이후 이슬람교는 수세기에 걸쳐 세계 대부분의 지역으로 퍼져 나갔다. 이 지도에서 알 수 있듯이 서아시아, 중앙아시아, 인도, 북아프리카 대부분의 지역은 1800년 이전에 이미 이슬람교가 깊이 뿌리내리고 있었다.

미흐라브는, 이슬람교 사원에서 메카를 향하는 벽에 만들어진 화려한 아치형의 벽감을 일컫는다. 이것은 이슬람교도들이 기도를 올릴 때 바라보아야 할 방향을 알려 준다. 보통 사원의 중요한 공간 한가운데에 자리한다. 최초의 미흐라브는 8세기 초 메디나의 이슬람 사원에서 등장했다. 사진은 아름다운 모자이크로 장식된 코르도바 대사원의 미흐라브이다.

단에서 니제르까지 이르는 방대한 지역이 이슬람교의 영향권에 들어갔다. 12~16세기에는 아프리카에서도 많은 지역이 이슬람화되었고, 13세기에는 몽골족의 개종으로 이슬람교가 중국에까지 전파되었다. 15~16세기에는 이슬람교가 인도양을 넘어 말레이시아 부근의 말라야와 인도네시아로 흘러들어 갔다. 16~17세기에는 마지막으로 유럽 남동부에서 이슬람 신앙이 크게 확대되었다. 이슬람교는 오늘날에도 아프리카에서 가장 빠르게 성장하는 종교로 남아 있다.

이슬람교 확산의 특징은 포교의 주체들이 매우 다양했다는 것이다. 코란의 가르침을 전하는 일은 단지 성직자에게만 국한된 것이 아니었다. 선교사, 이주민, 상인들도 모두 이슬람교의 확산에 적극적으로 기여했다. 특히 아랍의 상인들은 이슬람교 확산에 중요한 역할을 했다. 그들은 대상 행렬을 이루어 아프리카로 들어가거나 배를 타고 인도의 벵골만으로 들어갈 때 코란도 함께 가지고 갔다.

셈계 부족 사이에서 시작된 하나의 작은 사상이었다는 점을 생각한다면 이슬람 문명이 이룬 업적은 실로 놀라운 것이었다. 하지만 10세기 이후에는 어떠한 아랍 국가도 과거의 장엄한 역사를 재현하지 못했고, 아랍의 통합은 점점 불가능한 꿈이 되어 갔다. 그러나 그 꿈은 오늘날까지도 아랍인의 가슴 속에 소중하게 남아 많은 영감의 원천이 되고 있다.

3 비잔티움 제국과 그 주변 세계

콘스탄티노플의 함락은 한마디로 충격적인 사건이었다. 이로써 유스티아누스가 비잔티움 제국의 전성기를 이룬 지 800년 만에 로마 제국은 1453년 역사에서 완전히 자취를 감추었다. 1,000여 년간 기독교 세계의 수호자였던 콘스탄티노플은 마침내 이교도의 손아귀에 떨어지고 말았다. 한 그리스인 서기가 말했듯이 기독교인들에게 "이보다 끔찍한 사건은 일어난 적이 없고 앞으로도 일어날 수 없을" 것이었다.

비잔티움 제국의 멸망이 이처럼 서양 세계에 큰 충격을 가져다 준 이유는 그것이 단순한 하나의 국가가 아니었기 때문이었다. 비잔티움 제국, 즉 로마 제국은 그리스 시대부터 계속된 고대 지중해 문명의 정통적인 계승자였다. 고대 그리스와 헬레니즘 시대부터 따지면 그 전통은 무려 2,000년간이나 지속되었으며, 기독교 개종 이후부터만 따지더라도 1,000년 동안 이어진 문화였다. 이들의 소멸은 서양인들에게는 문화적 대지진이나 다름없었다.

비잔티움 제국은 몰락하고 있는 순간에도 로마 제국의 후손으로서 그 위세와 전통을 유지했다. 비잔티움 제국의 황제들은 마지막까지 스스로를 '아우구스투스*'라고 불렀고, 시민들은 자신들을 '로마인'이라고 일컬었다. 그들은 그들이 이룬 과거의 영화에 대해 무한한 자부심을 가지고 있었다.

콘스탄티노플은 비잔티움 제국의 심장부일 뿐만 아니라 동방 정교회 신앙의 중심지이기도 했다. 이곳에 건설된 아야소피아 대성당은 수세기 동안 기독교 문화권에서 견줄 대상이 없는 최고의 교회였다. 이슬람 세력의 위협이 갈수록 강력해짐에 따라 비잔티움 제국은 동방 정교회 이외의 종교들을 강력하게 제한할 필요가 있었는데, 아야소피아 대성당은 정교 신앙 수호의 상징물이 되었다.

비잔티움 제국이 몰락하고 있는 마지막 순간에도 비잔티움의 시민들은 자신감에 충만해 있었다. 그들은 의식적이든 무의식적이든 제국이 이 상황을 극복할 수 있을 것이라고 믿고 있었다. 과거에도 그들은 수많은 극한적인 상황들을 이겨 냈었고, 그들의 고풍스

*아우구스투스
'고귀한 자, 위엄 있는 자'라는 뜻으로 옥타비아누스 이후 사용된 로마 황제의 칭호.

오스만 제국의 술탄인 메메드 2세의 초상화. 1453년 5월 29일 그의 군대는 콘스탄티노플을 공격했다. 비잔티움 제국의 마지막 황제인 콘스탄티누스 11세는 도시를 방어하다가 전사했다. 그의 죽음은 동로마 제국의 종말을 상징적으로 보여 주는 사건이었다.

이탈리아의 라벤나에 있는 성 비탈레 성당의 6세기 모자이크화. 테오도라 황후가 그녀의 측근들과 함께 서 있는 모습이다. 테오도라 황후의 머리 주위에는 후광이 그려져 있다. 비잔티움 제국에서는 황제의 권위를 높이기 위해 이러한 이교도적 상징을 도입했다.

러운 전통을 1,000년 동안이나 계속해서 지켜 왔기 때문이다.

제국 황제의 지위

로마 제국이 분열하고 1,000년의 세월이 흐르는 동안 비잔티움 제국에는 많은 변화가 일어났다. 어떤 전통들은 강화된 반면 다른 전통들은 바뀌거나 사라졌다. 유스티니아누스 시대의 비잔티움 제국과 멸망 당시의 비잔티움 제국은 무척 달랐다. 그러나 그 와중에도 로마 제국 시대의 핵심적인 전통들은 면면히 이어져 내려왔다.

로마 제국의 중심지는 이미 4세기 콘스탄티누스 대제가 즉위하기 전부터 그리스와 서아시아 방면으로 이동하고 있었다. 콘스탄티누스는 비잔티움을 로마 제국 제2의 수도로 삼고 이곳의 이름을 콘스탄티노플로 바꾸었다. 콘스탄티노플은 곧 로마 제국의 중심지가 되었는데 이것은 곧 서양 세계의 중심지가 되었다는 뜻이기도 했다. 이런 '세계의 중심' 이라는 의식은 로마 제국이 분열하고 서로마가 멸망한 후에도 계속해서 유지되었다. 비잔티움 황제는 로마 황제가 누렸던 권위를 그대로 이어받았다.

비잔티움 제국은 어떻게 오래된 관습이 역사의 진보 속에서도 유지될 수 있는가에 대

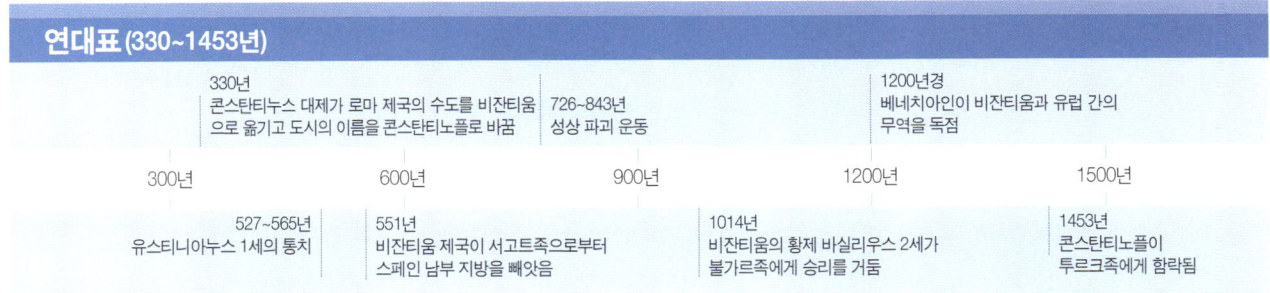

비잔티움 제국과 그 주변 세계

서유럽의 왕들과 달리 비잔티움 제국의 황제는 정치적으로나 종교적으로 절대적인 권위를 지니고 있었다. 황제는 지상에서 신의 뜻을 수행하는 대리자로 여겨졌다. 콘스탄티노플의 아야소피아 대성당에 있는 이 모자이크화에는 이러한 생각이 잘 반영되어 있다. 현재 이 성당은 이슬람교 사원으로 바뀌었다.

그림에서 왼쪽에 있는 인물은 유스티니아누스 황제다. 그는 양손에 교회의 모형을 받쳐 들고 있다. 오른쪽에 있는 인물은 콘스탄티누스 황제인데, 그가 들고 있는 도시의 모형은 콘스탄티노플이다. 콘스탄티노플은 그가 건설한 도시였다.

한 좋은 본보기를 보여 주었다. 비잔티움의 황제는 스스로를 모든 인류의 세속적인 통치자라 생각했으며 9세기 초까지는 그러한 생각에 대한 어떤 공식적 반대도 없었다. 그러나 800년 서유럽에서 프랑크 왕국의 샤를마뉴 대제가 교황으로부터 '로마 황제'의 칭호를 받자 유일한 천하의 중심이라는 비잔티움 황제의 권위는 도전을 받게 되었다. 그러나 비잔티움은 자신들이 여전히 세계 제국이라는 환상을 버리지 않았다. 비잔티움의 통치자들은 마지막 순간까지 황제를 자칭했으며, 그들의 집무실은 휘황찬란하게 장식되었다.

비잔티움의 황제는 원칙적으로는 원로원, 군대, 시민에 의해 선출되었지만, 절대적인 권력을 갖고 있었다. 물론 재위 당시의 여건에 따라 황제가 누릴 수 있는 실제적인 권력이 제한되기도 했고, 후계자를 선정할 때 외부의 압력에 시달릴 때도 있었다. 그러나 봉건 제후들의 우두머리 격에 불과했던 서유럽의 군주들과는 달리, 비잔티움 제국의 황제는 전제 군주였다. 비록 법률에 대한 존중이나 황제의 명령을 수행하는 관료들의 이해관계에 따라 실질적인 권력에는 다소 제한이 있었더라도, 황제의 뜻은 기본적으로 절대적인 것이었다. 제국의 고위 관료들은 오로지 황제의 명령에만 따랐다.

이처럼 막강한 황제권은 비잔티움의 정치를 황실에 집중시켰다. 서유럽에서 조금씩 발달해 간 의회 형식의 정치 체제는 비잔티움에서는 찾아볼 수 없었다. 대표자에 의한 정치 형태는 황제의 독단적인 권력과는 상반되는 것이었다.

종교와 황제

전제 군주들은 막강한 권력을 가지고 있었다. 그들은 제국 전체에 비밀경찰을 배치하고 백성을 감시했다. 그러나 이러한 권력이 무제한적이었던 것은 아니었다. 황제의 자리에는 의무도 따랐다. 황제는 콘스탄티노플 총대주교에게 관을 수여 받았으며 신의 세속적인 대리자로서 책임을 져야 했다.

로마 가톨릭교와 달리, 동방 정교회에서는 평신도와 성직자 간의 명확한 구분이 존재하지 않았다. 따라서 서유럽에서와 같이 왕권이 교황이나 성직자들에 의해 견제되지는 않았다. 대신 비잔티움의 황제들은 신의 대리인으로서 인류애에 기반을 둔 올바른 행동을 실천할 의무가 주어졌다. 전제 권력은 인류를 악으로부터 보호하고 종교적 정의, 즉 기독교 신앙과 동방 정교회를 수호하는 것으로부터 정당성을 부여 받았다. 기독교를 받아들인 초기의 황제들은 대부분 성인으로 추대되었다. 이는 사산 왕조나 이슬람권의 황제들이 신격화된 것과 비슷했다.

황제는 기독교 외에 다른 전통들로부터도 영향을 받았다. 비잔티움의 모자이크화에 등장하는 황제의 머리에는 후광이 그려져 있다. 후광은 기독교를 받아들이기 이전의 황제나 몇몇 사산 제국 황제 초상들에서도 볼 수 있었는데, 이는 태양신 숭배 전통의 일부였다. 그러나 이러한 전통들 중 황제의 권위에 가장 강력한 영향을 미쳤던 것은 역시 기독교의 전통이었다.

동방 정교회의 전통

따라서 비잔티움의 황제는 곧 비잔티움 제국의 기독교적 전통을 이끄는 핵심적 존재였다. 이는 교황을 중심으로 종교적 전통이 유지되던 서유럽과는 차이가 있는 것으로, 비잔티움의 기독교는 로마 가톨릭교와 여러 면에서 다른 모습을 띠게 되었다.

우선 비잔티움에는 동방 정교회라고 불리는 독특한 교회적 전통이 있었다. 예컨대 비잔티움 제국의 성직자들은 로마 가톨릭 교회

동방의 위대한 제국, 비잔티움

4세기 초 로마인은 슬라브족과 페르시아인의 공격으로부터 동쪽 국경선을 필사적으로 지키려고 애썼다. 330년 콘스탄티누스 대제가 동로마 제국의 수도를 비잔티움이라는 작은 도시로 옮긴 것도 이런 이유 때문이다. 비잔티움에는 콘스탄티노플이라는 새 이름이 주어졌다.

476년 서로마 제국이 멸망하자 비잔티움 제국은 로마 제국의 권위를 내세울 수 있는 유일한 나라가 되었다. 초기 비잔티움의 황제 가운데 가장 중요한 인물은 유스티니아누스 1세(527~565 재위)였다. 그는 지중해 서부 해안을 정복했고, 콘스탄티노플에 장엄한 아야소피아 대성당을 세웠으며, 유스티니아누스 법전을 편찬했다.

비잔티움 제국은 십자군이 콘스탄티노플을 점령한 1204년 이후 눈에 띄게 쇠약해졌다. 결국 1453년, 오스만 투르크족의 무력 앞에 비잔티움 제국은 멸망하고 말았다. 비잔티움 제국 멸망 후에도 비잔티움을 계승한 터키 북부의 정교 국가인 트레비존드 제국은 1461년까지 존속했다.

라벤나의 성 비탈레 성당 모자이크화에 표현된 유스티니아누스 1세의 모습.

와 달리 종종 이슬람교를 다른 종교라기보다는 이단으로 여기곤 했다.

또 다른 차이는 성직 계급과 사회의 관계에 대한 동방 정교회의 견해에 있었다. 동방 정교회 신앙에서는 황제를 중심으로 영적 세계와 세속 세계를 융합하는 것이 매우 중요시되었다. 정교회의 성직자들은 결혼을 할 수 있었으며 서유럽의 가톨릭 성직자들과는 달리 세속적인 문제에 적극적으로 관여해도 별다른 지탄을 받지 않았다. 이러한 특징을 지닌 동방 정교회는 오늘날까지도 사회의 구심으로서 커다란 역할을 수행하고 있다.

무엇보다 비잔티움의 성직자들은 교황만큼 큰 권위를 갖고 있지 않았다. 권위는 황제에게 집중되어 있었다. 유일한 권위의 중심으로서 황제가 지녔던 직무와 책임은 서유럽의 주교들과는 비할 수 없는 것이었다.

물론 이것이 동방 정교회가 중세 서양의 교회보다 사회적으로 더 관대했다는 것을 의미하는 것은 아니었다. 제국 내에 환란이 발생하면, 이는 황제가 기독교도로서의 의무를 소홀히 했기 때문이라고 여겨졌다. 이럴 때면 유대인이나 이교도, 동성애자 같은 희생양들에 대한 박해가 가해졌는데, 이것 역시 기독교도의 의무라 여겨졌기 때문이었다.

동·서 로마 제국의 문화적 분열

세월이 흐르면서 동로마 제국과 서로마 제국 간에는 점점 차이가 생기기 시작했다. 로마 제국이 둘로 나뉜 뒤 두 제국 간의 접촉이 점차 드물어졌던 것이 한 원인이었다. 그러나 한편으로는 양 지역 간에 원래부터 존재하던 관습상의 차이가 이러한 분열을 심화시켰다고도 할 수 있을 것이다.

로마 가톨릭교와 동방 정교회의 전통은 처음부터 달랐다. 일찍이 동방 정교회는 시리아와 이집트를 중심으로 발전하면서 이 지역의

관습을 받아들였지만, 로마 가톨릭교는 그렇지 않았다. 이로써 동방 정교회 신앙에는 다신교적 전통이 남게 되었다. 동방 정교회에서 가장 큰 세 교구인 예루살렘, 안티오크, 알렉산드리아가 아랍의 수중에 떨어지자 로마와 콘스탄티노플 간의 분열은 가속화되었다.

동서 간의 분열은 언어에서도 나타났다. 서방에서는 라틴어가, 동방에서는 그리스어가 따로따로 사용되었다. 7세기 초가 되자 라틴어는 더 이상 비잔티움 제국의 군대와 법정에서 공식 언어로 쓰이지 않게 되었다. 이 두 부문은 그때까지 가장 오랫동안 그리스어를 받아들이지 않은 곳이었다. 관료 사회에서 그리스어를 사용하게 된 것은 문화적으로 매우 중요한 의미를 지니고 있었다.

이슬람교도들에 대한 개종 노력이 실패하

콘스탄티노플의 아야소피아 성당은 아마도 현존하는 비잔티움 건축물 가운데서 가장 인상적인 건축물일 것이다. 성당의 설계는 안테미우스와 밀레토스의 이시도루스가 맡았다. 공사는 유스티니아누스의 명령으로 532년 시작되어 5년 후 완공되었다. 1453년 5월 28일 밤은 비잔티움 제국의 마지막 밤이었다. 이날 이 거대한 성당에서 개최된 최후의 기독교 예배에는 수천 명의 사람들이 참석했다고 한다. 나흘 뒤 이 건물은 이슬람교 사원으로 개조되었고, 투르크족 정복자들은 여기서 최초의 이슬람식 예배를 거행했다. 사진에 보이는 네 개의 뾰족탑은 나중에 이슬람교도들이 세운 것이다.

자, 동방 정교회는 발칸 반도 북쪽의 이교도들에게로 눈을 돌렸다. 이들의 포교 노력은 결실을 맺어 마침내 유럽 남동부와 러시아가 동방 정교회로 개종을 하게 되었다. 그 결과, 슬라브족은 그리스 문자에서 파생된 키릴 문자를 얻게 되었고, 비잔티움으로부터 기본적인 정치사상까지도 배우게 되었다.

동방 정교회를 수용한 슬라브족 세계와 가톨릭교를 수용한 서유럽 세계는 때때로 서로를 불신하고 적대시했다. 이러한 관계는 먼 훗날까지 지속되었는데, 이에 관한 내용은 이 장의 범위를 넘어서므로 다음 기회에 논하겠다.

동방 정교회에는 서유럽과 구별되는 종교적 전통들이 많이 있었다. 예컨대 수도원 제도는 동방에서 훨씬 더 원형에 가까운 형태로 보존되었다. 또 동방 정교회에서는 서유럽과 달리 종교적 위계질서가 확실히 잡혀 있지 않은 대신 성인들의 권위가 보다 강조되었다.

종교적 논쟁 역시 동방 정교회에서는 로마 가톨릭교보다 활발하게 이루어졌다. 이는 추론과 고찰을 중시하는 그리스적 전통에서 비롯된 것이었다. 동방 정교회는 동양의 사상이나 문화에도 개방적이었으며 외부의 영향들을 쉽게 수용하곤 했다. 그러나 종교적 분쟁을 권위주의적으로 해결하는 일이 전혀 없었던 것은 아니었다.

신학적 논쟁들의 배경

현대의 관점에서 보면 당시의 몇몇 종교적 다툼들은 사소하고 무의미해 보일 수도 있다. 오늘날과 같이 세속적 사고가 지배적인

*니케아 공의회
325년 로마 황제 콘스탄티누스 1세가 소집한 종교회의. 그리스도의 신성(神性)을 부인하는 아리우스파를 이단으로 단죄하고 교리의 통일을 꾀했다.

시대에 사는 사람들은 당시의 종교적 논란의 배후에 있는 정신세계를 이해하기가 어려울 것이다. 그러나 당시의 역사를 이해하기 위해서는 성직자들의 복잡한 논리 뒤에 숨은 엄청나게 중요한 문제를 파악해야 한다. 그것은 바로 인류를 지옥에서 구원해야 한다는 그들의 사명감이었다.

이러한 근본적인 문제와 별개로 동방 정교회에서 벌어진 신학적 논쟁은 당시의 정치와 사회 문제들, 국가적·문화적 문제들과도 밀접한 관련이 있었다. 비잔티움 제국의 사회는 이러한 신학적 논쟁에 따라 결정되었으며, 이러한 논쟁들이 역사에 끼친 영향은 군대의 정복 활동이나 민족의 이동만큼이나 컸다.

동방 정교회와 로마 가톨릭교의 분열은 역사적으로 대단히 중요한 사건이었다. 비록 이 분열이 처음에는 단순히 로마 제국의 정치적 분열에서 비롯된 것이었다고 해도 신학적인 논쟁이 종교적 분열을 가속화시켰다는 것은 부인할 수 없다. 이제 기독교 세계의 분열은 돌이킬 수 없을 정도의 단계에까지 이르게 되었다.

그리스도 단성설

이러한 신학적 논쟁의 대표적인 사례는 그리스도의 단성설을 둘러싼 논쟁이었다. 이 문제는 5세기 중반부터 기독교 신학자들 사이에서 주요한 논제로 부상했다.

그리스도 단성설이란, 그리스도의 본성은 단일하며 완전히 신성하다는 이론이다. 하지만 초기 교회에서는 그리스도에게 인간적 측면과 신적인 측면이 병존한다는 양성설이 일

비잔티움 제국의 주화. 전능자 그리스도의 모습이 많이 새겨져 있었다.

반적으로 받아들여졌다. 이 논쟁이 특히 중요해졌던 이유는 이것이 순전히 신학적인 논쟁이 아니라 정치적인 요소가 포함된 논쟁이었기 때문이었다. 본래 그리스도 단성설은 이집트와 에티오피아의 콥트 교회, 시리아의 야코부스 교회, 아르메니아 교회에서 시작되었다. 이들 교회의 가르침은 각 지역의 민족적 신앙이 되었다. 페르시아를 비롯해 나중에는 아랍의 위협에 직면한 비잔티움 제국에 이르기까지 이들 민족들은 서로 화해하고 제국의 통합을 강화해야 할 필요가 있었다. 이 때문에 황제들은 이들의 교리를 기존의 교리와 타협시키기 위한 신학적 논쟁을 일으켰다. 결국 이 논쟁에는 니케아 공의회에서 콘스탄티누스 대제가 밝혔던 정통 신앙 수호자라는 황제의 책무 이상으로 정치적인 목적이 개입해 있었던 것이다.

그리스도 단성설을 둘러싼 논쟁은 7세기 초 헤라클리우스 황제 시대에 특히 활발하게 전개되었다. 그는 그리스도 단성설을 두고 싸우는 자들을 화해시킬 만한 절충적인 교리를 만들어 내기 위해 갖은 노력을 다 했다. 그리하여 그리스도 단의설(單意說)이라 불리는 새로운 교리가 생겨났다. 단의설은 한동안 단성설을 둘러싼 신학 논쟁을 잠재운 듯 보였지만, 결국 새로운 이름의 단성설로 비판받았다.

단성설 논쟁은 서방 교회와 동방 교회의 사이를 더욱 크게 벌려 놓았다. 헤라클리우스 황제 이전에도 5세기 말엽 약 40년에 걸쳐 단성설이 한바탕 논쟁거리가 된 일이 있었다. 681년 서방과 동방이 종교적 교리 해석에서 합의에 도달하자 문제는 잠시 해결된

그리스도 단성설에서는 그리스도의 인간적 본성을 강조한 네스토리우스파나 아리우스파와는 달리 그리스도의 신적 본성을 강조했다. 단성설의 추종자들은 이집트 지방의 초기 콥트 교회에 많았다. 단성설에 입각해 만들어진 이 대리석 조각품에는 그리스도를 십자가에서 내리는 장면이 묘사되어 있다.

듯 보였으나 헤라클리우스 시대에 이르러 정치적 환경이 변하면서 이 문제는 다시 논란의 중심으로 떠올랐다.

당시 비잔티움 제국은 아랍의 공격에 위협받고 있었다. 아랍의 위협이 점점 거세어지자 로마 교황도 기독교 세계를 수호하기 위해서는 이를 더 이상 두고 볼 수는 없다고 판단하여 비잔티움 황제와 공동 전선을 펼칠 계획을 세웠다. 이를 위해 동·서 교회 간의 갈등을 완화시킬 필요가 있었으며 교황이 동방의 그리스도 단의설*을 지지한 것도 부분적으로는 이 때문이었다. 비잔티움의 헤라클리우스 황제 역시 예루살렘 총대주교가 제기하는 신학적 의혹을 잠재우기 위해 그리스도 단의설에 대해 교황의 동의를 구하기도 했다.

＊그리스도 단의설
성육신의 그리스도는 신인양성神人兩性을 갖추고 있으나, 오직 하나의 의지를 가지고 있다는 그리스도의 한 학설.

아랍과의 수많은 해전에서 비잔티움 제국이 승리할 수 있었던 비결은 그들의 우수한 비밀 무기에 있었다. 적의 배에 뿌리거나 발사하는 이 무기는 '그리스의 불'*이라고 불렸는데 이것은 석유, 초석, 석회, 황 등을 섞어서 만들었다. 11세기의 이 삽화에는 그리스의 불로 적을 공격하는 장면이 묘사되어 있다.

*그리스의 불
해상 전투에서 사용된 반액체 상태의 화약. 황·주석·경유 등을 혼합한 것으로 알려져 있으나 철저한 보안으로 정확한 성분은 알 수 없다. 이것을 항아리에 담아 날려 보내거나 호스 모양의 관을 이용해서 목표물에 발사하였다. 물로 끌 수 없어서 해전에 효과가 뛰어났다.

이때의 교황은 그레고리우스 1세의 후계자였던 호노리우스였는데, 그의 그리스도 단의설에 대한 승인 조치는 반대파를 격분시켰다. 그리하여 반세기 뒤에 열린 공의회에서 호노리우스는 이단으로 여겨졌다. 서유럽의 교회 지도자들은 호노리우스에 대한 이러한 평가를 어느 때보다도 적극적으로 지지했다.

결국 아랍의 위협에 맞서 동·서 교회를 화해시키고자 했던 호노리우스 교황의 노력은 오히려 역효과만 가져온 셈이 되었다. 의도가 무엇이었든 간에 그의 행동은 경솔했던 것으로 드러났다. 그의 행동은 동방에 대한 서방 교회의 적대감을 높였을 뿐 아니라, 호노리우스가 단죄되는 모습을 지켜본 동방 정교회 신도들의 마음이 로마로부터 영영 멀어지게 하는 결과를 초래하고 말았다.

비잔티움 제국과 아시아

비잔티움 제국은 기독교 국가였지만 아시아로부터 받은 영향도 적지 않았다. 이 영향은 단순히 외국 문명과의 직접적인 접촉, 예컨대 비단길을 통해 비잔티움에 유입된 중국 물품들에 의한 것만은 아니었다. 비잔티움 제국은 그리스화된 동양의 복잡한 문화적 유산을 이어받았다.

그들에게는 그리스어를 사용하지 않는 민족은 야만족으로 취급하는 편견이 있었다. 이러한 자부심은 비잔티움 제국의 지식인 및 지도층이 스스로를 그리스 문화의 계승자라고 여겼기 때문에 생긴 것이었다. 그러나 사실 그들이 말하는 그리스의 전통은 그리스화된 아시아 지역 이외에서는 이미 자취를 감춘 지 오래였다. 이들이 계승한 그리스 문화란 결국 아시아 지역의 그리스 문화였던 것이다.

비잔티움 제국에 그리스의 문화가 얼마나 깊이 뿌리내리고 있었는지는 의문이다. 또 비잔티움이 아시아로부터 흡수한 문화적 자양분도 적지 않았던 것으로 보인다. 예컨대 소아시아에서는 주로 도시에 거주하는 소수 시민들만이 그리스어를 사용했던 것으로 보이며, 후대로 갈수록 제국의 관료들이나 주요 가문의 이름에서 아시아 계통의 이름들이 등장하는 빈도가 점점 증가한다. 이는 아시아 문화의 영향이 나중으로 갈수록 점점 커졌다는 사실을 말해 준다.

5세기와 6세기에 이민족의 침입에 시달리면서 비잔티움 제국의 유럽 내 영토는 수도 콘스탄티노플을 중심으로 한 한 뙈기의 땅으로 줄어들고 말았다. 이에 따라 아시아 지역 영토의 중요성이 훨씬 크게 부각되었다. 그 뒤 아랍이 비잔티움 제국을 소아시아에 가두어 버리자 비잔티움의 경계는 북쪽의 카프카스 산맥과 남쪽의 토로스 산맥에 한정되어 버렸다. 대부분 아랍권과 국경을 맞대게 된 것이다.

국경 지방에서는 이슬람교 문화가 언제든 흘러 들어올 수 있었다. 이곳에서는 자연스럽게 변경 문화가 형성되었고, 때로는 비잔티움의 다른 곳에서보다 외부의 영향을 더 크게 받았다. 그러나 이슬람 문화의 영향은 종종 변경 지방을 넘어 제국의 심장부에까지 스며들어 왔다. 비잔티움 제국의 성직 사회에서 가장 큰 논란을 불러일으켰던 성상 파괴 운동*이, 이슬람권에서 매우 비슷한 유형으로 거의 같은 시기에 전개된 것은 우연이 아니었을 것이다.

중세의 비잔티움 제국

전제적인 통치 방식, 로마인의 후예라는 자부심, 동방 정교회의 수호자, 소아시아 지역에 국한된 활동 영역 등 오늘날 우리가 알고 있는 비잔티움 제국의 특징들은 7세기와 8세기에 확립된 것들이다. 이 시기는 말기의 로마 제국이 유스티니아누스 대제 시대를 거쳐 중세 국가로 전환되던 때였다. 하지만 이 시기 이후 수세기 동안의 역사에 대해서는 알려진 것이 그다지 많지 않다. 자료나 고고학적 지식이 적기 때문에 어떤 학자는 이 시대의 비잔티움 제국 역사에 대해 정확하게 쓰기는 불가능하다고까지 말한다.

그러나 중세로 접어들 무렵 비잔티움 황제가 지니고 있던 이점이 무엇이었는가는 잘 알려져 있다. 비잔티움 황제는 로마 제국의 오랜 유산, 즉 풍부한 외교적·행정적 운영 경험, 오랜 전통의 군대 그리고 국가적인 위세를 고스란히 이어받았다. 특히 이 시기에 영토가 줄어들고 그에 따라 국가적 지출 규모가 축소되자 세금으로 거두어들인 재원과 인력이 남아돌게 되었다. 소아시아에서 병사를 모집하기 시작하면서 이전처럼 게르만족 용병들에 의존할 필요도 없어졌다.

군사적 측면에서도 비잔티움 제국에는 몇

＊성상 파괴 운동
8~9세기 동방 정교회에서 성상 공경이 금지되고 성상을 파괴한 운동. 교황청이 비잔티움 황제의 간섭에서 벗어나는 데 좋은 명분을 제공했으며, 결국 기독교가 동방 정교회와 로마 가톨릭으로 갈라서게 되었다.

아랍의 우마이야 왕조는 674~678년에 콘스탄티노플을 포위 공격했다. 이 삽화는 비잔티움 제국의 수도를 공격하는 이슬람 군대의 모습을 보여주고 있다.

비잔티움 제국과 그 주변 세계 59

가지 강점이 있었다. 비잔티움 제국에는 '그리스의 불'이라는 잘 알려진 비밀 무기가 있었다. 이 강력한 무기는 수도를 공격해 오는 적 함대를 격퇴하는 데 커다란 능력을 발휘했다. 또한 5세기에 세워진 콘스탄티노플의 거대한 성벽은 성을 공략하는 공성 무기 없이는 육로로 이 도시를 함락시키는 것을 거의 불가능하게 했다. 사실 야만족 대부분은 공성 무기를 갖고 있지 않았다. 또 바다에서는 함대가 적군의 상륙을 막을 수 있었다.

따지고 보면, 비잔티움 제국의 취약점은 군사 부문이 아니라 사회 부문에 있었다. 소규모 자작농들을 보호하고, 대지주들이 그들의 땅을 빼앗지 못하게 하는 것은 늘 어려운 일이었다. 법정이 언제나 약한 사람을 보호해 주는 것은 아니었다.

또 교회의 영지가 꾸준히 커지면서 사람들에게 가해지는 경제적 압박 역시 늘어 갔다. 비잔티움 제국은 종종 군복무를 대가로 소농들에게 얼마간의 물품을 나누어 주기도 했지만, 이는 소농들이 겪던 경제적 어려움을 해소하기에는 턱없이 모자란 것이었다.

그러나 비잔티움의 황제들이 이런 사회적·경제적 문제들의 심각성을 깨닫는 데에는 오랜 시간이 걸렸다. 7세기와 8세기의 황제들은 눈앞에 닥친 일들을 해결하는 데에 여념이 없었다.

비잔티움 제국이 겪던 어려움들

비잔티움 제국의 영역은 너무 넓은 지역에 분산되어 있었다. 서기 600년경 제국의 영토는 북아프리카 해안 지역과 이집트, 서아시아, 흑해 연안, 발칸반도를 모두 아우르고 있었으며 이탈리아 남단, 시칠리아, 코르시카, 사르데냐 등 지중해 지역에도 많은 영토를 갖고 있었다.

제국에 대한 적대 세력들의 위치를 고려해 보면, 이처럼 여기저기 산재된 영토는 전략적으로 커다란 골칫거리가 되었을 것이다. 실제로 7~8세기 내내 비잔티움 제국은 사방으로부터 끊임없는 외침에 시달려야 했다. 동쪽에서는 페르시아인, 아바르족, 아랍인, 불가르족, 슬라브족이 잇따라 쳐들어왔으며 서방에서는 유스티니아누스 대제 시대에 수복한 영토가 아랍인이나 롬바르드족의 수중에 떨어졌다. 그리고 나중에는 서유럽 자체도 비잔티움 제국의 적이 되었다.

비잔티움 제국은 수세기 동안 유럽으로 밀려오는 적대 세력들을 혼자서 모두 상대해야 했다. 이들이 방파제가 되어 준 덕분에 서유럽은 상대적으로 평온한 시기를 보냈지만, 비잔티움은 끝없는 전쟁에 시달려야 했다. 유럽에서는 콘스탄티노플 성벽 바로 앞에까지 밀려오는 적들을 상대해야 했고, 아시아에서는 국경을 수비하기 위해 지겨울 정도로 싸움을 계속해야 했다. 설상가상으로 이미 7세기 초부터 대부분의 속령에 대한 비잔티움 황제의 지배력은 많이 약화된 상태였다. 비잔티움 제국은 잔영처럼 남아 있는 로마 제국 시절의 문화적 영향력이나 외교력, 기독교, 군사적 위세에 의존해야만 했다.

비잔티움 제국과 이웃 민족들과의 관계는 표면적으로 드러난 것보다 복합적이었다. 예컨대 유스티니아누스 시대부터 바실리우스 2세 시대에 이르기까지의 모든 황제들은 골치 아픈 이민족에게 공물을 제공하곤 했는데, 이는 공물이라기보다는 동맹국이나 동맹 부족에게 하사금을 주던 로마 제국의 전통을 이은 것으로 볼 수도 있다. 또 단일한 종교를 지지하던 제국의 공식적인 이데올로기와는 달리, 제국 내에는 다양한 민족과 종교가 공존하고 있었다. 제국의 그리스 문화 선호 경향은 대부분 겉보기에만 그렇게 보일 뿐이었다. 실제로는 시리아의 많은 기독교 공동체

*한국汗國
중국 변방 돌궐, 몽고 등의 군주인 한汗이 다스리던 나라. 한汗은 중국어 표기이며, 몽골 등지에서는 칸khan이라 불렀다.

가 아랍인을 환영했던 사실에서도 알 수 있듯이 아시아의 문화도 곧잘 수용되었다. 투르크인들 역시 아나톨리아의 많은 기독교 공동체들에게 환영을 받았다. 비잔티움에서 타 종교에 대한 박해는 보복을 불러오곤 했다.

비잔티움 제국이 겪던 또 다른 어려움 하나는 그들의 동맹국들에 비해 그다지 강력한 힘을 보유하지 못했다는 점이었다. 고난의 시기였던 7세기와 8세기에 가장 중요한 우방국은 하자르 한국(汗國)이었다. 방대한 영토를 거느렸던 하자르는 600년경 러시아 서부의 돈 강과 볼가 강 부근에서 한 유목 민족이 세운 국가였다. 하자르의 영토는 전략적 요지인 러시아 남부의 카프카스를 가로지르고 있었다. 그리하여 하자르족은 2세기 동안 비잔티움인에게 페르시아인과 아랍인의 침입을 막는 방어벽 역할을 해 주었다.

최전성기 때의 하자르는 흑해 연안 지역을 에둘러 드네스트르 강까지 뻗어 있었고, 북쪽으로는 볼가 강과 돈 강의 상류 지역까지 닿아 있었다. 비잔티움 제국은 하자르와 우호 관계를 유지하기 위해 애썼다. 그러나 그들을 기독교로 개종시키려는 노력은 실패로 돌아갔다.

당시 정확히 무슨 일이 있었는지는 여전히 알 수 없다. 하지만 확실한 것은 740년경 하

모자이크화는 회반죽을 바른 표면에 '테세라'라는 작은 정육면체의 돌 또는 유리 조각을 붙여서 만든다. 모자이크화가 기술적·예술적으로 완벽의 경지에 이른 것은 10세기와 11세기의 비잔티움 제국에서였다. 여기 보이는 유명한 '성모를 모시는 사람들'이란 작품은 라벤나의 산타 아폴리나레 누오보 성당에 있는 수많은 모자이크화 가운데 하나다.

자르의 지배층이 기독교와 또 다른 종교를 허용하면서도 유대교로 개종했다는 사실이다. 아마도 그들은 아랍의 정복 사업 이후 페르시아로부터 유대인이 이주해 오자 일종의 외교적인 방편으로 유대교를 채택했을 것이다. 유대교로 개종한 하자르는 더 이상 기독교 세계나 아랍 세계 어느 한쪽에 얽매일 필요가 없게 되었다. 그들은 외교나 교역에서 비잔티움과 아랍 모두와 우호적인 관계를 지속했다.

제국의 축소

외세에 대항한 생존 투쟁에서 등장한 최초의 영웅들 중 하나는 헤라클리우스 황제였다. 그는 유럽의 위협을 동맹과 양보로 적당히 모면하고 페르시아에 맹렬한 공격을 가했다. 그의 공격은 마침내 성공을 거두었지만, 이미 페르시아는 동부 지중해 연안의 레반트와 소아시아 지방에서 비잔티움 제국에 끔찍한 피해를 입혔다.

어떤 학자들은 서아시아의 위대한 그리스식 도시들을 진정으로 파괴한 것은 페르시아인들이었다고 생각한다. 고고학적 발굴 결과 헤라클리우스가 승리를 거둘 무렵 이 지역의 도시들이 처참한 폐허로 전락한 흔적이 눈에 띈다는 사실은 이들의 생각을 뒷받침해 준다. 일부 도시들은 고작 원래의 아크로폴리스 정도로 쇠퇴하고 인구 역시 크게 감소되었다.

헤라클리우스는 641년 사망했다. 그리고 그가 이룬 군사적 업적은 그의 죽음과 함께 물거품이 되고 말았다. 페르시아와의 싸움에서 이미 심각한 타격을 입은 제국에 이번에는 아랍이 공격을 해왔던 것이다. 그들의 공격은 2세기 동안 계속되었다.

아랍인들을 상대한 비잔티움의 황제 중에는 제법 유능한 자들도 있었다. 하지만 그들은 거대한 파도처럼 쇄도하는 아랍의 공격을 끊임없이 막아 내야만 했다. 643년에는 알렉산드리아가 아랍인에게 함락됨으로써 그리스인의 이집트 지배 시대는 끝이 났다. 몇 년 뒤에는 북아프리카와 키프로스도 아랍인의 수중에 떨어졌다. 오랜 전장이었던 아르메니아는 그로부터 10년 뒤 아랍에게 넘어갔다. 아랍은 마침내 673년부터 678년까지 5년에 걸쳐 비잔티움 제국의 수도 콘스탄티노플을 공격하기에 이르렀다. 비잔티움 측은 '그리스의 불'이라는 비밀 병기에 의존하여 간신히 아랍의 함대를 물리칠 수 있었다.

아랍의 공격이 거세어지자 황제는 이탈리아를 직접 방문하여 서방과의 친선을 도모하기도 했다. 그러나 아랍인과 롬바르드족에게 빼앗긴 이탈리아 남부와 시칠리아 지방의 영토를 되찾으려는 계획은 전혀 진전되지 않았다. 7세기는 그렇게 비잔티움의 전반적인 수세 속에서 막을 내렸다.

엎친 데 덮친 격으로 그 세기 말에는 북방에서도 새로운 골칫거리가 등장했다. 러시아

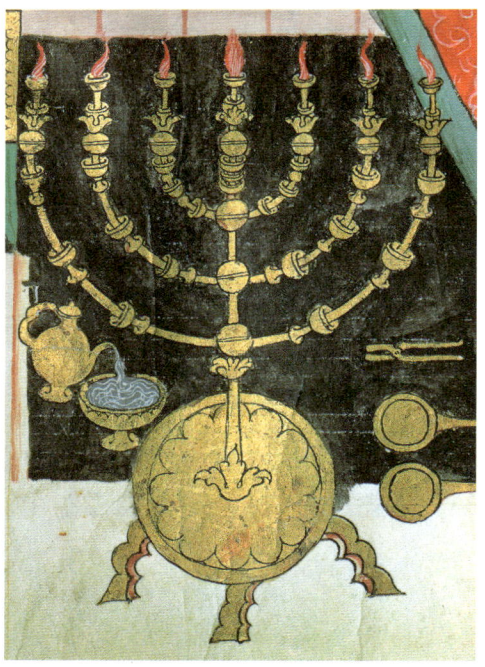

이 그림은 15세기의 『마드리드 성서』에 수록된 삽화의 세부도이다. 하자르인의 막사 안에 유대교의 촛불이 놓여 있는 모습이다. 비잔티움인들은 하자르인들을 기독교로 개종시키려고 했지만, 하자르인들은 유대교를 선택했다.

비잔티움 제국 영토의 변화

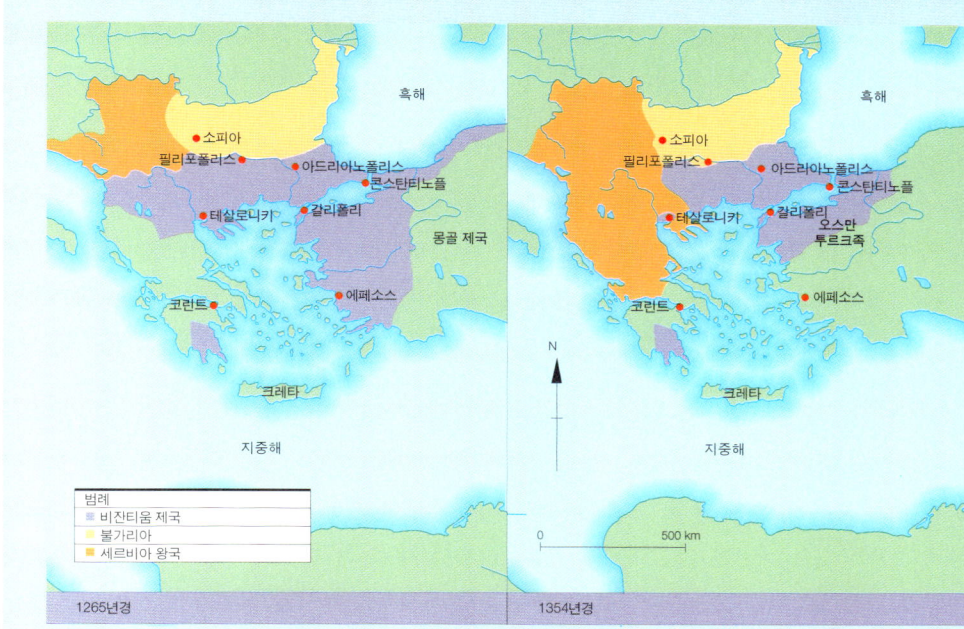

비잔티움 제국은 늘 외부의 압력에 시달리곤 했다. 특히 제국의 몰락기인 13세기와 14세기에는 상당히 많은 영토를 외국에 빼앗겼다. 이 지도는 1265년과 1354년의 비잔티움 제국 영토를 각각 비교한 것이다.

방면에서 슬라브족이 나타나 그리스 북쪽의 마케도니아와 트라키아 지방으로 밀고 내려왔던 것이다. 나중에 슬라브 문화권에 편입되는 불가르족 역시 도나우 강을 건너 비잔티움 제국의 턱밑까지 다가왔다.

레오 3세와 비잔티움 제국의 부흥

7세기는 군대의 반란으로 황제가 바뀌면서 끝이 났다. 당시의 정황은 멸망 직전의 서로마 제국과 무척 유사했다. 제국은 이민족의 침입에 시달리고 있었으며 군인들이 황제의 자리를 호시탐탐 넘보고 있었다.

8세기 초에는 무능하거나 잔혹한 왕들이 연이어 집권하면서 불가르족이 콘스탄티노플의 성문 앞까지 진군하는 일이 벌어졌다. 717년에는 아랍인이 두 번째로 제국의 수도를 포위하고 공격해 왔다. 다행히 공격은 실패로 돌아갔지만 제국의 운명은 바람 앞의 등불과도 같았다.

그러나 다행히 구세주가 등장했다. 717년 아랍인이 콘스탄티노플을 공격하던 그 해에 비잔티움 제국 역사상 가장 위대한 황제 중 하나였던 레오 3세가 즉위했던 것이다. 그는 본래 지방의 관리였으나 자신의 관할 지역에서 아랍의 공격을 성공적으로 물리친 후 수도로 와서 원래의 황제를 퇴위시켰다. 그가 스스로 제위에 오르자 성직자들은 그를 열렬히 환영했다. 이로써 이사우리아 왕조 시대가 개막되었다.

이사우리아는 아나톨리아 반도 중남부 지방의 지명으로 레오 3세의 출신지였다. 이는 비잔티움 제국의 지배층이 아시아에서도 나오기 시작했다는 것을 보여 주며, 비잔티움 제국의 엘리트들 사이에 동양적 문화가 점점 퍼지기 시작했음을 암시한다.

8세기는 약간의 어려움에도 불구하고 전반적으로 부흥의 시기였다고 할 수 있다. 레오 3세는 아나톨리아로부터 아랍인을 쫓아이 세밀화는 불가르족에게 승리를 거둔 바실리우스 2세(976~1025 재위)의 위풍당당한 모습을 보여 주고 있다. 패배한 불가르족의 군주들이 그의 발 아래 엎드려 있다. 바실리우스 2세의 치세 때 비잔티움 제국은 엄청난 부와 권력을 누렸다. 그는 1014년 불가리아를 정복했고, 아랍에도 승리를 거두었다.

냈고, 그의 아들은 국경을 시리아, 메소포타미아, 아르메니아의 접경지까지 확장했다. 종종 매복과 기습 공격이 벌어지기는 했으나 아랍 제국과의 국경은 이전보다 더 안정되었다. 이러한 성과는 부분적으로 아랍의 국력이 쇠퇴했기 때문에 가능했다. 비잔티움 제국은 11세기 초까지 약 300여 년간 발전과 팽창의 시기를 누렸다.

이 시기에 제국은 발칸반도 북동부의 트라키아와 아시아의 아나톨리아 지방을 중심으로 다시 영토를 확대해 갔다. 발칸 반도에는 그 가장자리를 따라 군사적 행정 구역이 설치되었는데 이들은 2세기 동안 발칸 반도 내 비잔티움 제국의 유일한 근거지가 되었다. 10세기에 비잔티움 제국은 마침내 키프로스 섬과 크레타 섬 그리고 시리아 지방의 주요 도시인 안티오크를 탈환하는 데 성공했다. 비잔티움 군대는 한때 유프라테스 강 너머로 진격하기도 했다. 북부 시리아와 터키 남부의 토로스 지역을 빼앗기 위한 싸움이 계속되었고 그루지야와 아르메니아에서도 제국의 입지가 개선되었다.

그러나 비잔티움 제국이 서방에서 거둔 성과는 미미했다. 그들은 옛 영토를 회복하기는커녕 오히려 이탈리아 북부 아드리아 해 연안의 라벤나 지역을 잃었고, 이탈리아와 시칠리아에는 몇몇 근거지밖에 남지 않았다.

바실리우스 2세와 이사우리아 왕조의 말기

불가르족은 동유럽 방면에서 비잔티움 제국을 괴롭히던 골칫거리 중 하나였다. 이들의 위협은 10세기 초 절정에 달했다. 그러나 이러한 기세는 훗날 '불가르족의 학살자'라는 별명을 얻게 되는 바실리우스 2세가 1014년 이들에게 대승을 거둠으로써 한풀 꺾였다. 불가르족은 이 무렵 이미 기독교로 개종해 있었다.

바실리우스 2세는 전투에서 승리한 후 1만 5,000명의 포로들을 장님으로 만들어 고향으로 돌려보냈다. 불가르족의 지배자는 이들을 보고 충격을 받아 죽었다고 한다. 몇 년 후 불가리아는 비잔티움의 속주가 되었다. 그러나 불가르족은 비잔티움 제국에 완전히 동화되지는 않았다.

불가리아를 병합하고 얼마 지나지 않아 비잔티움 제국은 아르메니아마저 정복했다. 이것을 마지막으로 오랫동안 계속된 정복 사업은 끝이 났다.

이 시대는 전반적으로 발전과 부흥의 시대였다. 820년과 1025년 사이에 왕권이 대체로 잘 유지되었다는 점에서도 알 수 있듯이 국내 정치는 안정되어 있었다. 이 시대에 비잔티움 제국은 정치적으로뿐만 아니라 문화적으로도 번영을 누렸다.

이사우리아 왕조는 여황제 이레네를 마지막으로 끝이 났다. 그 뒤를 이은 황제들은 몇 년 버티지 못하고 쫓겨나기를 거듭하다가 마침내 820년 미카일 2세가 제위에 올라 프리지아 왕조를 세웠다. 프리지아 왕조는 867년 마케도니아 왕조로 교체되었는데 마케도니아 왕조 시대에 비잔티움 제국은 상당한 융성기를 맞았다.

성상 파괴주의

번영의 시기를 누리면서도 비잔티움 제국은 종종 분열과 혼란을 겪었다. 갈등의 주요 축은 바로 종교였다. 종교적 갈등은 대개 정치적이고 지역적인 갈등을 동반했기 때문에 쉽게 치유되지 않았으며 제국의 기력을 소모했다. 비잔티움 제국에서 일어났던 종교 갈등 중 가장 격렬했던 것은 1세기 동안 계속된 성상 파괴 운동이었다.

성인과 성모 마리아 또는 신의 모습을 표현한 성상은 로마시대 말기부터 동서 유럽에

성상의 신성화

비잔티움 시대 이후 동방 정교회의 성직자들은 세계 어디에서나 성상을 봉헌하는 의식을 거행해 왔다. 의식이 진행되는 동안 성직자는 '성 삼위일체에 바치는 찬송가'와 '주여 불쌍히 여기소서'를 부른 뒤 다음과 같이 암송했다.

"주 하나님, 주님께서 당신의 형상대로 인간을 창조하셨으나 인간이 타락하매 육화한 그리스도를 통해 죄를 사해 주시고, 성인들의 존엄도 다시 찾게 해 주셨나이다. 성인들을 찬양하며, 주님의 형상과 주님의 본 모습을 찬양하노니, 이로써 주님을 찬미하나이다."

모두 등장했으나 특히 동방 정교회에서는 종교 활동의 주요 도구로서 중요시되었다. 신도들은 성상에 경배를 드리거나 그 앞에서 묵상을 했으며, 성상은 성소나 특별한 장소에 보관되었다. 이러한 관습은 오늘날까지도 계속되고 있다.

성상은 단순히 장식물에 불과한 것이 아니었다. 성상은 교회의 가르침을 전하는 도구였으며, 그것이 비치된 장소는 어떤 연구자가 표현했듯이 '하늘과 땅이 만나는 회합의 장소'가 되었다. 동방 정교회의 신도들은 주변을 둘러싼 성상들을 통해 고인, 성인, 천사, 그리스도 그리고 성모가 근처에 와 있다는 것을 느끼곤 했다. 이처럼 강렬한 종교적 감정은 절정기 비잔티움 제국의 뛰어난 종교 예술을 창조한 주된 바탕이 되었을 것이다.

성상은 6세기 이후부터 동방 정교회에 널리 퍼졌다. 약 2세기 동안 점점 많은 사람들이 성상에 경의를 표시하기 시작했고, 성상에 경배를 하는 곳이 점차 늘어 갔다. 그러나 곧 성상 제작이 종교적으로 과연 올바른 것인가에 대한 의문이 제기되었다.

흥미롭게도 이러한 의문은 이슬람 세계에서 인간 형상의 표현에 대한 배척 운동이 일어난 직후에 제기되었다. 그러나 성상 파괴 운동이 이슬람교도들에게서 영향을 받은 것이라고 단정하기는 어렵다.

성상을 비난하는 사람들은 성상이 우상이라고 주장했다. 성상 때문에 마땅히 신에게 드려야 할 경외가 인간이 만들어 낸 창조물에게 돌아가고 있다는 것이었다. 성상 파괴론자들은 성상을 없애버려야 한다고 주장했고, 결연한 의지로 파괴 작업에 착수했다.

성상 옹호론자들에 대한 박해

레오 3세는 성상 파괴 운동을 지지했다. 왜 황제가 직접 나서서 이 운동에 개입했는지는

이 동전에 묘사된 인물은 비잔티움의 황제 콘스탄티누스 5세(741, 743~775 재위)이다. 성상 파괴론자였던 그는 성상 옹호론자들을 잔혹하게 박해했다.

11세기 또는 12세기에 제작된 것으로 추정되는 이 화려한 장식판은 아마도 종교 문서의 표지를 꾸미는 데 쓰였을 것이다. 에나멜, 보석, 진주, 금 등으로 치장된 이 장식물은 성 미카일에게 봉헌되었다.

확실하지 않지만, 그가 성상 파괴를 주장하는 주교나 일부 성직자들의 충고를 따른 것만은 분명하다. 어쩌면 황제는 당시 일어난 아랍의 침략과 화산 폭발 같은 재앙들을 신이 내린 천벌이라 여겼으며 신의 분노를 가라앉힐 모종의 조치를 취해야 한다고 여겼는지도 모른다.

성상 파괴론자들이 득세하면서 730년 대중들의 예배에서 성상 사용을 금하는 칙령이 반포되었다. 이것을 어기는 자에 대해서는 처벌이 가해졌는데, 이 칙령은 속주보다는 콘스탄티노플에서 훨씬 더 엄격하게 시행되었다.

성상 파괴 운동은 콘스탄티누스 5세 때 절정에 달했고, 754년에는 주교 회의에서 승인되었다. 처벌은 더욱 가혹해졌고, 많은 순교자들이 양산되었다. 순교자들 가운데는 특히 수도사가 많았는데 이는 수도사들이 일반 성직자들보다 더 적극적으로 성상을 지키려고 했기 때문이다.

하지만 성상 파괴 운동은 대중의 지지보다는 황제의 지원을 등에 업은 것이었다. 콘스탄티누스 5세가 죽자 1세기 동안 성상 파괴 운동은 부침을 거듭했다. 레오 4세와 그의 미망인 이레네 시대에 들어와 처벌은 완화되었고, 성상 옹호론자들의 입지도 회복되었다. 그러나 얼마 후에는 다시 성상 파괴론자들이 힘을 얻어 성상에 대한 박해와 옹호가 반복되었다.

성상 숭배가 최종적으로 회복된 것은 843년 사순절*의 첫째 일요일이었다. 이날은 오늘날까지도 동방 정교회에서 종교적 축제일로 온전히 기념되고 있다.

비잔티움 군대의 병사를 묘사한 장식이다. 비잔티움 군대에서는 성상 파괴주의가 큰 지지를 받았다.

성상 파괴 운동의 원인

어째서 이런 이상한 일이 벌어진 것일까? 기독교도의 성상 숭배 관행이 성상을 부정적으로 바라보던 유대교도와 이슬람교도의 개종을 어렵게 했기 때문에 성상 파괴 운동이 일어났다는 주장이 있다. 그러나 이 이야기는 성상 파괴 운동의 격렬함을 떠올리면 설득력이 약하다. 이 문제를 이해하기 위해서는 종교적인 측면과 비종교적인 측면을 동시에 고려해야 할 것이다.

먼저 종교적인 측면에서 그 원인을 찾아보자. 성상 파괴 운동은 부분적으로 종교적인

*사순절
예수 그리스도의 부활을 기념하는 부활 주일 전 40일 동안의 기간. 그리스도의 고난을 기념하기 위해 이 기간 동안 기독교인들은 단식과 속죄를 행한다.

성상 숭배 논쟁을 묘사한 비잔티움의 삽화이다. 성상 파괴주의자인 황제 레오 5세(813~820 재위)가 궁정에서 성상 파괴 운동에 반대하는 총대주교 니케포루스 1세를 맞이하고 있다. 오른쪽에서는 사람들이 성상의 모습을 지우고 있다.

7세기와 8세기에는 이 성모 마리아와 아기 예수의 그림처럼 납화법蠟畵法으로 성화가 제작되었다. 납화법이란 물감을 밀랍에 녹여서 그림을 그리는 기법이었다. 이것은 혼합액이 굳기 전에 성화를 완성해야 했다는 것을 의미한다.

열정에서 비롯되었다. 성상 파괴론자들이 고민한 문제는 비잔티움 제국에서 성상 숭배가 점점 심화되면서 성상이 일종의 우상처럼 되고 말았다는 것이었다. 이 때문에 신께서 분노하여 아랍의 침략이라는 천벌을 내렸다고 그들은 생각했다.

구약 성서에는 우상을 깨부숨으로써 신의 축복을 받은 경건한 왕들의 이야기가 자주 등장한다. 성상 파괴론자들은 성상, 즉 우상의 파괴가 위기에 빠진 비잔티움 제국의 신앙을 회복하고 신의 분노를 가라앉힐 수 있는 유력한 수단이 될 수 있을 것이라 기대했던 것이다.

그러나 이 운동에는 정치적·사회적 측면도 있었다. 성상 파괴 운동이 특히 군인들로부터 큰 지지를 받았다는 사실은 주목할 만하다. 성상은 대개 각 지방의 성자나 여러 성인의 모습을 표현하곤 했다. 그러나 성상 파괴 운동 기간에 이러한 모습들은 성체나 십자가처럼 획일화된 상징물로 대체되었다. 이는 8세기 이후의 비잔티움 황제들이 종교적으로나 사회적으로 유일신적인 권위를 추구했다는 사실을 암시한다.

성상 파괴 운동은 부분적으로 수도사들의 특권과 권력에 대한 항의의 표시이기도 했다. 수도사들의 종교적 가르침에서 성상은 아주 중요한 자리를 차지하고 있었던 것이다. 게다가 성인들 중에는 수도사 출신들도 있었다.

따라서 성상 파괴 운동을 순수하게 종교적 운동으로만 보기는 어려울 것이다. 그것은 신의 분노를 달래기 위한 신중한 수단이기도 했지만, 동시에 황제권의 강화를 추구하던 황제들의 정치적 계산도 포함된 것이었다. 황제와 중앙의 주교들은 성상 파괴 운동을 주도하며 지방 단위의 신앙생활, 도시와 수도원의 독립 그리고 황제 이외의 성인에 대한 숭배에 반대하고 나섰던 것이다.

심화되는 동·서 교회의 갈등

성상 파괴 운동의 지지자들은 로마 가톨릭 교회의 수많은 관행을 비난했다. 이때 동방과 서방의 교회들은 서로 너무나 멀리 떨어져 있었다.

동방 교회와 마찬가지로 그 무렵의 서방 교회 역시 변화를 겪고 있었다. 게르만적 요소가 혼합되면서 서방 교회는 그리스의 동방

성상 파괴 운동

비잔티움 제국에서는 그리스도나 성모 마리아, 성인 또는 성서 속의 장면들이 성상으로 표현되곤 했다. 성상 파괴 운동은 이러한 행위를 기독교의 정신에 어긋나는 것으로 간주하고 그것을 금지하기 위한 운동이었다. 이 운동 과정에서 촉발된 많은 논쟁들은 유럽의 사상사에 큰 영향을 끼쳤다.

일부 학자들의 견해에 따르면, 성상 파괴 운동의 기원은 이슬람의 성상 파괴 운동에서 찾아볼 수 있다고 한다. 이슬람의 성상 파괴 운동이 소아시아를 기반으로 한 군대와 비잔티움 성직자들을 통해 비잔티움 제국으로 전파되었다는 것이다. 하지만 다른 학자들은 성상의 금지가 수도원의 세력을 약화시키고 황제의 절대 권력을 강화하기 위한 의도에서 비롯되었다고 믿고 있다.

성상 파괴 운동은 콘스탄티누스 5세의 집권 시대에 절정에 이르렀다. 이때 수백 점의 성상과 모자이크화가 파괴되었다. 하지만 성상 옹호론자들은 성상을 지키기 위한 싸움을 포기하지 않았고, 9세기에 이르면 성상이 다시금 비잔티움인의 종교 생활에서 중심을 차지하게 된다.

성상 파괴 운동이 무르익기 훨씬 이전부터 비잔티움의 예술가들은 여러 상징물을 이용한 종교 모자이크화를 제작했다. 그들은 종종 황제나 성인의 초상에 기독교를 상징하는 식물과 동물의 모습을 그려 넣곤 했다.

사진은 6세기경 제작된 성 비탈레 성당의 기둥 장식이다. 성상 파괴 운동이 전개되던 시기에는 오로지 이런 양식의 그림만이 허용되었다. 성상 파괴 운동의 물결이 잠잠해지자 예술가들은 이전의 어느 때보다도 황제나 성인의 초상화 제작에 열중했다.

미카엘 대천사와 가브리엘 대천사의 모습이 그려진 비잔티움 제국의 성화. 성상 파괴 운동이 잠잠해지고 난 뒤인 10세기 또는 11세기의 작품으로 추정된다.

교회와는 다른 길을 걷기 시작했다. 로마 교황은 비잔티움 황제의 종교 개입을 미심쩍은 눈으로 바라보았으며 성상 파괴 운동에 대해 비판적인 태도를 취했다. 이에 레오 3세의 지지자들도 지지 않고 교황에게 비난을 퍼부었다.

결국 성상 파괴 운동은 동·서의 기독교 세계를 더욱 갈라 놓는 결과를 낳았다. 양자 간의 문화적 차이는 이제 너무 깊어져 버렸다. 사실 이는 그리 놀라운 일은 아니었다. 로마와 콘스탄티노플은 기본적으로 너무 멀리 떨어져 있었다. 바닷길로 비잔티움에서 이탈리아까지 가는 데에는 자그마치 두 달이나 걸렸다. 육지로는 아예 가기조차 힘들었

비잔티움 제국의 예술과 건축

7세기와 8세기는 비잔티움 예술의 암흑기였다. 비잔티움 제국의 자원은 이슬람교도나 슬라브족과의 전쟁에 끊임없이 소진되었다. 게다가 성상 파괴 운동까지 일어나자 비잔티움의 예술은 심각한 쇠퇴를 겪게 되었다.

다행히도 마케도니아 왕조가 들어서면서 미술은 활력을 되찾기 시작했다. 특히 황제 바실리우스 2세(976~1025 재위)는 예술의 애호가로 미술을 적극적으로 후원했다. 건축도 찬란한 황금기를 누렸다. 그리스 북부의 아토스 산 일대에 세워진 수도원들의 양식은 이 시기의 건축물에 크게 유행했는데, 특히 그랜드 라브라 수도원은 아름답기로 유명하다.

13세기의 비잔티움 예술가들은 걸출한 회화나 모자이크화를 수없이 많이 남겼다. 콘스탄티노플에 있는 팜마카리스토스 교회의 모자이크화와 미스트라 지역의 그림들은 이 시대의 창조적 정열을 보여 주는 대표적인 유산들이다.

터키 북부 해안의 그리스계 도시인 트레비존드 역시 중요한 예술적 중심지였다. 이곳에 있는 성 에우게니우스 교회의 돔은 많은 사람들의 찬탄을 자아낸다.

비잔티움의 예술은 제국의 국경을 훌쩍 뛰어넘어 다른 문화에게도 커다란 영향을 끼쳤다. 특히 아르메니아, 그루지야, 세르비아 같은 국가에서는 비잔티움의 독특한 예술 양식을 오랫동안 추종했다. 이 그림은 세르비아의 수도인 베오그라드 소재의 한 13세기 교회에 있는 프레스코화다. 비잔티움 예술의 영향이 잘 드러나 있다.

다. 두 지역은 언어마저 달랐으며 이들 사이에는 슬라브족이 통로를 가로막고 있었다.

로마와 콘스탄티노플 간의 갈등은 9세기 초 한층 더 심해졌다. 800년에 로마 교황이 프랑크 국왕 샤를마뉴에게 로마 황제의 관을 씌워 주었던 것이다. 이는 스스로를 로마 제국의 유일한 계승자라고 여겼던 비잔티움 제국에 심각한 도전 행위로 간주되었다.

당시 비잔티움 제국은 서유럽의 세세한 정치적 상황에 대해 그다지 관심이 없었다. 이 사건 이후로 비잔티움의 관리들은 서유럽 사람들을 그냥 '프랑크인' 이라고 뭉뚱그려서 부르기 시작했다. 이러한 통칭은 멀리 중국에까지 전해지게 된다.

두 세계 간의 갈등은 이제 너무나 깊어진 나머지 공통의 적인 아랍의 위협에 직면해서도 공동 전선을 형성하려 하지 않았다. 그들은 서로를 비난하기에 여념이 없었다. 로마가 샤를마뉴에게 황제의 관을 수여한 것은 부분적으로 이레네가 비잔티움 황제의 자리에 오른 데 대한 비난의 성격도 있었던 것으로 여겨진다. 이레네는 자신의 아들을 장님으로 만들 정도로 잔인한 여자였다.

비잔티움 제국 역시 프랑크왕의 황제 칭호

비잔티움 제국의 화폐에는 대개 두 명 이상의 인물이 등장한다. 이 금화에 새겨진 인물은 헤라클리우스와 콘스탄티누스, 헤라클로나스다.

를 아주 잠깐 동안만 인정했을 뿐이다. 얼마 못 가서 비잔티움에서는 서유럽의 황제들을 그냥 '왕'이라고만 부르기 시작했다. 두 개의 기독교 제국은 이탈리아 반도에서도 충돌했다. 이전에 롬바르드족에게 시달리던 이탈리아의 비잔티움 제국 영토는 이제는 프랑크족과 작센족에게 위협받게 되었다. 이들 간의 대립은 10세기에 작센족이 교황을 좌지우지하기 시작하면서 더욱 심각해졌다.

비잔티움 제국의 찬란한 영광

물론 두 기독교 세계가 완전히 접촉을 끊을 수는 없었다. 10세기의 독일 예술은 비잔티움의 양식으로부터 많은 영향을 받았으며 한 독일 황제는 비잔티움 여성을 신부로 맞아들이기도 했다. 그러나 두 세계 간의 문화적 차이는 세월이 흐르면서 점점 더 커졌다. 비잔티움 제국의 귀족들은 점차 아나톨리아와 아르메니아 출신으로 대체되었으며 종교적 요소와 세속적 요소가 혼합된 화려하고 복잡한 문화가 수도 콘스탄티노플을 지배했다. 교회의 의식과 황실의 의식은 불가분의 관계에 있었으며, 각 절기마다 행사되는 교회와 황제의 합동 의식들은 거대한 장관을 연출했다. 사람들은 이러한 의식들을 통해 제국의 위대함을 새삼 깨닫곤 했다.

비잔티움에는 세속적인 예술도 존재했지만, 종교 예술의 비중이 압도적으로 컸다. 비잔티움 제국이 최악의 시기를 겪고 있는 동안에도 예술은 끊임없는 활력을 보여 주었고, 신을 대신하는 황제의 전지전능함과 위대함을 표현했다.

황실의 의례는 엄격한 규범과 예절로 포장되었다. 그 화려함의 이면에는 황제를 신격화하기 위한 음모가 도사리고 있었다. 황제가 대중에게 모습을 나타내는 장면은 마치 신비로운 의식에서 신이 등장하는 장면 같았다. 몇 개의 커튼이 올라가고 나면 황제가 극적으로 등장하곤 했다.

약 500년 동안 계속된 문화적 번영의 시기에 비잔티움은 진정한 황제의 권위가 무엇인지를 보여 주었다. 당시의 영화로움은 10세기 러시아 사절단의 기록을 통해서도 엿볼 수 있다. 이교도 국가로서 기독교를 수용할 준비를 하고 있던 러시아는 여러 기독교 국가들에 조사단을 파견하고 있었는데, 비잔티움 제국에 온 사절단은 아야소피아 대성당에서 거행되는 황제의 의식을 구경한 후 다음과 같이 그의 놀라움을 표현했다. "우리가 아는 것이라고는 거기에는 신이 사람들 가운데 거하고 계신다는 것뿐이었다."

비잔티움 제국의 경제

그러나 황실의 화려함이 반드시 경제적 번영을 의미했다고 단정하기는 어렵다. 예컨대 7세기와 8세기에는 제국의 인구가 감소했다는 강력한 증거들이 발견되는데, 이는 전쟁과 역병 때문이었을 것으로 추정된다. 같은 시기에 속주의 도시에서는 새로운 건물들이 세워진 흔적이 거의 없었고, 화폐의 유통량 또한 감소했다.

이 모든 것들은 국가의 간섭이 증가하면서 경제가 퇴보했다는 사실을 나타낸다. 제국의 관리들은 현물에 직접세를 부과하여 국가의 필요를 충족시키고자 했다. 그래서 특별한 기관을 설립해 도시에 공급되는 곡물을 통제했고, 기능공과 상인을 조합으로 묶어 두었다.

비잔티움 제국 내에서 경제적으로 중요한 지위를 지속적으로 유지한 것은 수도 콘스탄

성 그레고리우스의 모습을 묘사한 이 그림은 현존하는 비잔티움 예술품 가운데에서도 대단히 중요한 작품으로 손꼽힌다. 이 그림을 주문한 사람은 마케도니아 왕조의 황제 바실리우스 1세(867~886 재위)였다.

이 버클의 양식은 원래 트레비존드라는 비잔티움 제국 하의 도시에서 유래되었는데, 곧 서유럽 전역에서 똑같이 모방되었다.

*보고밀파 운동
10세기 동방 정교회의 개혁운동과 마니교의 요소가 결합된 '보고밀파'라는 종파의 운동. 선과 악 두 원리를 구분하여 육체나 물질과 관련된 모든 것을 부정하고 죄악시하였으며, 철저하고 엄격한 금욕 생활을 주창했다.

11세기 대부분의 기간 동안 비잔티움 제국은 바이킹족과 아랍인의 위협에 시달려야 했다. 아래 그림은 비잔티움 군대와 아랍 군대 간의 전투 장면을 그린 것이다.

티노플뿐이었다. 무역의 중심지로서 콘스탄티노플의 지위는 흔들리지 않았으며, 제국의 화려함은 모두 이 도시에 집중되었다. 콘스탄티노플은 그 위치만으로도 교역의 중심지가 되기에 충분했는데, 이곳은 12세기까지 줄곧 아시아에서 서방으로 사치품을 실어 나르는 중요한 거점이 되었다. 상업의 발달은 수공업의 발달을 자극하기도 했다.

사회적·경제적 측면에서는 대지주의 권력과 부가 계속하여 증가하고 있었다. 소규모 농민들은 점점 더 대지주들에게 귀속되었고, 제국의 말기에는 대토지 점유에 기반을 둔 지방 경제 단위가 출현하게 되었다.

내부의 권력 투쟁

9세기의 경제는 절정에 이른 비잔티움 제국의 화려한 문명과 잃어버린 땅을 찾기 위한 그들의 군사적 노력을 뒷받침하기에 충분한 수준이었다. 하지만 2세기 후 국면은 제국에게 불리하게 변했다. 두 명의 황후와 무능하고 단명한 황제가 잇따라 집권하면서 중앙 권력이 약해졌던 것이다. 이때를 틈타 고위 관료층과 지방에 근거를 둔 궁정 귀족들 사이에 권력 투쟁이 발생했다. 이는 부분적으로는 군부와 지식층 간의 알력으로 인한 것이기도 했다.

불행히도 이러한 권력 투쟁은 행정력의 마비로 이어졌다. 육군과 해군은 더 이상 필요한 자금을 공급받지 못하게 되었다. 이는 외부의 위협에 대한 제국의 대처 능력을 약화시키는 결과를 초래했다. 비잔티움 제국은 긴 쇠락의 시기에 접어들었다.

새로운 적들의 등장

그 무렵 제국의 서쪽 끝에서는 노르만족 세력이 대두하고 있었다. 노르만족은 기독교로 개종한 후 남부 이탈리아와 시칠리아로 들어왔다. 한편 동쪽의 경계도 평온하지는 않았다. 소아시아에서는 투르크족이 새로운 문제를 일으켰다. 투르크족은 아바스 제국의 지배력이 약해진 틈을 타서 11세기에 룸이라는 술탄 국가를 세워 옛 로마 제국의 영토 안에 근거지를 마련했다. 룸이라는 이름은 다름 아닌 로마를 의미했다.

1071년 비잔티움은 만지케르트에서 투르크족에게 대패를 당한 뒤 소아시아를 사실상 잃어버렸다. 이 패배는 비잔티움 제국의 재정이나 인적 자원에 커다란 타격을 입혔다. 그동안 비잔티움 제국과 타협적인 정책을 취해 왔었던 아바스 왕조의 몰락 역시 비잔티움 제국의 어려움을 더욱 가중시켰다.

제국 내에서는 11세기와 12세기에 걸쳐 불가르족이 여러 차례의 반란을 일으켰다. 불가르족의 거주지에서는 보고밀파 운동*이 일어나 제국 전역으로 확산되었다. 보고밀파 운동은 중세 동방 정교회에서 일어났던 가장

이 그림은 요하네스 2세 콤네누스 황제(1118~1143 재위)의 모습을 표현한 아야소피아 성당의 모자이크화이다. 콤네누스 왕조 시대의 황제들은 발칸 반도에서 슬라브족을 제압하는 일과 바이킹족을 쫓아내는 일, 그리고 셀주크 투르크족의 침략을 막는 일에 힘을 쏟아야 했다.

강력한 종교 분리 운동이었는데, 이것은 그리스의 고위 성직 계급과 비잔티움 제국의 지배 방식에 대한 증오를 기반으로 대중적으로 폭넓은 지지를 얻었다.

이즈음 새로 정권을 장악한 콤네누스 왕조(1081~1185)는 제국을 재건하여 1세기 동안 세력을 유지할 수 있었다. 그들은 노르만족을 그리스로부터 쫓아냈고, 러시아 남부에서 새로 등장한 유목 민족인 페체네그족을 격퇴했다. 하지만 불가르족을 쳐부수거나 소아시아를 되찾는 데까지 나아가지는 못했다.

불리한 상황에서 출발한 콤네누스 왕조는 제국의 재건 과정에서 제국 내의 호족들이나 동맹 국가들 같은 다른 세력들에게 상당한 양보를 할 수밖에 없었다. 이런 동맹 국가들은 나중에 세력이 커지자 비잔티움에게 큰 위협이 되었다.

베네치아 세력의 성장

특히 베네치아 공화국에 대한 양보는 비잔티움 제국에 재앙을 초래했다. 베네치아 공화국은 비잔티움 제국의 양보를 바탕으로 동지

지중해의 강국으로 성장한 베네치아 공화국

베네치아는 형식적으로는 비잔티움의 속령이었고, 콘스탄티노플에서 임명된 군사령관이 베네치아를 다스렸다. 하지만 11세기부터 베네치아는 사실상 독립을 이루었고, 동방과 서방의 무역을 거의 독점했다.
1082년 알렉시우스 1세 콤네누스(1081~1118 재위)는 베네치아에 상당한 상업적 특권을 허락했고, 베네치아는 이 특권과 독일과의 자유 무역을 기반으로 크게 성장했다.
국력이 충실해지자 베네치아는 군사적 행동에도 나섰다. 그들은 제4차 십자군 원정에 참가했고, 1204년에는 다른 서방 국가들과 함께 콘스탄티노플을 점령했다. 이후 베네치아는 트라키아와 펠로폰네소스 지방 일부 및 대부분의 그리스 섬들을 수중에 넣었다.
베네치아의 가장 커다란 적은 이탈리아 소재의 또 다른 공화국이었던 제노바였다. 두 나라는 13세기와 14세기에 동지중해의 무역 패권을 놓고 충돌했다. 1378~1381년 양국 간에 벌어진 키오자 전쟁은 제노바 공화국의 패배로 끝이 났다. 이로써 베네치아의 상업적 패권은 의심의 여지가 없이 확고해졌다. 베네치아의 화폐인 다카트는 약 300년 동안 동지중해 세계의 표준 화폐로서 사용되었다.

중해에서 세력을 크게 확장했기 때문이다.

베네치아는 비잔티움 제국의 동맹 세력 중 하나였다. 한때 비잔티움 제국의 위성 국가였던 그들은 유럽과 아시아 간 무역의 주요 수혜자로 일찍부터 발전했다. 11세기에 노르만족을 격퇴하는 데 도움을 준 대가로 베네치아인들은 비잔티움 제국 어디에서나 자유로이 교역을 할 수 있는 권한을 부여받았다. 그들은 외국인이 아니라 제국의 시민으로 대우받았다.

교역을 하면서 쌓은 부를 바탕으로 베네치아 제국의 해군력은 급속하게 성장했다. 재정난에 시달리던 비잔티움의 함대가 점차 약해지자 지중해에서 베네치아 해군이 지닌 우위는 점점 더 커졌다. 1123년 베네치아인들은 이집트 함대를 괴멸시켰으며 이후 종주국이었던 비잔티움의 영향력에서 완전히 벗어났다. 그들은 비잔티움 제국과 한 차례 전쟁을 벌이기도 했으나 비잔티움 제국을 도와 노르만족을 쫓아내고 유럽의 십자군 원정에 참여하는 과정에서 더 큰 이득을 보았다.

베네치아는 이 같은 일련의 성공을 통해 상업적 특권과 영토를 획득했는데, 이 중 상업적 특권은 베네치아의 성장에 특히 중요한 역할을 했다. 베네치아는 비잔티움 제국의 몰락과 함께 성장했다. 비잔티움은 이제 아드리아 해의 기생 국가를 먹여 살리는 거대한 숙주에 지나지 않았다.

12세기 중엽 콘스탄티노플에 살고 있는 베네치아인은 1만 명에 달했다고 한다. 그곳에서의 사업이 그만큼 중요했기 때문이다. 1204년까지 베네치아는 키클라데스 제도를 비롯한 에게 해의 많은 섬들과, 흑해 연안의 상당 지역을 수중에 넣었다. 이후 300여 년 동안 지중해의 수많은 지역이 베네치아로 흡수되었다. 베네치아 공화국은 고대 아테네 이후 최초의 해상 무역 제국이 되었다.

십자군의 도전

비잔티움의 황제들을 괴롭힌 것은 비단 베네치아의 도전과 전통적인 적들의 위협만이 아니었다. 12세기 비잔티움 제국에서는 빈번히 반란이 일어났다. 설상가상으로 서유럽에서 십자군 운동이 일어나 동방으로 대규모 원정군을 파견하자 어려움은 두 배로 늘어났다. 십자군을 영광스러운 군대로 보는 것은 서구인의 시각일 뿐이다. 비잔티움 제국의 입장에서 보면 서방 군대의 이러한 난입은 야만족의 침략과 다를 바 없었다. 십자군은 12세기에 본래 비잔티움 제국의 영토였던 레반트 지역에 네 개의 십자군 국가를 건설했다. 이들 국가는 이제 서아시아를 둘러싼 전쟁에서 비잔티움 제국의 새로운 라이벌이 되었다. 12세기 말에는 살라딘의 지도 하에 이슬람교도들이 세력을 회복했으며, 북방에서는 불가르족이 제국으로부터 독립했다. 이로써 비잔티움 제국의 영광의 날은 마침내 막을 내렸다.

십자군의 콘스탄티노플 약탈

1204년 비잔티움 제국은 치명적인 타격을 입었다. 수세기 동안 난공불락의 위용을 자랑하던 콘스탄티노플이 마침에 외세에 의해 점령되고 약탈당했던 것이다. 그런데 이러한 만행을 저지른 자들은 이교도들이 아니라 다름 아닌 기독교도들이었다.

제4차 십자군 원정 당시 기독교 군대의 본래 목표는 이슬람 군대였다. 그러나 그들은 베네치아인들의 설득으로 방향을 돌려 비잔티움 제국에 침략의 칼을 들이댔다. 십자군은 제국의 수도를 습격하고 약탈했다. 오늘날 이탈리아의 산마르코 대성당 정면에 세워져 있는 청동 마상馬像도 이때 십자군이 콘스탄티노플의 대경기장에서 약탈해 간 것이다. 콘스탄티노플에 있는 아야소피아 성당의 총대주교 자리는 베네치아인 사제가 차지했다.

세계 역사상 동방과 서방이 이렇게 극적으로 대립했던 적은 없었을 것이다. 이 사건은 이후 동방 교회의 기억 속에서 커다란 치욕으로 영원히 살아남았다. 그리스인들이 '프랑크인'이라 불렀던 서방인들은 비잔티움 제국을 그들 문명의 일부, 아니 기독교 세계의 일부로도 생각하지 않았다. 이미 1세기 반 동

사진에서 베네치아의 건물들 너머로 보이는 것은 산 마르코 대성당의 둥근 천장이다. 산마르코 대성당은 콘스탄티노플의 성 이레네 성당과 에페소스의 성 요한 성당으로부터 영감을 받아 829년부터 축조되기 시작했다. 성당은 그리스 십자가의 형태로 지어졌으며, 윗부분에는 한 개의 대형 돔과 그것을 둘러싸는 네 개의 작은 돔이 얹혀졌다.

1204년 제4차 십자군은 콘스탄티노플에 입성했고 그곳에 라틴 제국을 세웠다. 라틴 제국은 1261년까지 콘스탄티노플을 지배했다. 이 그림은 들라크루아가 1840년에 그린 작품으로 십자군이 콘스탄티노플을 약탈하는 장면을 묘사했다.

안 동서의 교단은 완전히 분열되어 있었기 때문이다.

십자군은 결국 콘스탄티노플에서 철수했고 1261년 비잔티움 황제가 다시 수도에 입성했다. 하지만 새로운 정복자 오스만 투르크족이 도래하기 전까지 십자군은 비잔티움의 옛 영토에서 완전히 물러나지는 않았다.

비잔티움 제국은 그 뒤 2세기를 더 버텼지만, 이미 생명력을 소진한 상태였다. 비잔티움의 부와 상권은 베네치아인과 제노바인들에게 넘어가고 말았다.

슬라브족

비잔티움 제국의 유산 대부분은 이후의 세대들에게 전수되었다. 이들이 역사에 끼친 가장 큰 공훈은 아마도 슬라브족에게 기독교를 전해 주었다는 점일 것이다. 비잔티움 제국의 동방 정교회는 슬라브족 교회의 뿌리를 이루었다. 만약 슬라브족이 기독교로 개종하지 않았더라면, 러시아와 다른 현대의 슬라브족 국가는 유럽으로 편입되지 못했을 것이고, 유럽의 일부로 간주되지도 않았을 것이다.

슬라브족이 유럽 세계의 일원으로 편입되기까지의 과정은 명확히 알 수 없다. 특히 기독교 수용 이전의 슬라브족 역사에 대해서는 왜곡되어 알려진 사실도 많을 것이다. 오늘날 분포하는 슬라브족 국가들의 형성 시기는 서유럽 국가들의 형성 시기와 비슷했지만, 서유럽의 경우와는 달리 그들의 경계가 어디였는가는 확실하지 않다. 그들의 거주지가 유목 민족의 잦은 침략에 노출되어 있어 유동적이었기 때문이다.

12~13세기 서유럽의 정치적 판도

12~13세기는 서유럽에서 신성로마 제국이 절정기를 누린 시기였다. 이탈리아 반도에서는 피사와 베네치아, 제노바 같은 도시 국가들이 형성, 발전했다. 동방에서는 이슬람 제국이 쇠퇴한 반면 슬라브 세계가 세력을 키워 가고 있었다.

범례
- 게르만족의 신성로마 제국
- 스페인의 기독교 재정복 운동 국가들
- 십자군이 세운 콘스탄티노플의 라틴 제국(1204년 당시)
- 십자군이 세운 아시아의 라틴 국가들(최대 영토)
- 그리스 국가들(1214년 당시)
- 12~13세기의 이슬람 세계
- 이슬람교도들의 수복 지역

　유럽의 중부와 남동부는 산악 지대로 이곳에서 민족 간의 경계는 지형에 의해 구분되었다. 반면 오늘날의 폴란드와 러시아 지역에는 거대한 평원이 자리 잡고 있다. 이곳은 오랫동안 삼림 지대가 들어서 있었음에도 불구하고, 안정적인 정착 생활을 위한 튼튼한 방어벽은 존재하지 않았다. 그리하여 이 거대한 대지에서는 수세기 동안 다툼이 끊이지 않았다.

　13세기 초에 동방에서는 수많은 슬라브 민족이 출현했다. 그들은 독립적인 역사를 꾸려 나가기 시작했으며 그 과정은 오늘날까지 그대로 이어지고 있다. 문화적으로도 그들은 독특한 슬라브 문명을 건설했는데, 현대의 폴란드인, 슬로바키아인, 체코인이 되는 그들은 훗날 동방보다는 서방 문화를 더 많이 받아들였다.

　슬라브 세계에서는 많은 국가가 생겨났다가 사라지곤 했다. 하지만 그중 두 국가, 즉 폴란드와 러시아는 특히 견고했고, 조직화된 형태로 오랫동안 살아남았다. 이들 국가의 역사는 결코 순탄하지는 않았다. 때때로 동방에서뿐만 아니라 서방에서도 압박을 받았기 때문이다. 특히 13세기와 20세기는 이들에게 고난의 시기였다. 그러나 그들은 외부의 위협에 굴하지 않고 그들의 주체성을 키워 나갔다.

슬라브족의 기원

슬라브족의 기원은 적어도 기원전 2000년까

지 거슬러 올라간다. 최초의 슬라브족은 동유럽의 카르파티아 산맥 동쪽에 자리를 잡았다. 이후 2,000년 동안 그들은 점차적으로 서쪽과 동쪽으로 퍼져 나갔는데 특히 오늘날 러시아의 서부 지역으로 많이 이주했다.

서기 5세기부터 7세기까지 슬라브족은 발칸 반도를 향해 남하하기 시작했다. 이것은 아바르족의 압력 때문이었다. 아바르족은 아시아계의 유목 민족으로서 훈족이 물러간 뒤 돈 강, 드네프르 강, 드네스트르 강을 가로지르는 거대한 지역을 장악했다. 그들은 남부 러시아에서 동유럽의 도나우 강에 이르는 광대한 지역을 지배했는데, 그들의 세력은 너무나 강대하여 비잔티움 제국조차 아바르족의 환심을 사기 위해 애쓸 정도였다.

슬라브족은 역사를 통해 그들이 얼마나 대단한 생존 능력을 갖고 있는지 보여 주었다. 러시아에서는 스키타이인과 고트족에게, 폴란드에서는 아바르족과 훈족에게 시달림을 당했지만, 그들은 그들의 땅을 지켜 냈고, 오히려 그 땅을 확대시켰다.

그들은 억척스러운 농경민족이었음이 틀림없다. 슬라브족의 초기 예술을 보면, 그들이 다른 민족들로부터 문화와 기술을 적극적으로 받아들였다는 것을 알 수 있다. 그들은 그들에게 문화와 기술을 가르쳐 준 자들보다 오래 살아남았다.

7세기에 슬라브족과 한참 팽창 중이던 이슬람 세력 사이에 하자르족과 불가르족이 방벽처럼 자리하고 있었다는 사실은 역사적으로 중요한 결과를 낳았다. 강력한 이 두 민족에 가로막힌 슬라브족은 발칸 반도로 들어가에게 해로 진출했다. 나중에 슬라브족은 아드리아 해 연안을 따라 모라비아와 중부 유럽, 크로아티아, 세르비아, 슬로베니아로 퍼져 나갔다. 10세기에 이르러 슬라브족은 발칸 반도 최대의 민족이 되었다.

불가르족

최초로 탄생한 슬라브 국가는 불가리아였다. 하지만 불가르족은 본래 슬라브족이 아니라 훈족에서 떨어져 나온 부족들의 후손이었다. 이들 중 일부는 슬라브족과의 결혼과 접촉으로 점차 슬라브 문화에 동화되어 갔는데, 이들은 서불가르족으로 7세기에 발칸반도 북쪽의 도나우 지역에 정착했다.

불가르족은 슬라브족과 연합하여 비잔티움 제국에 일련의 타격을 가했다. 559년에는 콘

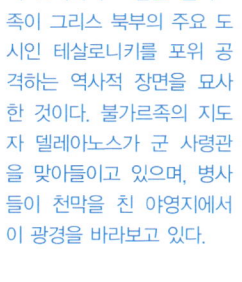

이 11세기의 그림은 불가르족이 그리스 북부의 주요 도시인 테살로니키를 포위 공격하는 역사적 장면을 묘사한 것이다. 불가르족의 지도자 델레아노스가 군 사령관을 맞아들이고 있으며, 병사들이 천막을 친 야영지에서 이 광경을 바라보고 있다.

스탄티노플의 방어망을 뚫고, 그 인근에 진을 치기까지 했다. 그들은 슬라브족처럼 이교도였다. 비잔티움은 불가르 부족들 간의 불화를 이용해 이들의 세력을 약화시키고자 했다. 그리하여 몇몇 부족들에게는 호의적인 태도를 취했는데, 이러한 부족들 중 한 부족의 수장은 콘스탄티노플에서 세례까지 받았다. 이 수장의 이름은 쿠브라트로, 헤라클리우스 황제가 그의 대부가 되었다. 쿠브라트는 비잔티움의 지원을 받아 앞으로 불가리아가 될 지역에서 아바르족을 물리치는 데 성공했다.

불가르족은 점차 슬라브족의 문화와 혈통에 물들었다. 그리하여 마침내 7세기 말 불가르족의 국가가 탄생했을 때 이것은 사실상 슬라브 국가로 간주될 수 있었다. 716년 비잔티움 제국은 불가리아의 독립을 인정했다. 이제 외래 민족의 국가가 오랫동안 제국의 일부로 여겨졌던 땅에 들어서게 된 것이다.

비록 동맹 관계였다고는 하지만, 불가르족은 비잔티움 제국 측에서 보면 눈엣가시 같은 존재였다. 따라서 비잔티움 제국은 서부에서 세력을 회복하려는 불가르족의 시도를 좌절시키는 데 힘을 기울였다. 9세기 초 불가르족은 비잔티움 제국과의 전투에서 비잔티움 황제를 죽이고 그의 두개골로 술잔을 만들었다. 378년 이후 로마 제국의 황제가 야만족과의 전투에서 사망한 것은 그때가 처음이었다.

불가르족의 기독교 개종

9세기 중엽 불가르족이 기독교로 개종하면서 양국 간의 관계에는 불완전하나마 하나의 전기가 마련되었다. 로마 가톨릭 세력을 이용해 비잔티움 제국을 견제하려던 불가리아의 시도가 실패로 돌아가자 불가리아의 왕이 865년 동방 정교회 식으로 세례를 받은 것이다. 이에 대해 불가르족 내부에서 반대가 없었던 것은 아니었지만, 어쨌든 이때부터 불가리아는 기독교 국가가 되었다.

불가르족은 비잔티움에게 만만치 않은 상대였음이 곧 드러났다. 이 그림에서 하인이 불가르족의 왕 크룸에게 바치고 있는 술잔은 불가르족이 전장에서 죽인 비잔티움의 황제 니케포루스 1세(802~811 재위)의 두개골로 만든 것이다.

비잔티움 제국의 정치가들에게는 불행하게도 이것으로써 불가리아와의 관계가 완전히 회복된 것은 아니었다. 그러나 이 사건이 슬라브족의 기독교화 과정에서 기념비적인 첫걸음이었던 것은 분명하다. 불가리아에서 기독교를 가장 먼저 받아들인 것은 통치자들이었다. 위에서 아래로 진행된 개종의 과정은 기독교화 작업이 순조롭게 이루어질 수 있었던 주요한 요인이었다.

키릴 문자의 발명

기독교의 수용은 슬라브족에게 키릴 문자라는 커다란 선물을 선사했다. 이는 장차 슬라브 문명의 본질을 이룰 중요한 도구가 되었다.

키릴 문자의 기원을 논하자면 두 위대한 인물의 이름을 거론하지 않을 수 없다. 이들은 오늘날까지도 동방 정교회에서 성인으로 추앙받는 키릴로스와 메토디오스 형제다.

키릴로스는 일찍이 러시아 남서부의 하자

로마의 산클레멘테 성당에 있는 이 프레스코화는 키릴로스와 메토디오스 형제를 주제로 한 작품이다. 키릴로스와 메토디오스 형제는 9세기에 슬라브족에 대한 포교에 헌신했던 동방 정교회의 선교사들이었다. 그림에서 그리스도 앞에 무릎을 꿇고 앉아 있는 이들이 바로 키릴로스와 메토디오스 형제들이다. 그리스도의 옆에는 천사들과 성 클레멘테, 성 안드레아가 나란히 서서 그리스도를 보좌하고 있다.

리아 지방에서 선교 활동을 펼친 적이 있었다. 당시 비잔티움 제국의 선교 정책은 외교 정책과 밀접한 연관이 있었다. 동방 정교회의 선교단은 비잔티움의 외교 사절단과 쉽게 구분될 수 없었다. 키릴로스와 메토디오스 형제의 선교 활동도 사실 이교도의 교화를 통해 비잔티움 제국에 우호적인 세력을 확대하려는 의도에서 비롯되었을 것이다.

하지만 선교 과정에서 키릴 문자를 발명함으로써 그들은 위험한 이웃 민족을 개종시키는 것 이상으로 큰일을 해냈다. 키릴로스의 이름은 그가 고안한 키릴 문자의 이름으로 여전히 기억되고 있다. 키릴 문자는 슬라브 민족에게 신속하게 확산되었고, 곧 러시아에까지 전파되었다. 키릴 문자 덕분에 기독교가 널리 전파되었을 뿐 아니라 슬라브 문화도 명확한 형태를 갖추게 되었다.

슬라브 문화는 외부의 영향에 개방적이었다. 이들에게 영향을 끼친 이웃 국가는 비잔티움 제국에만 국한되지 않았다. 그러나 영향력의 비중과 심도로 따지자면 동방 정교회만한 것은 없었다고 말할 수 있을 것이다.

키예프와 비잔티움

그로부터 1세기 후 비잔티움 제국의 입장에서는 불가르족보다 더 중요한 민족이 개종을 한다. 860년 한 무리의 원정대가 200척의 배와 함께 들이닥쳐 비잔티움을 습격했다. 아야소피아 성당에 모인 시민들은 공포에 휩싸여 총대주교의 기도를 들었다.

"북쪽에서 사람들이 몰려왔습니다. …… 그들은 사납고 인정사정없습니다. 그들의 목소리가 성난 바다 같습니다. …… 그들은 난폭하고 야만적인 민족으로 …… 모든 것을 파괴하고 아무것도 남겨두지 않습니다."

공포스러운 기다란 배의 행렬은 곧 물러갔

다. 어쩌면 비잔티움은 정말로 신의 가호를 받은 것인지도 모른다. 이들은 다름 아닌 유럽을 휩쓸던 바이킹족이었기 때문이다. 비잔티움 사람들은 러시아에서 온 이들을 루시인 또는 로스인이라 불렀다. '루시'는 본래 러시아 일대의 동슬라브족을 가리키는 말이었는데 당시의 동슬라브족은 바이킹족의 지배 하에 있었다. 860년의 이 습격 사건은 해프닝으로 끝나기는 했지만 비잔티움에 러시아의 군사력을 처음으로 보여 준 사건이 되었다.

하지만 당시 러시아는 여전히 건국 단계에 있었다. 러시아는 동슬라브족을 중심으로 한 부족 간의 연합체에서 기원했다. 동슬라브족은 수세기 동안 흑해로 흘러드는 하천들의 상류 지역에 드문드문 흩어져 있어 국가를 형성하기에는 어려운 점이 많았다. 그들의 결집이나 정착 생활을 방해한 것은 아마도 그들의 농경 방식이었을 것이다. 그들은 수확을 하고 나서 농지를 불태우는 방법으로 2~3년간 땅을 소진한 후 다른 곳으로 떠나곤 했다.

그러나 8세기가 되자 이들 사이에서도 상대적으로 인구가 밀집된 지역이 생겨났다. 키예프 인근의 언덕들이 바로 그런 지역이었는데, 이곳에서 초보적인 도시의 형태가 등장하기 시작했다. 키예프의 주민들은 여전히 부족별로 살았고, 그들의 경제적·사회적 조직에 대해서는 아직도 불분명한 점이 많다. 하지만 한 가지 확실한 것은 이곳에서 미래의 러시아가 형성되기 시작했다는 사실이다. 그들의 통치자가 누구였는지는 알려져 있지 않다. 그러나 그들은 집단 방어를 위한 방책 안에서 생활했으며, 주변 지역에서 강제로 공물을 징수했던 것으로 보인다.

바이킹족 지배 하의 러시아

키예프의 슬라브 부족들은 이내 스칸디나비

도자기에 그려진 이 9세기 말의 성화는 불가리아가 기독교로 개종한 직후에 제작된 것으로, 현존하는 것 중 가장 오래된 불가리아 성화이다. 그림의 소재지는 불가리아의 수도였던 프레슬라프 인근의 파틀레이나 수도원이다.

아인의 공격을 받았다. 스칸디나비아인은 슬라브인들을 노예로 삼거나 남쪽 지방에 팔아넘겼다. 바이킹이라고도 불린 이들은 교역을 하는 동시에 해적질도 했으며 영토 확장욕이 강해 곳곳에 식민지를 건설하곤 했다. 그들은 뛰어난 상업 기술과 능란한 항해술, 배를 자유자재로 조종하는 기술 그리고 막강한 전투력을 지녔지만, 여자를 거느리고 다니지는 않은 듯하다. 영국의 험버 강과 프랑스의 센 강에서 그랬던 것처럼 그들은 러시아 지역의 강을 이용하여 내륙 깊숙한 곳까지 배를 타고 와서 약탈을 일삼았다.

바이킹족의 일부는 남쪽으로 통하는 강을 타고 흑해로 곧장 진출하기도 했다. 846년에는 바그다드에 '바랑인'이 등장했다는 이야기가 나오는데, 이 바랑인은 다름 아닌 러시아 지역의 바이킹족을 일컫는 말이었다. 860년의 콘스탄티노플 공격도 이 바랑인의 소행이었다. 그들은 동쪽의 하자르족과 싸웠고, 하자르족의 속령이었던 키예프에 최초의 근거지를 마련했다.

그러나 국가로서 러시아의 역사적 전통은 이들이 북부 러시아의 노브고로트에 세력을 확립하면서 시작되었다. 노브고로트는 바이

바이킹족은 주로 배를 타고 활동했다. 그들은 바다를 건너고 강을 따라 수천 킬로미터씩 항해한 끝에 갑자기 마을에 나타나 무시무시한 습격을 가하곤 했다. 오른쪽은 8세기경 바이킹족이 돌에 그린 그림의 일부로, 항해 중인 바이킹의 모습이 묘사되어 있다. 바이킹족은 커다란 돛이 달린 장방형의 기다란 배를 타고 다녔다.

킹족 전설에서는 홀름가르드르라고 불리기도 한다. 전설에 의하면 860년경 류리크라는 군주가 자신의 형제들과 함께 이곳에 새로운 나라를 세웠다고 한다. 9세기 말에는 류리크의 후계자들이 키예프를 점령하여 이곳을 수도로 삼았다.

동쪽에서 강대한 세력이 새로 등장하자 비잔티움 제국은 바짝 긴장하며 행동에 나섰다. 비잔티움이 취한 조치는 종교와 결합된 그들의 전형적인 외교술을 발휘하는 것이었다. 비잔티움인은 루시족, 즉 동슬라브족을 개종시키는 시도를 했고, 한 통치자는 이에 응했던 것 같다. 그러나 바랑인은 여전히 고유의 신앙을 고수했다. 그들의 신은 토르와 오딘이었다. 그들의 지배 하에 있던 슬라브족 역시 고대의 인도-유럽 신앙에서 기원한 것으로 보이는 독자적인 신을 믿었다.

바랑인과 슬라브인은 점차 서로 섞였고, 그들의 신앙도 시간이 가면서 융합되는 경향을 보였다. 그러나 비잔티움 제국과의 관계는 곧 악화되었다. 10세기 초 수립된 키예프 공국의 초대 군주였던 올레크는 비잔티움 함대가 자리를 비운 틈을 타서 또다시 콘스탄티노플을 공격했다. 전설에 의하면 그는 콘스탄티노플 앞의 좁은 해협인 골든 혼의 진입을 막고 있는 장애물들을 피하기 위해 배

바이킹 신화

바이킹족은 고대의 인도-유럽 문화에 기원을 둔 수많은 신을 섬겼다. 그중 가장 중요한 신은 오딘이었다. 오딘은 최고 신으로서 만물의 아버지이자 마법의 신이었으며, 지하 세계 그리고 죽은 자들을 관장했다. 오딘은 종종 두 마리의 까마귀를 거느리고 슬레이프니르라는 다리가 여덟 개 달린 백마를 타고 있는 모습으로 그려지곤 했다. 그의 추종자들은 베르세르크라 불렸다.

오딘의 아들 토르는 아버지보다 힘은 약하지만 인기는 더 좋은 신이었다. 그는 대개 해머를 든 채 두 마리의 염소가 끄는 전차를 타고 하늘을 나는 모습으로 묘사되곤 했다. 토르는 대식가에 사나운 기질을 지녔으며 엄청난 힘의 소유자였다.

다산과 풍요를 관장하는 신은 프레위르였다. 그는 배와 바다의 신인 니외르드의 아들이었다. 프레위르와 니외르드는 바니르 신족에 속했다. 바니르 신족은 땅, 바다와 관련된 신들의 집단이었는데, 이들은 황금 수퇘지와 선박으로 상징되었다. 바니르 신족은 하늘 신들인 아사 신족과는 경쟁 관계에 있었다.

M. 에빙게가 그린 19세기의 그림.
토르 신이 거인족과 싸우고 있다. 토르라는 이름은 천둥을 의미한다.

들을 연안으로 끌어올린 뒤 바퀴로 실어 날랐다고 한다. 이것이 사실이든 아니든 간에 그는 911년 비잔티움 제국으로부터 매우 유리한 조건의 조약을 이끌어내는 데 성공했다. 이로써 러시아인은 비잔티움 제국으로부터 예외적인 교역상의 특권을 누리게 되었다. 이후 키예프 공국에서 교역은 대단히 중요한 사업이 되었다.

전설적인 류리크왕의 시대로부터 약 1세기 반이 지난 뒤 키예프를 중심으로 발트 해에서 흑해까지 이르는 지역에 일종의 연합체가 형성되었다. 이곳은 이교도 지역이었으나 하천과 바다를 통해 비잔티움 제국과 쉽게 접촉할 수 있어 비잔티움의 문명과 동방 정교회가 전파되기에 유리한 조건을 갖추고 있었다. 945년 키예프 공국은 최초로 '루시'라는 이름으로 인정을 받게 되었는데, 루시는 러시아의 어원이기도 하다.

그러나 아직 이 나라는 느슨한 연합체에 불과했다. 바이킹족이 자녀들에게 유산을 골고루 분배하던 슬라브족의 전통을 받아들이자 나라의 응집력은 더욱 약화되었다. 키예프 공국의 군주는 키예프와 노브고로트를 중심으로 한 주요 도시들을 순회하며 통치했다. 그러나 이중에서도 키예프는 가장 중요한 도시가 되었다.

비잔티움 제국과의 관계

10세기 전반은 비잔티움 제국과 키예프 공국의 관계에 많은 조정이 가해진 시기였다. 키예프 공국이 스칸디나비아와의 관계를 늦추는 대신 점점 더 남쪽으로 눈을 돌리기 시작하면서 두 나라의 관계에는 정치적·상업적 분야에서 근본적인 변화가 일어났다.

일단 바랑인의 호전성은 이전보다 줄었다. 이는 부분적으로 스칸디나비아인이 정복 활동의 성공을 통해 새로운 정착지를 찾았기 때문일 것이다. 예컨대 911년에 스칸디나비아인의 통치자 롤로는 뒤에 노르망디 공국으로 불리게 될 땅을 프랑스로부터 양도 받았다.

러시아의 기독교 예술은 비잔티움 제국으로부터 큰 영향을 받았다. 금박을 입힌 이 12세기의 복음서 표지에도 비잔티움의 영향은 강하게 나타나 있다.

완전히 그만둔 것은 아니었다. 941년에는 러시아의 함대가 비잔티움을 공격했으나 '그리스의 불' 앞에 무릎을 꿇고 말았다. 이로 인해 양국 간에 새로운 조약이 체결되어 30년 전에 비잔티움 제국이 러시아인에게 부여했던 상업적 특권은 크게 축소되었다.

그러나 하자르족이 쇠퇴하고 비잔티움 제국이 불가리아를 견제하기 위해 키예프와의 관계 개선을 추구하자 양국 간의 상호 관계는 나아지기 시작했다. 이에 따라 서로 간의 교류도 크게 증가했다. 비잔티움 황제가 바랑인을 황실 근위대원으로 고용하는가 하면 콘스탄티노플의 시장에는 러시아 상인이 넘실대기도 했다. 러시아인 일부는 세례를 받기도 했던 것 같다.

러시아의 초기 기독교

기독교는 상업을 경시하기는 하지만 종종 교역로를 따라 전파되기도 했다. 882년 러시아 지역의 키예프에는 이미 교회가 하나 들어서 있었는데, 이것은 아마도 외국의 상인들을 위해 세워졌을 것이다. 그러나 이것이 기독교가 러시아인들에게 전파되었다는 것을 의미하지는 않았다. 900년대 중반까지도 러시아에서 기독교에 대한 흔적은 거의 나타나지 않는다.

945년 키예프 공국의 군주가 죽자 그의 미망인 하나가 아들을 대신하여 섭정에 나섰다. 이 여인은 올가였고, 그녀의 아들은 스비아토슬라프였다. 스비아토슬라프는 스칸디나비아식 이름이 아니라 슬라브식 이름이었다. 그는 슬라브식 이름을 가진 최초의 키예프 군주가 되었다.

957년 올가는 콘스탄티노플을 공식적으로 방문했다. 그녀는 그전에 비밀리에 기독교도로서 세례를 받았는지도 모른다. 하지만 그녀가 공식적으로 개종을 선언한 것은 콘스탄

그러나 키예프 공국과 비잔티움 제국이 가까워지는 데에는 오랜 시간이 걸렸다. 한 가지 원인은 비잔티움 제국의 어중간한 태도 때문이었다. 10세기 초에 오늘날의 러시아인 키예프 공국의 영토가 사나운 페네체그족에게 유린당하자 비잔티움 제국은 키예프 공국을 달래기 위해 페체네그족과 협상을 벌였지만, 그 과정에서 어부지리를 취하려고 했다. 페체네그족은 이미 마자르족을 서쪽으로 쫓아 버린 상태였다. 마자르족은 그동안 러시아인과 하자르족 사이에서 완충 역할을 해왔었다. 이때 하자르족과 페체네그족의 위협에 곧바로 노출된 키예프 공국의 입장은 상당히 곤혹스러웠을 것이다.

키예프 공국 역시 비잔티움에 대한 침략을

이 세밀화는 『라지윌 연대기』의 15세기 러시아 필사본에 수록된 그림으로 블라디미르의 세례식을 묘사하고 있다. 블라디미르의 세례식은 988년 크림 반도에 있는 비잔티움 제국의 도시 케르손에서 거행되었다. 세례식 다음에는 블라디미르와 비잔티움 황제의 누이 간의 결혼식이 이루어졌다.

티노플을 방문했던 때였다. 아야소피아 성당에서 거행된 그녀의 세례식에는 비잔티움 황제가 몸소 참석했다.

올가가 개종을 선택한 이유에는 외교적인 목적들도 포함되어 그녀가 어느 정도 진심으로 기독교를 받아들였는지는 불분명하다. 올가는 나중에 가톨릭 세력을 이용하기 위해 로마 교황에게 주교를 보내 달라고 요청하기도 했다. 그녀는 기독교로 개종한 이후에도 별다른 후속 조치들을 취하지 않았다.

962~972년에 키예프 공국을 통치했던 스비아토슬라프는 당시의 호전적인 다른 바이킹 귀족들처럼 싸움을 좋아하는 이교도였다. 그는 바이킹족의 신에게 의지했고, 하자르족을 공략하는 데 성공하면서 자신의 신앙에 대한 확신을 가지게 되었다. 하지만 그는 불가르족과의 싸움에서는 실패를 맛보았고, 마침내 페체네그족에게 살해당하고 말았다.

키예프 공국은 종교적 선택의 갈림길에 놓이게 되었다. 당시 키예프 공국은 아직 동방의 기독교와 서방의 기독교 사이에서 결정을 내리지 못하고 있는 바이킹족 국가에 머물러 있었다. 이슬람교는 하자르족의 방해 때문에 키예프 공국에 유입되지 못했다. 지리적으로는 동방 교회가 가까운 듯했지만 키예프 공국이 로마 가톨릭교로 돌아설 가능성도 충분히 있었다. 이미 인근 폴란드의 슬라브족은 로마 가톨릭교로 개종했고, 독일의 주교들은 그들의 관할 구역을 동쪽으로 발트 해 연안과 오늘날의 체코 지역인 보헤미아 지방까지 확대한 상태였다. 키예프 공국은 경쟁 관계에 있던 동서 교회 모두가 탐내는 지역이 되었다.

11세기의 키예프는 유럽에서 가장 중요한 도시 가운데 하나였다. 사진에 보이는 성 소피아 성당은 1018~1037년에 키예프에 세워졌다. 이후에도 이곳에는 비잔티움 양식의 영향을 받은 웅장한 교회들이 많이 세워졌다.

비잔티움 제국과 그 주변 세계

12세기 초 러시아에는 성화나 성상을 제작하기 위한 예술학교가 몇 군데 세워졌다. 그러나 당시의 성화 중 가장 유명한 작품인 '블라디미르의 성모'는 콘스탄티노플에서 제작되었다. 이 작품이 이러한 이름으로 불리게 된 것은 그것이 한동안 블라디미르 시내의 한 교회에 보관되었기 때문이다.

'블라디미르의 성모'는 마리아가 신의 어머니로서 성스러운 존재로 표현된 역사상 가장 오래된 작품 중 하나였다. 러시아의 예술가들은 이 작품에 나타난 인물의 부드러운 얼굴 표정을 익히기 위해 수많은 모사본을 그리곤 했다.

러시아를 기독교 국가로 만든 블라디미르

980년, 격렬한 권력 투쟁의 먼지가 가라앉자 '블라디미르'라는 새로운 군주가 탄생했다. 그는 러시아를 기독교 국가로 만든 인물이었다. 어려서부터 기독교도로 양육되었을 가능성도 있지만, 그는 즉위 초에는 바이킹족의 신앙을 고수했다. 그러나 다른 종교에 대해서도 상당한 관심을 보였다.

전해 내려오는 이야기에 따르면, 블라디미르는 학자들을 모아 놓고 그들로 하여금 각 종교의 장점들을 논하게 했으며 이슬람교가 술을 금지하기 때문에 이슬람교를 거부했다고 한다. 그는 곧 각지의 기독교 교회에 대표단을 파견했다.

대표단이 보기에 불가리아는 형편없는 나라였다. 또 독일 지역은 별다른 이용가치가 없어 보였다. 하지만 콘스탄티노플은 그들의 마음을 사로잡았다. 그들이 콘스탄티노플에 관해 한 말은 자주 인용되곤 한다.

"우리는 우리가 하늘에 있는지 땅에 있는지 알지 못했다. 세상에서는 도저히 볼 수 없는 아름다운 광경이 눈앞에 펼쳐져 있었기 때문이다. 우리는 어떻게 그 광경을 말로 표현해야 할지 몰랐다. 우리가 아는 것이라고는 거기에는 하느님이 사람들 가운데 거하고 계신다는 것뿐이었다."

결국 키예프 공국의 종교는 결정되었다. 986~988년 블라디미르는 그와 그의 백성들을 위해 동방 정교회를 받아들였다.

동방 정교회의 성직자들이 언제나 인정해 왔듯이, 이 사건은 러시아 역사와 문화에 있어 중대한 분기점을 이루었다. 약 반세기 뒤 한 성직자는 블라디미르를 칭송하며 다음과 같이 말했다. "우상 숭배라는 어둠이 물러가고 대신 정교의 새벽이 찾아왔다."

블라디미르는 그의 백성들이 세례를 받도록 하기 위해 엄청난 노력을 기울였으며 필요한 경우에는 강제력도 동원했다. 그러나 이러한 행동은 단지 종교적 열정에서만 나온 것은 아니었다. 블라디미르가 기독교로 개종한 데에는 정치적인 계산도 숨어 있었다.

블라디미르는 일찍이 비잔티움 황제에게 군사적인 도움을 주었고, 그 대가로 비잔티움의 왕녀와 혼인한다는 약속을 받았다. 이 같은 약속은 키예프 대공의 지위를 인정해 주는 유례없는 일이었다. 비잔티움 제국은 불가르족과 싸우는 데 러시아인의 원조가 필요했기 때문에 황제의 누이를 준다고 할 수밖에 없었다. 그러나 약속과 달리 비잔티움 측이 혼인에 소극적인 태도를 보이자, 블라디미르는 크림 반도 내의 비잔티움 영지를 공격하며 압력을 가했다. 그러자 곧 결혼식이 거행되었다. 비잔티움 제국에게 키예프 공국의 왕은 결혼 미사를 올려줄 만한 가치가 있었다.

그러나 블라디미르의 개종에는 단순한 외교 문제 이상으로 중대한 역사적 의의가 담겨 있었다. 그의 선택은 이후 키예프 공국의

10세기 말 러시아가 동방 정교회로 개종하면서 비잔티움의 예술적 영향을 받게 되었다. 그러나 러시아의 예술과 건축은 독자적인 특징으로 발전시켜 나갔다. 사진에 보이는 노브고로트의 성 소피아 성당은 '어진 대공'이라 불리는 야로슬라프 1세 시대(1019~1054 재위)에 세워졌다.

비잔티움 제국과 그 주변 세계

*****장원**莊園**
중세시대에 귀족이나 사원 소유의 넓은 토지. 중심에는 영주나 관리인이 살았으며, 하인들의 주거지와 창고, 작업장 등이 딸려 있었다. 봉건 제도에서 토지 소유의 한 형태.

1157년 이래 블라디미르는 블라디미르–수즈달 공국의 중심지가 되었다. 이 도시는 종교적으로도 중요한 도시로 성장했다. 사진에 보이는 건물은 블라디미르의 상트 드미트리 교회로, 1193~1197년에 세워졌다.

미래를 결정하는 데 다른 어떤 사건보다도 더 큰 영향을 미쳤다. 200년 후의 러시아 사람들도 이러한 점을 인정했다. 그들은 블라디미르를 성인으로 추대함으로써 그의 업적을 기렸다.

키예프 공국의 사회

10세기의 키예프 공국은 서유럽 대부분의 나라들보다 여러 가지 면에서 훨씬 풍요로운 문화를 자랑했다. 그곳의 도시들은 교역의 중심지로 번창했으며, 많은 상품들이 이 지역을 거쳐 서아시아 방면으로 흘러 들어갔다. 특히 이곳에서 생산되는 모피와 밀랍은

다른 곳에서도 인기가 좋았다.

이처럼 활발한 상업 활동은 중세의 서유럽과는 무척 대조적이었다. 서유럽에서는 로마시대의 경제 체계가 붕괴하면서 장원*을 중심으로 한 자급자족적인 경제가 출현했다. 이 때문에 상업 활동은 상대적으로 침체기에 접어들었다. 장원의 유무는 서유럽과 러시아를 구분 짓는 특징 중 하나였는데, 장원이 없던 키예프 공국에서는 서유럽의 봉건적 귀족 역시 등장하지 않았다.

고유의 영지를 가진 귀족도 키예프 공국에서는 서유럽보다 늦게 나타났다. 러시아의 귀족들은 오랫동안 군사적 지도자의 동료나 수하들로 구성되어 있었다. 그 가운데 일부는 기독교의 수용에 반대했으며, 북부 지방에는 수십 년 동안 전통 신앙이 남아 있었다.

불가리아의 경우와 마찬가지로 키예프 공국의 기독교 수용은 정치적·외교적 목적을 가지고 있었다. 키예프 공국은 공식적으로는 기독교 국가를 표방했지만, 주민들까지 진정으로 기독교를 받아들인 것은 아니었다. 키예프의 군주들은 귀족 세력과 전통 신앙 지지 세력 간의 보수적인 연합을 이겨 내야 했다.

그러나 도시 지역에서는 기독교 신앙이 점차 사회의 밑바닥에까지 뿌리를 내리기 시작했다. 키예프 공국의 기독교는 처음에는 불가리아 성직자들의 도움을 받았다. 그들은 남슬라브 교회의 예배 의식과, 러시아어를 문자언어로 승격시켜 준 키릴 문자를 전해 주었다. 비잔티움 제국이 키예프 공국에 끼치는 종교적 영향은 막강했는데, 키예프의 대주교는 보통 콘스탄티노플의 총대주교에 의해 임명되었다.

야로슬라프와 키예프 공국의 절정기

키예프 공국은 웅장하고 화려한 교회들로 유명했다. 이들 교회는 비잔티움의 건축 양식

키예프 공국의 영토

러시아의 전설에 의하면, 류리크는 860년경 동유럽에 도착했고, 바랑인의 군주로서 노브고로트에 정착했다. 바랑인은 러시아인과 그리스인이 바이킹족을 일컫던 이름이었다. 9세기에는 '루시인' 또는 '로스인'이라는 이름이 모든 동슬라브족을 지칭하는 이름이 되었다.

류리크의 후손들은 점차 슬라브와 동화되어 갔다. 그러나 12세기까지는 그들의 고향인 스칸디나비아와 일정한 관계를 유지하고 있었다.

이 지도는 키예프 공국이 전성기를 맞이했던 11세기 당시의 키예프 영토와 러시아 지역 내의 바이킹족 교역로를 보여 준다.

을 많이 따르고 있었다. 불행히도 목재로 지어졌기 때문에 오늘날까지 남아 있는 교회는 거의 없지만, 당시 키예프 교회들의 명성은 대단한 것이었다.

이러한 예술적 번영은 키예프 공국의 부를 반영하는 것이었다. 키예프 공국은 '어진 대공'이라는 별명을 가진 야로슬라프의 통치 시대에 전성기를 맞이했다. 당시의 한 서유럽 여행객은 키예프가 콘스탄티노플에 필적할 만한 도시라고 평가했다.

야로슬라프 시대의 러시아는 역사상 어느 때보다도 외래 문화와 활발하게 교류했다. 로마와도 외교 사절단을 교환했으며 노브고로트에는 독일의 상인들이 드나들곤 했다. 이처럼 활발한 대외 교류는 키예프 공국이 군사적·외교적으로 그만큼 중요한 나라가 키예프 공국이 절정기를 지나고 15세기 중엽 비잔티움 제국이 멸망한 뒤에도 동방 정교회로 개종한 슬라브족 국가들 사이에서는 성화와 성상에 대한 숭배가 계속 이어졌다. 십자가에 못 박힌 그리스도를 묘사한 이 불가리아의 성화는 1541년에 제작되었다.

14세기 초의 이 비잔티움 성화는 콘스탄티노플에 있는 코라 수도원의 성 구세주 교회에서 볼 수 있다. 그림에 묘사된 사람들은 '동방 교회의 아버지들'이라 불리는 성 바실리우스, 성 그레고리우스, 성 키릴로스이다. 이들은 모두 손에 복음서를 들고 있는 모습으로 표현되었다.

되었다는 것을 뜻했다.

야로슬라프는 서유럽 국가들과 관계를 맺는 데 무척 적극적이었다. 그는 왕실의 여자들을 폴란드나 프랑스, 노르웨이의 왕들과 혼인시켰으며 그 자신도 스웨덴의 공주와 결혼했다. 한번은 키예프로 망명해 온 어떤 앵글로색슨족 왕가에게 자신의 궁전 내에 피난처를 제공해 준 일도 있었다. 러시아가 서유럽 왕실과 이때만큼 가까웠던 적은 없었다.

문화적으로도 러시아의 슬라브 문화는 비잔티움 문화의 유입으로 한층 풍부해졌다. 교육 시설의 건립과 법률의 제정 등은 모두 이 시대의 문화적 성숙을 보여 주는 사례들이었다.

러시아 최초의 문학 작품 중 하나인 『러시아 원초 연대기』도 이 무렵에 등장했다. 이것은 정치적인 목적으로 지어진 책으로, 러시아의 역사를 기독교적 관점에서 해석한 역사책이었다. 다른 초기의 기독교 역사서들처럼 이 책은 기독교 군주들의 행적을 서술하고 평가하는 데 초점을 맞추었는데, 특히 키예프 공국의 러시아 통일 부분을 비중 있게 다루었다. 이 책의 특징은 기독교적 관점을 받아들이면서도 슬라브적 유산을 강조했다는 점에 있었다.

북부 지방의 여러 공국들

키예프 공국의 약점은 불완전한 군주권의 세습 체제에 있었다. 슬라브족의 전통에서는 아버지가 죽으면 그 재산은 자녀들에게 골고루 분배되었다. 권력의 세습에서도 이러한 전통이 일부 반영되었기 때문에 군주가 죽으면 거의 언제나 분열과 다툼이 일어났다. 11세기에는 야로슬라프가 즉위해 군주의 위엄을 회복하고 외국의 군대를 물리쳤지만, 그가 죽자 나라는 쇠퇴의 길을 걸었다.

앞서 말했듯이 키예프 공국은 하나의 완전한 통일체라기보다는 여러 개의 작은 공국으로 이루어진 연합체의 성격이 강했다. 시간이 흐르면서 모스크바와 노브고로트를 위시한 북부의 공국들은 점차 키예프의 지배권에서 이탈해 나갔다. 이들은 아직 키예프의 지위에 정면으로 도전하지는 않았지만, 13세기 후반이 되자 키예프에 필적할 만한 또 하나의 강력한 공국이 북쪽의 블라디미르에 건설되었다.

러시아의 무게중심이 이처럼 북방으로 이동한 것은 부분적으로 남쪽에서 투르크계 유목민인 페체네그족의 위협이 커지고 있었기 때문이다. 이때는 페체네그족의 세력이 절정에 이른 시기였다.

이 북부의 공국들에서는 향후 러시아의 사회 모습을 결정할 중대한 변화들이 일어나고 있었다. 토지의 소유에 대한 관념이 바뀌기 시작한 것이다. 이를 단적으로 보여 주는 것이 바로 러시아의 귀족들이 마침내 자신들의 영지를 갖기 시작했다는 점이었다. 이전에는 단순히 군주의 친구나 추종자에 머물렀던 귀족들은 군주로부터 하사 받은 토지를 바탕으로 점차 영주형 귀족으로 바뀌어 갔다. 이러한 변화는 귀족층에만 국한된 것이 아니어서, 정착 농민들도 땅의 소유권과 상속권을 주장하기 시작했다.

그러나 이것이 서유럽과 같은 봉건 체제가 러시아에 들어섰다는 것을 의미하지는 않는다. 농업은 대부분 노예들에 의해 이루어졌지만, 러시아에는 중세 서유럽 사회와 같은 의무의 피라미드 구조 같은 것은 존재하지 않았다.

이 시대에 나타난 일련의 변화들은 그러나 갑작스럽거나 급격하게 일어난 것은 아니었다. 변화의 단초들은 이미 키예프 공국 시대에 마련되어 있었다. 러시아 문화의 기본적인 골격은 키예프 공국 시대에 대부분 형성되었다고 보아도 무방할 것이다.

폴란드의 등장

러시아와 비슷한 시기에 형성되어 오늘날까지 계속 존속하고 있는 또 다른 슬라브족 국가는 폴란드이다. 폴란드는 10세기 초에 등장하여 서방의 게르만족과 갈등 관계에 있던 슬라브족의 한 무리가 세운 나라였다. 폴란드는 초대 군주였던 미에슈코 1세 시절부터 기독교를 받아들였는데, 이것은 게르만족의 위협에 대처하고자 하는 정치적인 이유 때문이었을 것이다.

하지만 러시아의 경우와 달리 폴란드가 선택한 것은 동방 정교회가 아니었다. 미에슈코 1세는 로마 가톨릭의 편에 섰다. 따라서 폴란드는 러시아가 줄곧 동방 문화의 영향을 받았던 것처럼 서방 문화의 영향권에 있었다.

▶중부 유럽의 보헤미아라는 지명은 일찍부터 이 지역에 살고 있던 보이족의 이름에서 비롯되었다. 나중에 이 지역은 다양한 슬라브족의 거주지가 되었다. 전설에 따르면, 최초의 보헤미아 왕조를 세운 인물은 프르셰미슬이었다. 이 조각상은 프르셰미슬의 손자 오타카르 1세의 두상으로, 프라하의 성 비투스 성당에 있는 그의 묘를 장식하기 위해 1373년경 제작되었다.

'어진 대공' 야로슬라프는 팽창 정책을 취하여 러시아의 영토를 발트 해까지 확장시켰다. 그는 또한 대대적인 교회 건축 사업을 통해 러시아의 기독교를 강화하고자 했다. 그의 집권기에 세워진 많은 교회들 중에는 키예프와 노브고로트의 성 소피아 성당도 있다. 왼쪽의 프레스코화 속 인물들은 야로슬라프와 그의 가족이다.

966년 기독교로 개종한 후 폴란드는 약 반세기 동안 신속하게 국가의 기반을 다져 나갔다. 미에슈코 1세의 뒤를 이은 사람은 매우 정력적인 인물이었는데, 그는 폴란드의 행정 제도를 정비하고 영토를 북쪽으로는 발트 해 유역까지, 서쪽으로는 슐레지엔을 지나 모라비아와 크라쿠프까지 확대했다. 서기 1000년에 그는 독일 황제로부터 주권을 승인 받는 데 성공했고, 마침내 1025년에는 스스로 볼레스와프 1세라는 이름으로 왕위에 올라 폴란드의 지위를 공국에서 왕국으로 승격시켰다.

볼레스와프 1세가 죽자 왕국은 정치적인 혼란과 이교도들의 반격으로 어려움에 빠지게 되었다. 그러나 폴란드는 이후로도 역사 속의 한 세력으로서 꾸준히 존재해 왔다.

폴란드의 역사는 초기부터 세 가지의 요소에 따라 크게 좌우되었다. 이 세 가지 요소란 서쪽에서 침범해 오는 독일과의 갈등, 로마 가톨릭 교회에 대한 추종 그리고 귀족들의 왕에 대한 독립성과 당파성이었다. 이중 특히 앞의 두 요소는 폴란드의 역사를 고난으로 채우는 주요한 원인이 되었다. 폴란드의 위치는 슬라브족 세계의 서쪽 가장자리였던 동시에 로마 가톨릭 세계의 동쪽 끝이기도 했다. 따라서 폴란드는 서쪽으로는 슬라브족 국가로서 게르만족의 위협에 대처해야 했던 한편, 동쪽으로는 가톨릭 국가로서 동방 정교회 세력과 대결해야 하는 입장에 놓여 있었다.

슬라브족과 동·서 교회의 관계

폴란드가 발전해 나가던 시기에 서쪽 지역 슬라브족의 다른 무리들은 수세기 동안 아드리아 해 연안과 중부 유럽으로 퍼져 나갔다. 이들은 이 일대에 새로운 슬라브 국가들을 건설했다. 오늘날의 체코 지역인 보헤미아와 모라비아 지방의 슬라브족들은 9세기에 키릴로스와 메토디오스의 노력으로 동방 정교회로 개종했다. 그러나 그 뒤 이들은 게르만족에 의해 다시 로마 가톨릭교로 종교를 바꾸었다.

로마 가톨릭교와 동방 정교회의 갈등은 크로아티아와 세르비아 지방에서도 역사적으로 중요한 주제였다. 이 지방에 정착했던 슬라브족의 일파는 9세기부터 처음에는 아바르족, 나중에는 게르만족과 마자르족의 침략을 받아 다른 슬라브족들로부터 고립되었다. 이러한 고립은 단지 정치적인 고립만이 아니

비잔티움 양식으로부터 영향을 받은 러시아의 성화들은 그 놀라운 아름다움과 영성靈性 덕분에 동방 정교회 세계에서 커다란 명성을 얻었다. '벨리키 우스튜크의 성 수태고지'*라는 이름으로 알려진 이 성화는 노브고로트 파의 러시아 화가가 그린 것이다.

＊수태고지受胎告知
천사가 마리아에게 '예수'라는 아들을 잉태할 것이라는 소식을 전한 것. 이 이야기는 그 중요성 덕분에 초대 기독교, 중세의 미술 및 교회 장식 등에서 즐겨 다루었다.

었다. 이 지역 내의 동방 정교회 세력 역시 더 이상 비잔티움의 지원을 바라볼 수 없게 되었던 것이다. 결국 이 지역의 고립은 중부 유럽에서 동방 정교회의 쇠퇴를 의미하는 것이 되었다.

공격받는 슬라브 유럽

지금까지의 이야기를 종합해 보면 이미 12세기 초부터 유럽 내에는 하나의 슬라브족 문화권이 형성되어 있었다고 할 수 있다. 그러나 슬라브족들 사이에는 종교와 지역별로 많은 차이가 있었다. 또 이들의 영역 내에는 슬라브족과는 전혀 무관한 마자르족도 자리 잡고 있었다. 마자르족은 본래 러시아 남부에 거주하다가 카르파티아 산맥을 넘어 동유럽으로 옮겨 온 민족으로 오늘날 헝가리인의 조상이다.

슬라브족은 점차 서방 세계로부터의 압력에 시달리게 되었다. 훗날 독일의 주요 세력인 게르만족은 정치적인 이유와 종교적 열정 그리고 땅에 대한 탐욕 때문에 동방 침략에 대한 유혹을 쉽사리 뿌리치지 못했다. 슬라브족 국가들 중 가장 강력했던 키예프 공국은 11세기 이후 정치적 분열에 빠지면서 그 잠재력을 충분히 발휘하지 못했다. 세력이 약해진 키예프 공국은 12세기에 투르크족의 일파인 쿠만족의 침략으로 위기에 빠지게 되었다.

1200년에 이르러 키예프 공국은 흑해로 통하는 해운로를 상실하고 북쪽으로 후퇴하고 말았다. 정치적으로도 쇠퇴하여 키예프 공국을 대신한 모스크바 대공국이 러시아의 주도권을 장악하기 시작했다.

13세기 초의 슬라브족 세계는 폭풍 같은 대재앙에 휩싸이게 되었다. 비잔티움 제국의 운명도 슬라브족과 별반 다르지 않았다. 1204년 십자군의 콘스탄티노플 점령은 동방 정교회 세계를 경악하게 하는 끔찍한 사건이었다. 그러나 최악의 사태는 36년 뒤에 찾아왔다. 기독교 도시 키예프가 무시무시한 유목 민족의 수중에 떨어지고 만 것이다. 키예프를 정복한 유목 민족은 다름 아닌 몽골족이었다.

4 서아시아를 둘러싼 각축의 시대

동방을 향한 약탈자들에게 비잔티움 제국은 유일한 목표가 아니었다. 실제로 이 약탈자들이 먼저 무너뜨린 것은 비잔티움 제국이 아니라 아바스 왕조였다. 아바스 왕조가 무너지자 아랍 세계는 쇠퇴와 분열의 길로 접어들었다.

10세기 이후 몇 백 년간은 서아시아에 있어서 가히 혼돈의 시대였다고 할 수 있다. 이 시대에 어지럽게 벌어진 수많은 사건들을 간단하게 정리하는 것은 불가능에 가깝다. 그러나 혼란이 아랍 사회의 지속적인 성장을 방해한 것은 분명해 보인다. 상업은 이전에 비해 활기를 잃었고 지배층이나 군인들 외에 재산을 모은 자는 드물었다. 여기에는 정부의 독단과 탐욕도 한몫했다고 여겨진다.

정권이 거듭 바뀌고 침략자들이 연이어 찾아오는 극도의 혼란 속에서도 이슬람 사회의 근본적인 토대는 계속해서 유지되었다. 레반트 지방에서 힌두쿠시 산맥까지의 모든 지역이 단 하나의 문화로 통합된 것은 이때가 처음이었다. 소아시아 지방에서는 11세기까지 로마 제국의 기독교적 유산이 많이 남아 있었지만, 그 영향력은 아나톨리아 반도를 벗어나지는 못했다. 11세기 이후에는 이 지방에서도 이슬람 문화가 지배적이었고, 기독교 세력은 이슬람의 관용에 의지해야 하는 소규모 공동체로 축소되었다.

칼리프 왕조

이슬람 세계의 통합적인 리더였던 칼리프들의 권력 쇠퇴는 여러 개의 자치 국가를 탄생시켰다. 이들 국가들은 대개 정치적인 면이나 행정적인 면에서 약점을 지니고 있었으며 역사적으로 그다지 중요한 역할을 수행하지는 못했다. 다만 이들 국가가 들어서기 전에 이미 사회적·문화적으로 이슬람교가 서아시아 전역에 안정적인 뿌리를 내렸다는 점은 무척 중요한 사실이었다.

이들 자치국 중 가장 중요하고도 강력했던 나라는 파티마 왕조였다. 파티마 왕조는 이집트, 시리아와 레반트의 대부분 그리고 홍해 연안을 지배했다. 그 지배 지역에는 성지인 메카와 메디나도 포함되어 있어 파티마

이 원통형의 상아 상자는 '사모라의 단지'로 알려졌으며, 964년에 제작되었다. 이때는 우마이야 칼리프 왕조가 코르도바를 지배하고 있던 시대이다. 상자에는 다음과 같은 글이 새겨져 있다. "신자들의 지도자 이맘 아브드-알라 알-하킴 알-무스탄시르 빌라에게 신의 은총을. 이 단지는 아드브-알-라흐만 3세의 모친이 만들라고 명했으며, 아들 두리가 보관할 것이다."

98 다양해지는 문화의 시대

카이로에 있는 유명한 알-아자르 사원은 파티마 왕조의 칼리프였던 알-무이즈(953~975 재위)에 의해 건립되었다. 970년 시작된 공사는 완공까지 단 2년이 걸렸다. 알-무이즈의 뒤를 이은 알-아지즈 시대 이 사원에 학교가 들어서면서 사원의 이름이 곧 학교의 이름이 되었다. 건물의 일부는 오늘날에도 여전히 알-아자르 대학에서 사용하고 있다.

왕조는 순례 사업으로 많은 이익을 얻었다.

파티마 왕조와 비잔티움 제국 사이인 아나톨리아와 시리아 북부 지방에는 함단 왕조가 자리 잡고 있었다. 또 과거 아바스 왕조의 중심부였던 이라크 및 이란 서부, 아제르바이잔 지역은 부이 왕조가 다스렸다. 부이 왕조의 서쪽에는 사만 왕조가 있었는데, 이들은 이란 북동부의 호라산, 시지스탄 그리고 트란속시아나 북동 지역을 장악하고 있었다.

10세기의 아랍 세계는 이처럼 네 개의 주요 세력이 난립했던 것뿐만 아니라 그보다도 훨씬 복잡했다. 이 시대를 자세하게 묘사하는 것은 무척 어려울 뿐더러 이 책에서는 그만큼 중요하지도 않다. 다만 이러한 혼란 속에서 이후의 이슬람 세계를 지배할 두 개의 새로운 제국이 아나톨리아와 페르시아에서 각각 출현했다는 사실만 이해하고 넘어가도록 하자.

투르크족

이 장의 주인공은 앞에서 잠시 언급한 바 있는 중앙아시아의 투르크족이다. 사산 제국 말기, 투르크족 가운데 일부는 사산 제국을 돕는 대가로 제국 내에 정착지를 얻었다. 이

연대표 (909~1453년)

- 909년 파티마 왕조 수립
- 1055년 셀주크 투르크족의 바그다드 점령
- 1071년 셀주크 투르크족이 만지케르트에서 비잔티움 제국의 대군을 섬멸함
- 1096~1099년 제1차 십자군 원정
- 1099년 십자군이 예루살렘에 라틴 왕국을 세움
- 1237년 칭기즈칸의 몽골군이 유럽에 진입함
- 1250년 이집트에서 맘루크 왕조 수립
- 1453년 오스만 투르크의 콘스탄티노플 함락

서아시아를 둘러싼 각축의 시대 99

667년 아랍인은 카스피해 동부의 트란속시아나 지방으로 쳐들어 왔고, 8세기에는 마침내 서아시아에 남아 있던 투르크 제국의 잔존 세력을 분쇄했다. 아랍인은 결국 투르크족의 일파인 하자르족에 의해 간신히 저지되었지만, 그 사이에 동쪽의 투르크족 연맹은 중국의 공격 등으로 산산조각이 났다.

이와 같은 몰락에도 불구하고, 투르크족은 역사에 커다란 발자취를 남겼다. 그들은 아시아의 동쪽 끝에서 서쪽 끝까지 퍼져 나간 최초의 유목민이었다. 1세기 이상 국가를 유지하는 동안 당시 세계의 4대 주요 문명, 즉 중국, 인도, 비잔티움, 페르시아는 투르크족의 한 갈래들과 관계를 맺어야 했다. 투르크족은 이들 문명과 접촉하면서 많은 것을 배웠다.

이 무렵 투르크족이 배운 것들 중에는 문자의 사용법도 있었다. 오늘날 남아 있는 가장 오래된 투르크족의 글은 8세기 초의 것이다. 그러나 불행히도 투르크족이 남긴 기록은 오늘날 별로 남아 있지 않다. 15세기 이전의 투르크족 역사에 대해서는 남아 있는 문헌도 드물 뿐 아니라, 고고학적 유물도 희귀하다. 그 시기의 투르크족 역사를 살피기 위해서는 다른 민족들이 남긴 기록에 의존하는 수밖에 없다.

투르크족의 이슬람교 개종

중국의 당나라와 아랍의 이슬람 제국이 세력을 떨치는 동안 투르크족은 응집력을 잃어버린 채 별다른 활약을 하지 못했다. 그러나 907년 당나라가 망하자, 이미 중국에 상당히 동화되어 있던 동쪽의 투르크족에게 새로운 기회가 찾아왔다. 때마침 서쪽에서는 아바스 왕조가 점차 내리막길을 걷고 있었다.

아바스 왕조의 쇠퇴는 투르크인 용병들의 증가를 통해서도 확인할 수 있었다. 투르크족 노예, 즉 맘루크*는 오랫동안 칼리프의 군

이 13세기의 삽화에 등장하는 네 명의 전사는 노예 군인인 맘루크들이다. 이들은 놀랄 만한 용기와 기마술로 유명했고, 용병으로서 인기가 높았다.

무렵 탄생한 최초의 투르크 제국은 아시아 땅을 가로지르는 광대한 영역을 지배했다. 물론 투르크 제국은 제국이라고 해도 사실은 거대한 부족 연합에 불과했다.

어쨌든 투르크족은 이때 처음으로 위대한 시대를 맞았다. 그러나 다른 유목 민족들의 운명처럼 투르크족의 영광은 오래가지 못했다. 투르크족은 부족 간의 내부 분열과 중국 당나라의 토벌로 인해 약해지고 말았다. 게다가 서쪽에서는 아랍인들이 한참 세력을 팽창해 나가는 중이었다.

대에 복무해 왔다. 칼리프의 권력이 쇠퇴하자 여러 자치 국가들이 등장해 칼리프가 누렸던 지위를 차지하고자 서로 각축을 벌이기 시작했다. 이 경쟁에서 우위를 차지하기 위해 이들은 앞다투어 투르크족 용병을 고용했는데, 이 때문에 투르크인에 대한 수요는 크게 증가했다.

10세기 중반이 되자 동쪽에서는 송나라가 중국을 다시 통일했다. 오랜만에 등장한 강력한 중국 정부는 또다시 북방의 유목 민족에게 압력을 가하기 시작했다. 이 무렵 벌어진 중앙아시아 유목민의 연쇄적인 이동 현상은 아마도 이렇게 해서 시작되었던 것으로 추정된다. 사방으로 이동을 시작한 중앙아시아의 유목민들은 서아시아 일대의 유목민들에게도 새로운 압력을 가했을 것이다.

원인이 무엇이었든 간에 오구즈 투르크, 또는 서투르크족이라 불린 한 무리의 투르크인들이 아랍 세계의 북동부로 밀려들어 그곳에 새로운 국가들을 세웠다. 이들 중에는 셀주크라는 집단이 있었는데, 그들은 이미 이슬람교를 받아들이고 있었다는 점에서 다른 투르크인들과 구별되었다. 셀주크족은 그들이 아직 트란속시아나 지방에 머물고 있던 960년 사만 왕조의 끈질긴 선교 노력에 의해 이슬람교로 개종했다.

이 신생 투르크 국가의 지도자들 중에는 이전에 아랍이나 페르시아의 노예 군인 출신

＊맘루크
노예 군인. 아랍어로 '노예'를 뜻하는 맘루크는 중세시대 여러 이슬람 국가들의 통제권을 장악했던 노예 병사들이었다. 이들은 그들에게 주어진 군사력을 이용해 기존 정부를 무너뜨리고 권력을 장악하기도 했고, 13세기에 이집트와 인도에 자신들의 왕조를 세우기도 했다.

셀주크 시대에는 이슬람 문화의 부흥이 일어났다. 사진은 이란의 이스파한에 있는 유명한 '금요일의 사원'으로 12세기에 지어진 것이다. 당시 유행했던 예술 양식은 오늘날까지 여전히 영향력을 행사하고 있다.

서아시아를 둘러싼 각축의 시대

이었던 자들이 많았다. 가즈나 왕조를 세운 세뷔크티진도 그런 사람들 중 하나였다. 가즈나 왕조는 단번에 인도까지 세력을 팽창시키며 거대한 영토를 장악했다. 술탄이 이슬람 전제군주의 공식 칭호로 쓰이기 시작한 것도 가즈나 왕조의 마흐무드 왕 때부터였다. 가즈나 왕조는 나중에 다른 유목민들이 밀려들어오면서 무너지고 만다.

오구즈 투르크족, 즉 셀주크족의 대량 유입은 이란의 민족적 구성뿐만 아니라 경제에도 큰 변화를 일으켰다. 이들의 등장은 이슬람 사회의 역사에서 하나의 중대한 전환점이 되었다. 앞에서 말했듯이, 사만 왕조의 노력 덕분에 이들 중 일부는 서아시아 세계의 패자가 되기 이전에 이미 이슬람교를 존중하고 있었다. 이들은 아랍과 페르시아어로 쓰였던 이슬람의 위대한 저작들을 투르크어로 번역하기 시작했다. 이제 이슬람 문화의 전통은 아랍인으로부터 투르크인으로 넘어가게 되었다.

셀주크 제국

셀주크족은 11세기 초 다른 투르크계 민족들과 함께 이란 동쪽의 아무다리야 강을 건너 왔다. 그들은 역사상 두 번째의 투르크 제국을 건설했으며 이 제국은 1194년까지 이라크를 지배했다. 아나톨리아에서는 그들의 세력이 1243년까지 유지되었다.

셀주크 제국은 셀주크족이 이란 동부의 가즈나 왕조를 무너뜨리면서 세웠다. 그들은 계속하여 이란 서부와 이라크 지역에 있던 부이 왕조마저 쓰러뜨림으로써 이란 고원 너머로 진출한 최초의 중앙아시아 유목민이 되었다. 부이 왕조의 백성들은 셀주크족을 환영했던 것으로 보이는데, 이는 부이 왕조가 시아파였던 반면 셀주크 왕조는 수니파였기 때문이다.

셀주크족의 진격은 거기서 그치지 않았다. 그들은 시리아와 팔레스타인을 점령한 뒤 소아시아를 침공했다. 1017년에는 소아시아 지방의 만지케르트에서 비잔티움 제국으로부터 역사적인 대승을 거두었다.

소아시아 지방을 정복하자 셀주크족은 자신들의 술탄 국가를 룸, 즉 '로마'라고 불렀다. 여기에는 스스로 옛 로마 제국의 영토를 이어받았다는 의식이 담겨 있었다. 오랫동안 로마 제국의 영역이었던 소아시아 지방이 이슬람 세력에게 넘어갔다는 사실은 유럽에서 십자군 운동의 기폭제가 되었다.

많은 점에서 셀주크 제국은 역사적으로 중

셀주크 제국의 시인 호자 데하니는 이렇게 썼다. "당신의 입술을 묘사하는 나의 시는 …… 달콤하네. 증류되어 나온 순수한 설탕이 물을 달게 했기 때문이라네." 연인을 묘사한 이 17세기의 그림은 이스파한의 리자-이 아바시가 그린 것이다.

요한 역할을 했다. 그들은 서아시아 지방에 투르크족이 들어와 정착할 수 있는 계기를 마련했으며 이 지방의 이슬람 문화를 한층 더 굳건히 하는 데 기여했다. 한편으로 그들의 정복 활동은 십자군 운동을 촉발시켜 십자군과의 전투에서 많은 피해를 입기도 했다. 이 때문에 12세기 중반 무렵 셀주크 제국은 이미 이란 지방에 대한 지배력을 상실해 가고 있었다. 그러나 그들은 이슬람의 역사에 커다란 족적을 남길 만큼 충분히 오래 권력을 유지했다.

셀주크 제국의 지배 구조

이슬람교의 지배력은 셀주크 제국 시대에 한층 더 강해졌다. 이는 셀주크 제국이 의식적으로 이슬람교를 강조했기 때문이 아니라 기존의 사회적 가치들을 그대로 받아들였기 때문이었다. 이슬람 세계에서는 종교적 가치와 사회적 가치가 대체로 일치했다. 셀주크 제국의 이러한 보수성은 그들의 통치 방식과 관련이 있었다.

셀주크 제국은 기본적으로 영지를 직접 관리하기보다는 지방의 자율성을 인정하면서 중앙에서 공물만 받아들이는 체제를 유지했다. 즉 이들은 일종의 부족 연합의 성격이 강했다. 이러한 지방 분권적 성격은 이전 왕조들에 비해 중앙 정부의 위기관리 능력을 약화시키는 결과를 초래했다.

제국의 중앙 기구는 군대와 군대를 유지하기 위해 필요한 장치들로 이루어져 있었다. 지방은 '울라마'라는 이슬람교의 종교 지도자들이 다스렸다. 울라마는 강력한 권위를 지니고 있었고, 칼리프 시대가 끝난 이후에도 이슬람 사회의 구심점을 제공했다. 그들은 이슬람적 사회 관습의 기초를 닦는 데 지대한 공헌을 하였고 중동 전역에 이슬람 문화가 뿌리내리는 데 중요한 역할을 했다. 20세기에 민족주의가 도래하기 전까지 울라마는 이슬람 사회의 정치적·문화적·종교적인 지도자였다.

11세기 말 셀주크 제국은 셋으로 분열되었고, 이중 과거 비잔티움 제국의 영토를 차지한 술탄 국가를 '룸'이라 불렀다. 1220년 완공된 이 알라-알-딘의 사원은 룸 술탄국의 수도인 코니아에 세워졌다.

울라마들 사이에는 많은 학파와 파벌이 있었다. 그러나 그들은 이슬람 사회의 각 지방들이 문화적·사회적으로 통합성을 유지하는 데 크게 공헌했다. 이 때문에 새로운 정부가 들어서고 때로는 외래 민족에 의한 지배가 시작되더라도 이슬람 사회는 큰 혼란 없이 안정적으로 유지될 수 있었다. 새로운 정부는 울라마들의 지지만 얻으면 대중적 충성을 무난히 이끌어 낼 수 있었다. 울라마들은 각 지방의 정치적 이해관계를 대변하는 역할을 했다.

울라마의 존재는 이슬람 사회와 유럽 기독교 사회와의 차이점을 보여 주는 중요한 사례였다. 이슬람 사회는 종교적인 지식 계층인 울라마를 중심으로 한 종교적·사회적 공동체들로 조직되어 있었다. 이 때문에 유럽에서와 같은 관료적인 행정 체제는 그다지 필요하지 않았다. 칼리프의 권위가 쇠퇴하고

*프레스터 존
아시아와 아프리카에 강대한 기독교 국가를 세웠다고 전해지는 중세시대 전설의 왕.

이슬람 세계가 정치적 혼돈에 빠져 있는 시기에도 이슬람 세계의 통합성은 이들에 의해 유지될 수 있었다. 셀주크 제국 시대에 이러한 통치 시스템은 아랍 전역으로 퍼져 나갔으며 이것은 그 이후의 왕조들에서도 계승되었다.

셀주크 시대의 또 다른 제도적 특징으로는 노예제를 들 수 있다. 셀주크 제국의 노예들은 때때로 행정직에 종사하기도 했지만, 그들 대다수는 군대 업무에 종사했다. 셀주크 제국은 종종 거대한 봉토를 하사하는 조건으로 자유민을 군대로 끌어들였으나, 술탄들의 권력을 유지시키는 군대의 실질적인 원천은 대부분 투르크인으로 구성된 노예들이었다. 하지만 셀주크 제국은 노예들 이외에 페르시아 또는 아랍의 지방 귀족들의 힘을 끌어들이는 데에도 많은 노력을 기울였다.

십자군의 위협

쇠퇴기에 접어들면서 셀주크 제국이 지닌 구조적인 약점들은 점차 명백하게 드러나기 시작했다. 제국을 구성하는 다양한 부족들의 충성을 이끌어 낼 수 있는 것은 술탄의 개인적인 능력일 뿐이었다. 무능한 술탄들은 백성들의 충성을 이끌어 내기가 어려웠다.

제국 내에서 투르크인들의 입지는 그다지 크지 못했다. 아나톨리아 반도에 이슬람교도들의 이주가 시작된 이후에도 이 지역의 '투르크화' 작업은 그다지 진척되지 못했다. 이 지역에 세워진 이슬람 도시들은 그리스어를 사용하는 주변 지역들에 비해 일종의 별종처럼 보였다. 아랍의 언어와 문화가 이 지역의 그리스 문화를 대체하는 작업은 매우 더디게 진행되었다.

제국의 동쪽 경계도 평온하지는 않았다. 12세기가 되자 이교도인 유목민들이 쳐들어와 동쪽 지방의 땅을 빼앗았다. 유럽인들은 이 유목민의 지도자가 십자군 원정을 지원하기 위해 중앙아시아로부터 출정한 기독교 왕, 즉 프레스터 존*이라고 믿었다.

11세기 말부터 시작된 유럽의 십자군 운동은 셀주크 제국에 새로운 고민거리를 안겨 주었다. 십자군 운동은 부분적으로 셀주크 세력의 발흥에 대한 반작용이었다. 투르크족은, 아마도 이슬람교로 뒤늦게 개종한 탓이겠지만 아랍인에 비해 덜 관대했다. 그들은 성지로 모여드는 기독교 순례자들을 박해하기 시작했다. 물론 십자군 운동이 전적으로 투르크족의 행위 때문에 빚어졌다고 말하는 것은 사실을 왜곡하는 것이다. 여기에는 유럽 내부의 상황도 맞물려 있었다. 그러나 이에 대해서는 다른 기회에 다루어야 할 것 같다.

1187년 7월 4일 살라딘의 군대와 예루살렘의 왕인 기 드 뤼지냥의 군대가 티베리아 호 부근의 '하틴의 뿔'이라는 곳에서 전투를 벌였다. 이 삽화는 살라딘이 승리를 거둔 당시의 전투를 묘사한 것으로 살라딘이 기 드 뤼지냥 왕을 공격하고 있다.

사자왕이라 불린 영국 왕 리처드(1189~1199 재위)와 이집트 및 시리아의 술탄인 살라딘(1174~1193 재위)이 대결을 벌이고 있다. 이 둘의 대결은 십자군 전쟁을 소재로 그린 그림에서 자주 등장하는 주제이다.

어쨌든 1100년에 이르면, 십자군의 위협이 제국을 뒤엎을 정도로 대단치는 않다고 하더라도 이슬람 세계는 스스로 수세에 몰려 있다고 생각하게 되었다. 더욱이 스페인에서는 기독교인들의 재정복 운동이 시작되었고, 아랍인은 이미 시칠리아도 잃은 상태였다.

1096~1099년에 일어난 최초의 십자군 운동은 이슬람 세계의 분열을 틈타 순조롭게 전개되었다. 십자군은 레반트 지방에 네 개의 라틴 국가를 수립했다. 네 개의 라틴 국가란 예루살렘 왕국과 이의 제후국인 안티오크 후령, 에데사 백령, 트리폴리 백령이었다. 이들은 얼마 가지 못하고 무너졌지만, 12세기 초 이들의 존재는 이슬람의 입장에서는 불쾌하기 그지없는 것이었다.

십자군 성공은 이에 대한 반격을 원하는 이슬람교도들을 자극했다. 그들은 십자군을 막지 못한 셀주크 제국으로부터 등을 돌렸다. 이윽고 한 셀주크 장군이 이라크 북부의 모술을 차지하고 이곳을 중심으로 북부 메소포타미아와 시리아 지방에 새로운 국가를 세웠다. 그는 라틴 국가들을 공격하여 1144년 에데사를 탈환하는 데 성공했다. 그의 아들 누레딘은 기독교인의 악정으로 지역 이슬람교도들의 민심이 돌아서 있는 상황을 이용하여 기독교인에 대한 반격을 강화했다. 그의 조카인 살라딘은 1171년 이집트에서 권력을 잡고, 그때까지 이집트를 다스리고 있던 파티마 왕조를 멸망시켰다.

불세출의 영웅, 살라딘

살라딘은 쿠르드족 출신이었다. 그는 이슬람교도의 레반트 지역 탈환 전쟁에서 뛰어난 역량을 과시한 영웅이었다. 그러나 그가 서양인들에게 유명해진 것은 무엇보다 그의 고결한 기사도 정신 덕분이었다. 냉정하고 비판적인 학자들은 사라센* 기사도의 이상적 인물로 평가받는 그의 이미지를 부정하기 위해 많은 노력을 기울였지만, 그는 여전히 서구인의 마음을 사로잡는 불세출의 영웅으로 남아 있다.

그가 동시대 기독교인의 마음을 빼앗은 것은 역설적인 것이었다. 기독교인의 입장에서 그는 틀림없는 이교도였다. 하지만 그는 선인이었고, 신의를 지켰으며, 공정하게 행동했다. 그는 기사도 정신의 본고장인 유럽보다도 기사도의 이상을 보다 잘 실천했다. 이러한 사실은 유럽인들에게 많은 교훈을 주었을 것임이 틀림없다. 어떤 프랑스인들은 이 같은 사실에 너무나 당황한 나머지 살라딘이 실은 기독교 포로에 의해 기사로 임명된 자였으며 임종 시 세례를 받았다는 이야기를 꾸며 내기까지 했다.

*사라센
중세 유럽인이 서아시아의 이슬람교도를 부르던 호칭. 그리스·로마에 살던 라틴문화권 사람들이 시리아의 유목민을 사라세니Saraceni라고 부른 데서 유래한 이름이다. 7세기 이후로는 비잔티움 사람들이 이슬람교도 전반을 가리키는 용어로 사용되었다.

이 세밀화에서 천막 안에 앉아 있는 인물은 칭기즈칸이다. 그가 하인을 대동하고 온 아들들에게 화살을 주고 있다.

다시 역사 이야기로 돌아가 보면, 살라딘이 일구어 낸 최초의 위대한 승리는 1187년의 예루살렘 탈환이었다. 이 사건은 1189~1192년의 제3차 십자군 원정을 촉발시켰다. 하지만 십자군은 살라딘에게서 얻어 낸 것이 거의 아무것도 없었다. 다만 이슬람교도의 분노를 자극했을 뿐이었다. 이제 이슬람교도들은 종전에는 찾아볼 수 없었던 기독교에 대한 강한 반감과 적의를 품게 되었다. 그리하여 기독교에 대한 박해가 뒤따랐고, 이전에 이슬람교도의 땅에서 크게 늘어났던 기독교 인구는 천천히 그러나 꾸준히 감소하게 되었다.

살라딘은 아이유브 왕조를 창건하여 레반트, 이집트(십자군 영토는 제외), 홍해 연안 지역을 다스렸다. 하지만 아이유브 왕조는 원래 왕실 근위대였던 투르크계 맘루크들이 권력을 차지하면서 몰락했다. 맘루크는 팔레스타인에 남아 있던 십자군을 축출했다.

비슷한 시기 이집트의 카이로에서는 아바스 가문의 일원이 다시 칼리프를 자칭하며 등장했지만, 이는 맘루크 왕조의 등장에 의해 다소 가려지고 말았다. 그럼에도 불구하고 이집트는 이슬람교가 여전히 압도적인 힘과 문화적 영향력을 발휘하는 문화적 중심지가 되었다. 바그다드도 영영 이전의 영향력을 회복하지 못했다.

| 몽골족과 타타르족 |

이슬람 세계에 대한 맘루크 왕조의 공헌은 십자군의 침입을 몰아낸 데에만 있는 것이 아니었다. 13세기에 그들은 십자군보다 훨씬 더 위협적인 적을 격퇴하는 중요한 일을 성취했다. 이 적이란 다름 아닌 몽골족이다. 몽골족은 이미 반세기 전부터 이슬람 세계에 파괴적인 공포를 심어 주고 있었다.

몽골족은 지역 간의 구분을 무의미하게 할 정도로 광범위한 지역을 정복했다. 그들의 정복은 너무나 신속하고 급작스럽게 이루어져 시대적인 구분을 무의미하게 할 정도였다. 놀랄 만큼 짧은 기간에 이 유목 민족은 중국, 인도, 서아시아 그리고 유럽에까지 세력을 확장했다. 그들이 휩쓸고 간 지역은 이루 말할 수 없을 정도로 황폐화되었다.

몽골족은 마치 폭풍처럼 휘몰아쳐 5~6개의 문명들을 공포에 몰아넣었다. 20세기에 이르기까지 그들이 자행한 학살과 약탈, 파괴는 그 규모 면에서 견줄 대상이 없었다. 그러나 몽골족의 역사를 확인할 수 있는 유물은 그들의 통치자가 야영지에 세워 놓은 가죽 천막밖에 없었다.

이처럼 엄청난 기세를 자랑했던 몽골족은 그 등장만큼이나 갑작스럽게 사라져 버렸다. 그들은 사람들의 뇌리에 마지막이자 가장 무시무시했던 유목민 정복자로 기억되고 있다.

몽골 국가는 12세기에 탄생했다. 대대로 중국의 역대 왕조들은 몽골족과 그 주변의 유목 민족 집단들을 경계해왔다. 중국인들은 유목민 간의 불화를 이용해 그들을 분열시키고 약화시키는 정책을 취하곤 했다. 중국인이 보기에 그들은 야만족이었다. 그들은 앞에서 다룬 유목민들과 문화적인 수준에서 그다지 다르지 않았다.

이들 유목민 중에는 타타르족과 몽골족이 있었다. 이 두 민족은 서로 대립 관계에 있었고, 대체로 타타르족이 우위를 점했다. 타타르족은 테무친이라는 한 몽골인의 아버지를 독살했다.

테무친의 출생 연도는 확실하지 않다. 하지만 1190년대에 그는 북방 유목민의 군주를 의미하는 칸의 자리에 올라 부족민을 이끌기 시작했다. 몇 년 뒤 그는 몽골 전체의 패권을 차지하고 칭기즈칸이라는 칭호를 얻음으로써 자신의 권력을 인정받았다. 이 이름은 아랍을 통해 유럽에까지 전해졌다.

그는 세력을 중앙아시아의 다른 민족들에게로 확대했고, 1215년에는 중국 북부와 만주 지방을 다스리던 금나라를 무찔렀다. 이후 금나라를 완전히 정복한 것은 그의 아들인 오고타이칸이었다. 하지만 이는 시작에 지나지 않았다. 1227년 숨을 거둘 무렵 그는 이미 세계에서 가장 위대한 정복자가 되어 있었다.

사상 최대의 정복자 칭기즈칸

칭기즈칸은 다른 유목민 정복자들과는 사뭇 다른 면모를 지니고 있었다. 그는 자신에게 세계를 정복해야 할 신성한 사명이 있다고

몽골족의 위대한 칸

몽골족 최초의 대칸大汗인 칭기즈칸은 역사상 매우 중요한 인물 중 한 명이다. 몽골족과 투르크-몽골 부족 전체를 통일한 그는 1162년 또는 1167년경에 태어났고, 원래 이름은 테무친이었다.

그는 메르키트족에게 승리를 거둔 후 1196년 스스로 왕의 자리에 올랐다. 1206년 오논 강변에서 열린 유명한 회의에서 그는 '전 세계의 군주'라는 의미의 칭기즈칸으로 추대되었다. 이후 그는 대외 정복 사업에 착수했다. 군대의 효율성을 최대화하기 위해 우선 수많은 군사적 개혁을 단행했다. '야사', 즉 '엄격한 법'에 기초한 규율과 기강은 몽골군을 특징짓는 중요한 요소가 되었다.

몽골군 최초의 중국 침략은 금나라를 향해 이루어졌다. 금나라에 대한 침략은 1215년 베이징 함락으로 끝을 맺었고, 이로써 보하라와 사마르칸트로 갈 수 있는 길이 열렸다. 7년 뒤 칭기즈칸의 군대는 남부 러시아를 침공하여 1223년 5월 31일 키예프 공국을 무찔렀다. 이외에도 칭기즈칸은 오늘날의 미얀마인 버마와 중앙아시아, 이란, 서아시아를 정복하여 거대한 제국을 이룩했다.

칭기즈칸은 또한 우편 업무를 포함한 몇몇 제도를 신설하여 행정 사무를 효율적으로 개선했다. 많은 점에서 완고했음에도 불구하고 이 몽골족의 지도자는 이슬람교나 다른 종교들에 대해 대단히 관대했다.

칭기즈칸은 뛰어난 능력을 발휘하여 몽골 고원 일대에 흩어져 있던 다양한 몽골 부족들을 자신의 지배 아래 통합하는 위업을 달성했다.

그는 중세 유럽에서 전설적인 인물이 되었다. 유럽에서 한때 그는 프레스터 존이라는 신비로운 군주와 동일시되기도 했다. 칭기즈칸은 1227년 8월 18일 사망했다. 그는 죽은 뒤 대칸으로 추대되었다. 그의 후계자들, 즉 오고타이칸(1229~1241 재위), 구유크칸(1246~1248 재위), 몽케칸(1251~1259 재위)는 그의 정복 사업을 이어받았다. 하지만 위대한 칭기즈칸의 후손들 사이에서 경쟁이 일어나 마침내 제국은 여러 개의 나라로 갈라지고 말았다.

몽골 제국의 판도

몽골 제국은 그들의 역사에서 몇 차례의 거대한 정치적·지리적 변화를 경험했다. 칭기즈칸의 시대부터 계속된 정복 사업은 몽골 제국의 영토를 크게 확장했다. 하지만 13세기 후반에 이르면 제국은 여러 개의 한국(汗國)으로 분열되었고, 이 한국들은 서로 적이 되었다. 14세기의 정복자 티무르 이랑은 결국 실패하기는 했지만 칭기즈칸의 제국을 재건하려고 시도했다.

믿었다. 그의 목표는 전리품이나 정착지의 획득이 아니라 정복 그 자체였다. 그는 대개 정복한 영토를 체계적으로 조직화하려고 했다. 그리하여 몽골 제국은 부족 간의 연합에 그쳤던 이전의 유목민 제국들과는 달리 실제로 체계를 갖춘 제국이 되었다.

그는 몽골족 고유의 신들을 믿었지만, 다른 종교에 대해서 관대했다. 한 페르시아인 역사가의 표현을 빌리면, 그는 "출신 민족에 상관없이 존경과 흠모를 받는 현자라면 모두 존중해 주었고, 그럼으로써 신을 기쁘게 할 수 있다고 생각했다"고 한다. 그는 진심으로 자신이 신의 사명을 부여받았다고 생각했던 것 같다. 몽골족 가운데는 네스토리우스파 기독교도와 불교도들도 있었다.

이런 종교적 관용성은 몽골족이나 이슬람교도들에게나 매우 중요한 것이었다. 칭기즈칸과 몽골 제국의 지배층은 관리로 선발된 일부 투르크족을 제외하면 이슬람교도가 아니었다. 그들은 서아시아 정복 당시 이미 이슬람교를 신봉하고 있던 셀주크족과는 달랐다. 몽골족 역시 서아시아 정복 당시 정복당한 주민들과 자신들의 종교가 다르다는 사실을 의식해야 했을 것이다.

서아시아에 대한 몽골족의 정복은 1218년 칭기즈칸이 트란스옥시아나와 이란 북부 지방을 공격하면서 시작되었다. 공격의 이유는 한 이슬람교도 군주가 어리석게도 몽골족의 사절을 죽였기 때문이었다. 칭기즈칸은 곧 페르시아를 침략해 황폐화시켰고, 북쪽으로 올라가 카프카스와 러시아 남부 지방을 공략했다. 그는 카스피 해를 한 바퀴 돈 뒤 되돌아왔다.

칭기즈칸의 서방 원정은 1223년 마무리되었다. 이란 동쪽의 대도시들인 보하라와 사마르칸트는 함락되었고, 도시에 살고 있던 사람들은 대량 학살당했다. 이 사건은 저항을 염두에 두었던 다른 사람들의 의지를 꺾어 놓았다. 몽골족이 나타나면 항복이 언제나 가장 안전한 수단임이 확인되었다. 몽골족의 침략에서 살아남은 자들은 공물을 바치고 일찌감치 항복한 몇몇 소수 민족들뿐이었던 것이다. 한때 번영을 자랑했던 트란스옥시아나 지방은 이때 입은 상처에서 영영 회복되지 못했다.

칭기즈칸은 결코 무계획적으로 경솔하거나 변덕스럽게 행동하지 않았다. 그의 대담성과 용기에 쓴 맛을 본 것은 이슬람교도들뿐만이 아니었다. 기독교인들 중에서는 1221년에는 그루지야가, 2년 뒤에는 남부 러시아의 대공들이 몽골족에게 무릎을 꿇었다. 그러나 이러한 사건은 뒤따를 재앙의 전주곡에 불과했다.

유럽을 침략한 몽골족

칭기즈칸은 1227년 동방으로 돌아가서 죽었다. 하지만 그의 아들이자 후계자인 오고타이칸은 중국 북부에 대한 정복 사업을 마무리 지은 뒤 칼 끝을 다시 서양으로 돌렸다. 1236년 몽골 군대는 러시아로 쳐들어갔다. 그들은 키예프를 점령하고 볼가 강 하류 유역에 근거지를 마련했다. 이곳에서 그들은 아직 정복되지 않은 러시아 공국들을 속국으로 편입시키는 한편 유럽의 가톨릭 국가들에 대한 공격을 준비했다.

1241년 몽골족은 유럽으로 쳐들어갔다. 독일 기사단, 폴란드인, 헝가리인 모두가 그들 앞에 무릎을 꿇었다. 크라쿠프는 불타고 모라비아는 황무지로 변했다. 몽골족 정찰대가 오스트리아로 진입하는 동안 헝가리 왕을 쫓는 군대는 크로아티아를 지나 마침내 알바니아에 이르렀지만 승리를 목전에 둔 듯한 상황에서 그들은 갑자기 철군하고 말았다.

그들이 유럽을 그대로 놓아 둔 것은 지도부 사이의 불화와 오고타이칸의 죽음을 알리는 비보 때문이었다. 유럽 원정의 지휘자였던 바투는 새로운 칸의 선출식에 참가하고 싶어 했다. 1246년이 되어서야 새로운 칸으로 선출된 구유크의 즉위식에는 교황의 사절로 파견되어 있던 프란체스코회의 수사 한 명이 참석했다. 그 외에도 러시아의 대공, 셀주크 제국의 술탄, 이집트 아이유브 술탄의 형제, 아바스 칼리프의 사절, 아르메니아 왕의 대리인 그리고 그루지야의 왕권을 놓고 분쟁 중이던 두 사람이 즉위식에 참석했다.

새로운 칸의 선출은 불행히도 몽골족 지배층 간의 내분을 완전히 가라앉히지는 못했다. 구유크칸은 오래지 않아 죽고 말았다. 몽골족이 다시 정복 사업에 뛰어들 수 있게 된 것은 또 한 명의 새로운 위대한 칸이 등장하고 나서부터였다.

몽골 제국보다 후대에 그려진 이 그림에는 몽골족의 궁정 모습이 그려져 있다. 칸이 식사를 하고 있는 동안 두 명의 무희가 춤을 추고 있다. 이 그림은 몽골 제국이 누렸을 부와 풍요로움을 잘 표현하고 있다.

이슬람 세계로 쳐들어간 몽골족

재차 서방으로 나선 몽골군은 이번에는 거의 이슬람 지역만을 공격했다. 이 때문에 기독교도들은 몽골족의 공격을 피해 갈 수 있으리라는 막연한 희망을 품게 되었다. 몽골 제국의 궁정에서 기독교의 일파인 네스토리우스파의 세력이 커져 가고 있던 것도 유럽인의 낙관을 낳은 한 근거가 되었다.

칭기즈칸의 정복 사업 이후 명목상 여전히 아바스 칼리프에게 예속되어 있던 지역들은 혼란에 빠져 있었다. 이런 와중에 룸 셀주크 제국이 1243년 몽골족에게 패배하자 그들의 위신은 땅에 떨어지고 말았다. 서아시아 지역은 권력의 공백 상태에 빠져들었고 이는 상대적으로 숫자가 적었던 몽골군에게 유리한 여건을 제공했다. 몽골족은 그들의 편에 붙은 속국들의 힘을 빌려 세력을 확장해 나갔다.

서아시아를 둘러싼 각축의 시대 109

＊아사신파
반대파에 대한 암살로 유명했던 시아파의 일파. 아사신은 '암살자'라는 뜻이다. 1090년에 하산 이븐 사바하가 창시하였다. 이란 북부 산악지대의 아람트 성과 요새를 근거지로 비밀조직을 만들고 정치적 활동을 했다.

이 삽화는 마르코 폴로가 쓴 『동방견문록』의 15세기 판본에 수록된 그림이다. 베이징에 있는 쿠빌라이칸의 궁전을 나타내고 있다. 마르코 폴로의 묘사에 의하면, 궁전은 대리석으로 만들어져 있었고, 내벽은 금과 은으로 치장되어 있었으며, 연회장에는 6,000명이 앉을 수 있는 자리가 마련되어 있었다고 한다.

제4대 대칸으로 즉위한 몽케는 이슬람 세계 정복의 임무를 동생에게 맡겼다. 몽골군은 1256년 1월 1일 옥수스 강을 건넜다. 그들은 악명 높던 아사신파를 도중에서 섬멸한 뒤 바그다드로 진격해 칼리프에게 항복을 권유했다. 칼리프가 항복을 거부하자 바그다드는 결국 함락, 약탈당했고 아바스 왕조의 마지막 칼리프는 살해당했다. 피를 보는 것을 불길하게 여겼던 몽골족의 미신 때문에 그는 양탄자에 둘둘 말렸고, 말들이 그를 짓밟았다.

이 사건은 이슬람의 역사에서 가장 참담한 순간이었다. 이슬람 세력 내의 기독교인들은 이를 천벌로 간주해 용기를 얻었고, 이슬람교도 군주들이 곧 타도될 것이라는 희망에 부풀었다. 이듬해 몽골군이 시리아를 공격하기 시작하자 다마스쿠스에서 봉기한 기독교인들은 거리에 십자가를 세웠고, 이슬람교도들은 그 앞에 머리를 조아려야 했다. 이슬람교 사원 하나는 기독교 교회로 바뀌기까지 했다.

몽골족의 다음 목표는 이집트의 맘루크 왕조였다. 그러나 공격을 앞두고 있을 때 대칸이었던 몽케가 죽고 말았다. 서방의 몽골군 지휘관은 훌라구였는데, 그는 멀리 중국 땅에 있던 자신의 형인 쿠빌라이가 대칸 자리에 오르기를 원했다. 그는 후계자 문제의 추이를 지켜보기 위해 많은 병력을 아제르바이잔으로 철수시켰다. 서아시아에 남아 있는 몽골군은 이로 인해 크게 줄어들었다.

맘루크 왕조는 이 기회를 놓치지 않았다. 1260년 9월 3일 맘루크 군대는 오늘날 이스라엘의 나사렛 근처에 있는 골리앗의 샘에서 몽골군을 격파했다. 이 싸움에서 몽골군의 지휘관은 피살되었고, 몽골군의 무적 신화도 깨어지고 말았다. 이는 이슬람 역사의 한 전

110 다양해지는 문화의 시대

기가 되었으며, 몽골족은 더 이상의 정복을 단념하고 획득한 영토의 관리에 전념하기 시작했다.

4 한국汗國의 성립

칭기즈칸의 사후 지배층 간에 내분이 계속되던 몽골 제국은 결국 분열의 길로 들어서게 되었다. 한 차례의 내전 끝에 몽골 제국의 영토는 칭기즈칸의 각 가문들이 지배하는 4개의 한국汗國으로 갈라지고 말았다. 그들은 명목상으로는 여전히 칭기즈칸의 손자로 중국의 지배자였던 쿠빌라이칸의 종주권 아래 놓여 있었지만 사실상 완전한 독립국이 되었다. 쿠빌라이칸은 중국의 원나라를 세운 뛰어난 군주였다.

러시아 지역에 들어선 킵차크한국, 또는 '금장金帳' 한국은 다시 셋으로 분열되었다. 이들 중 금장한국은 도나우 강에서 카프카스까지의 영역을 지배했다. 그 동쪽으로는 북쪽에 청장靑帳한국이, 남쪽에 백장白帳한국이 각각 세워졌다.

페르시아를 다스린 일한국은 서아시아 대부분의 지역을 아우르며, 이라크와 이란을 지나 옥수스 강까지를 지배했다. 그 너머의 투르케스탄 지방에는 차카타이한국이 들어섰다.

이런 한국들 간의 세력 다툼은 맘루크 왕조에게 숨 돌릴 기회를 제공해 주었다. 그들은 이때를 틈타서 십자군 잔존 세력의 소탕에 힘을 쏟아 부었다. 몽골족에게 협력했던 기독교도들에게는 응징이 가해졌다.

몽골족이 어떻게 그렇게 오랫동안 성공을 구가할 수 있었는지에 대해서 많은 사람이 의문을 품고 있을 것이다. 서방 원정 당시 몽골군의 앞에는 과거의 페르시아 제국이나 전성기의 비잔티움 제국처럼 강력한 적수가 존재하지 않았다. 그러나 그들이 동쪽에서 상대했던 중국은 어느 모로 보나 거대하고도 강력한 국가였다. 그럼에도 불구하고 몽골 제국은 수많은 지역을 성공적으로 정복했다. 이는 몽골족이 지니고 있던 뛰어난 군사적·정치적 역량 때문이었을 것이다.

14세기 몽골의 그림으로 오른쪽에 앉아 있는 부유한 귀족에게 하인들이 음식을 가져다 주는 장면이 묘사되어 있다.

몽골 제국의 적들이 분열되어 있었다는 사실은 몽골에게 커다란 이점이 되었다. 기독교 국가들은 몽골족을 이용하여 이슬람 세력을 몰아내고자 했다. 그들은 심지어 다른 기독교 국가들에 대해서도 같은 방법을 고려할 정도였다. 또 중국과 서양 세력이 몽골에 대항해 연합할 수 있는 여지는 처음부터 차단되어 있었다. 몽골 제국이 그들 사이를 가로막고 있었기 때문이었다.

일시적으로 이슬람교에 대한 적의를 드러낸 시기를 제외하고 꾸준히 유지된 종교적 관용도 몽골족의 정복 사업에 상당한 도움이 되었다. 몽골군이 진격할 때 상대국들은 그저 항복하기만 하면 별로 잃을 것이 없었다. 반면 저항하는 이들에게는 무자비한 보복이 가해졌다. 보하라나 키예프 또는 페르시아 도시들의 폐허 위에 세워진 해골의 산들은 상대국들에게 저항할 엄두를 내지 못하게 했다. 공포는 몽골군이 지닌 가장 강력한 무기였다. 그들의 적들은 전장에 나서기도 전에 겁을 집어먹곤 했다.

동방의 여행자, 마르코 폴로

마르코 폴로는 1254년 베네치아의 귀족 가문에서 태어났다. 상인이었던 그의 아버지 니콜로와 삼촌 마피오는 이미 쿠빌라이칸(1259~1294)의 황궁을 방문한 바 있었다. 그들은 1271년 중국으로 다시 떠나면서 마르코 폴로를 데리고 갔다. 그들은 아르메니아, 타브리즈, 케만을 지나 페르시아 만의 오르무즈에 당도했다. 오르무즈에서부터 그들은 페르시아, 파미르 고원, 고비 사막으로 이어지는 위험한 길을 거쳐 1275년 마침내 베이징에 도착했다. 마르코 폴로는 쿠빌라이칸의 후원 아래 20년간 중국에 머물렀다. 그는 윈난, 코친차이나, 티베트, 인도로 파견되는 몽골 사절단의 대표가 되기도 했다.

1291년 마르코 폴로는 황태자를 수행해 페르시아로 가도록 요청받았다. 마르코 폴로 일행은 그 뒤 수마트라, 인도양 그리고 멀리 페르시아 만까지 갔다가 페르시아, 아르메니아를 지나 유럽으로 돌아왔다. 그들은 콘스탄티노플에 들렀다가 드디어 베네치아 항에 닿았다. 그곳에서 그들은 영예로운 환대를 받았다. 그들은 동양에서 엄청난 돈을 벌었고, 갑부가 되어 귀향했다.

1298년 베네치아와 제노바가 전쟁을 벌이고 있을 때 마르코 폴로는 제노바인에 의해 투옥당했다. 1299년 베네치아로 돌아온 그는 시의회의 의원이 되었고, 1324년 사망할 때까지 베네치아에서 살았다.

『마르코의 책』이라는 제목의 그의 회고록은 국제적인 명성을 얻었다. 이 책의 나중 판본들은 『세계 불가사의에 관한 책』 혹은 『세계의 발견』이라고 불렸다. 이 책이 바로 『동방견문록』이다.

아래 그림은 『동방견문록』의 15세기 판본에 나오는 삽화이다. 쿠빌라이칸 앞에 마르코 폴로가 무릎을 꿇고 앉아 있다. 칸의 시종이 마르코 폴로에게 멀리 떨어진 몽골 지방까지 여행할 수 있도록 통행증을 주고 있다.

*팍스 몽골리카
'몽골의 세계 지배, 몽골 아래의 평화'라는 뜻. 몽골이라는 하나의 정치·경제적 지배권 아래에 통합된 번영의 시대를 뜻한다. '로마의 평화'라는 뜻의 팍스 로마나에서 유래했다.

그러나 몽골족의 눈부신 성공을 이야기할 때 역시 빼놓을 수 없는 것은 그들의 뛰어난 전투 기술이다. 몽골의 병사들은 강인하고, 훈련이 잘 되어 있었다. 몽골군의 장군들 역시 신속한 기병대의 이점을 극대화하는 전술에 능했다. 그들은 작전 개시에 앞서 치밀한 정찰과 정보 수집 활동을 벌임으로써 기동성을 극대화할 수 있었다. 그들의 기병대는 규율이 잘 갖춰져 있었으며 공성전의 기술에도 뛰어났다. 이러한 특성들은 몽골군을 유목민의 약탈 집단에서 막강한 전투 부대로 승격시키는 주요한 요인이 되었다. 몽골군은 정복 사업을 진행하면서 유능한 포로들을 선발했는데, 13세기 중엽에 이르면 투르크족 출신 장교들도 상당히 눈에 띄게 되었다.

몽골족의 통치

몽골족의 군대는 많은 것을 요구하지 않았지만, 칭기즈칸과 그의 후계자들은 방대한 지역의 행정을 실질적으로 책임지게 되었다.

칭기즈칸이 이룬 최초의 혁신 중 하나는 투르크족의 문자를 차용하여 몽골 문자를 만든 것이었다. 이 작업은 문자 지식을 가지고 있는 포로를 통해 이루어졌다.

몽골족은 사로잡은 포로들이 지닌 기술을 이용하는 데 주저하지 않았다. 그들은 제국의 통치에 이들 포로들을 적극 활용했다. 예컨대 중국인 관리들은 정복지의 행정 체계와 과세 체계를 조직하는 임무를 수행했다. 13세기에는 이들의 영향으로 중국의 지폐가 페르시아 지역에 전래되었는데, 지폐의 유통량에 대한 조절 실패로 물가 체계가 혼란에 빠지고 시장이 붕괴하기도 했다. 그러나 이처럼 부분적인 실패가 일어났다고 해서 몽골족이 외국의 기술이나 문화 혹은 제도의 수용에 소극적이었던 일은 없었다.

몽골 제국처럼 거대한 제국이 제대로 유지되기 위해서는 잘 정비된 교통과 통신 체계가 필수적이다. 몽골 제국은 신속하게 움직여야 하는 전령과 요원들을 위해 주요 도로 곳곳에 역사驛舍를 설치했다. 제국의 도로망은 교역의 발전에도 기여했다. 몽골족은 저항하는 도시들을 쑥대밭으로 만들었지만, 그 도시들은 대개 몽골족의 독려 하에 재건되고 상업이 부흥되었다. 이는 상업이 번창하면 제국의 세금 수입이 늘어나기 때문이었다.

아시아에는 몽골족에 의한 평화, 즉 '팍스 몽골리카'*가 찾아왔다. 몽골군이 아시아 전역에 걸쳐 안정된 치안을 제공하면서 중앙아시아 일대를 통과하는 교역상들은 유목민들의 습격으로부터 벗어나게 되었다. 이전에는 교역상들을 약탈하던 몽골족이 이제는 거꾸로 교역상의 수호자가 될 것이다. 그들은 가장 크게 성공한 유목 민족으로서 다른 유목민들이 그들의 성공을 어지럽히게 놓아 두지 않았다. 중국과 유럽 간의 육상 교역이 몽골 제국 시대만큼 안전하고 수월했던 적은 일찍이 한번도 없었다.

마르코 폴로는 13세기에 중국을 여행한 유럽의 여행자 중 가장 유명한 인물이다. 그가 중국에 간 것은 몽골족의 중국 정복이 완료된 후였다. 그가 태어나기 전 그의 아버지와 삼촌 역시 아시아를 여행했었다. 이 둘은 모두 베네치아의 성공한 상인이었는데, 아시아

이 그림은 알라-알-딘이 쓴 『세계 정복의 역사』에 수록된 삽화이다. 몽골군이 궁수들이 방어하는 요새를 공격하고 있다.

서아시아를 둘러싼 각축의 시대

에서 돌아오자마자 어린 마르코를 데리고 다시 아시아로 떠났다.

　중국과 유럽 간에는 페르시아 만의 항구도시 오르무즈를 통해 해상 교역도 이루어졌다. 하지만 대부분의 비단과 향료를 서쪽으로 실어 나르고, 말기 비잔티움 무역의 대부분을 지탱시켜 준 것은 육상 교역로였다. 육상 교역의 안전은 칸의 권력에 의존하고 있었다. 따라서 상인들이 몽골 제국의 강력한 지지자가 된 것은 이상한 일이 아니었다.

몽골 제국의 오만

사상 유례없는 대제국을 다스리게 된 몽골인들은 천하를 바라보는 중국인의 관점을 받아들였다. 중국의 황제가 스스로를 하늘의 대리자로 칭했듯이 몽골 제국의 칸은 자신을 몽골족의 신인 텡그리의 대리자로 여겼다. 다른 신들에 대한 예배가 금지된 것은 아니었지만, 제국의 백성들은 누구를 막론하고 칸이 지닌 최고의 권위를 인정해야만 했다. 칸은 다른 군주들보다 한 단계 위에 있는 인물이었으며, 몽골 제국은 세계의 중심이었다.

　이는 곧 서양인들에게 익숙했던 방식인 대등한 외교 관계 수립이 몽골 제국에 대해서는 애초부터 불가능했다는 것을 의미한다. 몽골의 칸은 자신 이외의 다른 사람이 자신과 대등한 입장에 선다는 것을 용납하지 않았다. 칸에게 요구사항을 가지고 오는 자들은 칸의 자비로운 도움을 바라는 자로 간주되었으며 외국의 사절들은 공물을 바치러 오는 속국의 신하들로 여겨졌다.

　1246년 로마의 사절이 찾아와 몽골족이 유럽의 기독교인들을 대하는 방식에 항의하고 칸에게 세례를 받으라는 교황의 권유를 전했다. 그러자 칸은 퉁명스럽게 대답했다. "당신들이 신과, 그 신의 대리자인 나의 뜻을 무시한다면, 당신들을 내 적으로 간주할 것이오. 그리고 신의 뜻이 무엇인지 알게 해 줄 것이오." 세례에 관해서는 교황이 칸에게 와서 직접 세례를 베풀라고 하였다.

　몽골족 군주들은 늘 이런 태도를 취했다. 1년 뒤 또 다른 교황은 페르시아의 몽골족 통치자로부터 비슷한 대답을 들었다.

　"당신의 땅을 지키고 싶다면, 우리에게 와서 세상의 지배자인 그분 앞에 서시오. 만약 그렇게 하지 않는다면, 우리는 앞으로 무슨 일이 일어날지 모르오. 오로지 신만이 아실 것이오."

몽골 제국의 문화

몽골 제국의 중심은 동아시아에 있었지만, 그들의 문화에 영향을 끼친 것은 중국만이 아니었다. 몽골족 궁정 내에서 네스토리우스파 기독교가 상당히 유행했었다는 증거들도 많이 발견된다. 이 때문에 유럽인들은 칸과 화친을 맺는 것이 가능하리라는 생각을 품게 되었다.

　칸을 알현한 서양인 가운데 유명한 인물로는 프란체스코파에 속한 로에브루크의 윌리엄이 있었다. 그는 1254년 초에 한 아르메니아 수사로부터 며칠 내에 칸이 세례를 받게 될 것이라는 말을 들었다. 그러나 아무런 일도 일어나지 않았다. 윌리엄은 이에 실망하

동방의 모습을 기록한 마르코 폴로

"그 지역에는 우상을 숭배하는 많은 수도사들이 있다. 그 곳에는 거대한 수도원이 있는데, 그 크기가 작은 도시만 하다. 이 수도원에는 약 2,000명의 수도사가 살며 우상을 숭배한다. 평신도와는 대조적으로 수도사들은 머리와 수염을 깨끗이 밀고, 종교적인 옷을 입는다. 그들은 신을 찬양하는 노래를 부르고, 사원에 셀 수 없이 많은 초를 켜 놓는다."

- 마르코 폴로의 『동방견문록』에서 네팔의 사원을 묘사한 부분

지 않고 이슬람교와 불교의 대표자들과 논쟁을 벌여 승리함으로써 기독교 신앙을 변호하고 기독교의 우월성을 인정받는 데 성공했다. 그러나 윌리엄의 승리는 묘하게도 몽골 제국이 이슬람 세력과 중국의 송나라에 대한 대규모 원정을 한꺼번에 준비하고 있을 때 이루어졌다. 참고로 이 원정은 1260년 시리아에서 몽골군이 맘루크 군대에게 패하게 되는 바로 그 원정이었다.

일한국 지배 하의 페르시아

시리아에서 패했다고 해서 레반트 지방을 정복하고자 하는 몽골족의 의지가 꺾인 것은 아니었다. 몽골족은 이후에도 몇 차례 군대를 보냈지만 번번이 좌절하고 말았다. 이는 몽골족이 내분에 빠져 한동안 정복 사업을 중단한 사이 맘루크 왕조가 힘을 키웠기 때문이었다.

몽골 제국이 분열할 당시 페르시아 지방의 통치자는 훌라구였다. 그는 일한국의 시조가 되었다. 그는 몽골족 지도자들 중 이슬람 세계에 심각한 위협을 가했던 마지막 인물로, 많은 기독교도들은 그의 죽음을 아쉬워했다.

훌라구의 후계자들은 그들의 선조들이 13세기 초에 남긴 상처로부터 페르시아를 서서히 회복시켜 나갔다. 그러나 몽골족의 다른 집단들인 북쪽의 금장한국이나 백장한국과의 분쟁은 계속되었다.

동양에서와 마찬가지로 일한국의 몽골족도 현지인 관리를 고용하여 행정 업무를 맡겼다. 종교적 관용의 전통도 대체로 계속되어 기독교도나 불교도들은 관대한 대우를 받았다. 그러나 이슬람교도들에게는 처음에는 박해가 가해졌다.

시간이 지나면서 일한국이 서아시아에서 누리던 패권은 점차 희미해져 갔다. 이에 따라 몽골족과 유럽인 간의 관계도 역전되기 시작했다. 이전에 유럽인들이 이슬람 세력을 막기 위해 몽골족의 협력을 구하던 것과는 정반대로, 이제는 일한국이 교황에게 맘루크 왕조를 상대로 동맹 체결을 요청하는 입장이 되었다.

이슬람 세계로 복귀한 페르시아

1294년 쿠빌라이칸이 중국에서 죽자 몽골 제국의 분열은 완전한 것이 되고 말았다. 이 듬해 일한국에서 즉위한 가잔이라는 젊은 칸은 몽골족의 전통과 결정적으로 결별했다. 그가 이슬람교로 개종했던 것이다. 그 이후로 페르시아의 지배자들은 모두 이슬람교도였다.

가잔칸의 개종에는 백성들의 지지를 이끌어내고자 하는 정치적인 목적이 있었다. 그러나 이것은 대담하고도 위험한 시도였다. 많은 몽골인들은 가잔칸의 선택에 분노했으며, 심지어 반란의 조짐까지도 보였다. 가잔칸은 결국 무력에 의지하여 불만 세력을 억누를 수밖에 없었다. 가잔칸은 일찍 죽었는데, 이슬람교로의 개종으로 인해 촉발된 갈

사진 속의 건물은 일한국의 칸이었던 올제이투의 무덤이다. 올제이투는 이슬람교로 개종한 최초의 몽골족 통치자인 가잔의 동생으로, 일한국의 제2대 칸이었다. 이 무덤은 이란의 술타니아 부근에 있는데, 술타니아는 몽골족의 왕 아르군이 1290년에 건설한 도시이다.

서아시아를 둘러싼 각축의 시대 115

***흑양黑羊 왕조**
양을 숭배하는 투르크멘족이 세운 나라. 특히 검은 양을 숭배하여 '흑양 왕조'라 불렸다. 반면 흰 양을 숭배하는 '백양 왕조'가 있다.

등은 그가 죽을 때까지도 완전히 해결되지 않은 상태였다.

한편 이슬람교로의 개종이 맘루크 왕조와의 전쟁 종식을 의미하는 것은 아니었다. 가잔은 반세기 전 시작된 몽골족의 서아시아 정복 계획을 실현하려고 애쓴 마지막 칸이었다. 결국 실패하기는 하지만, 가잔칸은 맘루크 왕조를 향한 원정군을 일으켰다. 그의 군대는 1299년 시리아 북부의 알레포를 점령했으며 이듬해에는 다마스쿠스에 입성했다. 다마스쿠스의 우마이야 사원에서는 그를 위한 기도가 올려졌다.

그러나 가잔칸의 계획은 1303년 마지막으로 시리아를 침공한 몽골군이 맘루크 군대에게 패배를 당함으로써 결국 실패하고 말았다. 이듬해 그는 숨을 거두었다.

중국에서와 마찬가지로 페르시아의 몽골족은 짧은 융성기를 맞은 후 비틀거리기 시작했다. 가잔칸은 일한국의 위세를 천하에 떨친 마지막 칸이었다. 그의 후계자들은 자신의 영토 밖에서는 거의 영향력을 행사하지 못했다. 서아시아는 다시금 절대 강자가 없는 혼돈의 시대로 접어들었다. 맘루크는 몽골 제국의 오랜 동맹국이었던 아르메니아를 위협했고, 아나톨리아 지방에서는 투르크족 사이에 내분이 한창이었다. 십자군 운동에 대한 환상이 산산이 깨어진 유럽인들은 서아시아에 더 이상 군대를 보내려 하지 않았다.

이즈음 칭기즈칸에 버금가는 새로운 정복자가 등장해 몽골 제국의 공백을 채웠다. 서아시아는 과거 몽골족으로부터 받았던 공포를 또 한번 느껴야 했다.

'절름발이' 티무르와 티무르 제국

1369년 티무르 이랑이 사마르칸트의 지배자가 되었다. 그는 1379년 약 30년간의 내분과 왕위 계승권 다툼으로 쇠약해져 있던 일한국을 정복했다. '이랑'은 '절름발이'라는 뜻인데 이 별명은 그가 전투 중에 다친 다리를 절고 다녔기 때문에 붙여졌다. 그는 유럽에는 크리스토퍼 말로가 쓴 희곡으로 인하여 '태멀레인'이라는 이름으로 알려졌다.

티무르는 칭기즈칸 같은 인물이 되고자 하는 야망을 품고 있었다. 사실 정복한 영토나 잔인성의 측면에서 그는 칭기즈칸에 필적하는 업적을 남겼다. 그는 뛰어난 통솔력의 소유자이기도 했다. 그러나 불행히도 그는 몽골 제국의 초기 지도자들이 지녔던 정치가적 자질을 지니고 있지는 못했다. 이 때문에 그는 창조자가 아닌 파괴자의 지위에 머무를 수밖에 없었다.

정복자로서 티무르는 눈부신 성공을 거두었다. 그는 인도를 침략하여 델리를 약탈했고, 금장한국을 전복시켰으며, 맘루크 왕조와 투르크족을 쳐부수었고, 페르시아와 메소포타미아 지방을 자신의 영토에 편입시켰다. 그러나 그의 정복 활동이 역사에 공헌한 것은 거의 없었다. 그는 기독교도뿐 아니라 이슬람교도에게도 잔인했다.

사실 두 가지 측면을 제외한다면, 그가 이후의 역사에 끼친 중요한 영향은 거의 없었다고 해도 과언이 아니다. 티무르가 남긴 부정적인 유산들 중 가장 큰 것은 아마도 기독교의 네스토리우스파와 야코부스파가 융성했던 서아시아에서 기독교 세력을 완전히 절멸시켜 버렸다는 점일 것이다. 타 종교에 관대했던 몽골족이었다면 이러한 일은 결코 자행하지 않았을 것이다. 그러나 티무르는 몽골인의 피만큼이나 투르크인의 피도 이어받은 사람이었다. 그는 칭기즈칸이 속했던 중앙아시아 유목민의 전통에 대해서는 아무것도 알지 못했으며 기독교에 대한 몽골족의 호의 또한 알지 못했다.

그가 세계에 끼친 유일한 긍정적 영향은

그가 의도하지도 않은 것이었고 그 효과 또한 일시적이었다. 이것은 비잔티움 제국의 수명을 수십 년간 연장시킨 것이다. 당시 비잔티움 제국은 아나톨리아 반도에서 새로 일어난 오스만 투르크의 맹공을 받아 무너지기 일보 직전에 있었다. 1402년 티무르는 이 오스만과 싸움을 벌여 대승을 거둠으로써 한동안 이들이 비잔티움 제국을 정복할 힘을 빼앗아 버렸다.

몽골인들이 셀주크족 지배 하의 아나톨리아 반도 장악에 실패한 이래 서아시아에서 몽골족의 영향력은 지속적으로 줄고 있었다. 발칸 반도의 알바니아에서 인도네시아의 자바에까지 이르렀던 몽골족의 광대한 원정 범위 때문에 이러한 쇠퇴의 경향은 겉으로는 잘 드러나지 않았다. 그러나 티무르가 죽고 나자 몽골족의 몰락은 이제 두드러진 현상이 되었다. 중국의 몽골족은 그 이전에 이미 쫓겨난 상태였으며 티무르의 제국은 곧바로 붕괴되었다. 메소포타미아 지방에는 투르크인들이 세운 흑양 왕조의 제후국이 들어섰고, 티무르의 후계자들은 얼마간 페르시아와 트란속시아나 지방을 간신히 지킬 수 있었을 뿐이다. 15세기 중반에 접어들자 러시아 일대를 다스리던 금장한국도 여러 개의 국가로 갈갈이 찢어지기 시작했다. 몽골족은 여전히 러시아인에게는 위협적인 세력으로 남아 있었지만, 유럽에 대한 몽골의 위협은 이미 오래전에 끝나 있었다.

| 황혼기의 비잔티움 제국 |

15세기 초의 비잔티움 제국은 간신히 숨만 쉬고 있는 상태였다. 그들은 무려 2세기 동안이나 계속된 생존을 위한 싸움에서 수세에 몰리고 있었다. 그들의 상대는 막강한 이슬람 세력뿐만이 아니었다. 비잔티움 제국의 영토를 먼저 축소시키고 그 수도를 약탈한 자들은 서유럽의 기독교도들이었다. 1204년 서방인들에 의해 치명적인 타격을 입은 뒤 비잔티움 제국은 발칸 반도 내의 소국으로 전락하고 말았다.

이 기회를 틈타 여러 라이벌들이 득세했다. 불가리아는 콘스탄티노플이 십자군의 공격을 받는 틈을 타서 독립해 나갔다. 한편 지중해에서는 가톨릭 국가인 베네치아 공화국이 새로운 해상 제국을 건설했다. 그들은 본래 비잔티움 제국의 속국이었으나 이제는 거

7년 동안 비잔티움 제국의 제위에 앉았던 요한네스 6세 칸타쿠제누스는 1354년 퇴위하여 수도사가 되었다. 그는 29년의 여생을 외딴 수도원에서 보냈다. 그는 수도원에서 생활하는 동안 『역사』를 써서 그의 통치시기에 관해 기술했으며, 또 신학을 연구했다. 황제였으며 수도사였던 그의 모습이 이 삽화에 잘 표현되어 있다. 삽화는 1347~1354년에 그려졌다.

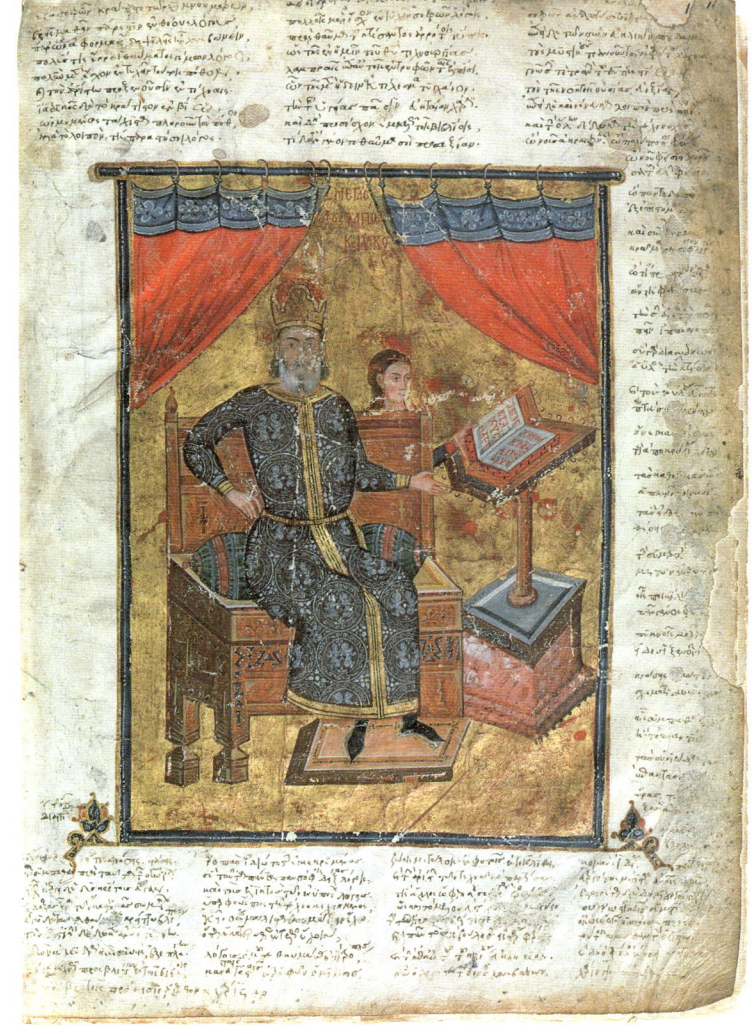

서아시아를 둘러싼 각축의 시대

꾸로 비잔티움 제국으로부터 영토를 빼앗아 가는 입장이 되었다. 그들은 또 다른 이탈리아의 도시 국가인 제노바 공화국과 지중해의 패권을 놓고 격렬하게 다투는 와중에서도 14세기 중반까지 로도스섬, 크레타섬, 코르푸섬, 키오스섬을 비롯한 에게 해 섬들의 대부분을 비잔티움 제국으로부터 빼앗아 올 수 있었다.

1261년 비잔티움 제국은 프랑크족으로부터 콘스탄티노플을 되찾는 데 성공했다. 그러나 이를 위해서는 아나톨리아 반도에 새로이 세력을 구축하고 있던 오스만 투르크의 힘을 빌려야 했다. 이 무렵 주변의 정세는 두 가지 측면에서 비잔티움 제국에 유리하게 전개되고 있었다.

우선 몽골족의 침략은 절정기를 지나 있었다. 그러나 비잔티움 제국과 몽골족 사이에서 방패막이 구실을 하는 세력들에게 여전히 몽골족의 공격이 가해지고 있는 상황에서 이를 눈치 챈 사람은 그다지 많지 않았다. 또 러시아에는 비잔티움 제국에게 자금과 도움을 줄 수 있는 거대한 동방 정교회 세력이 자리잡고 있었다는 사실 역시 비잔티움 측에게는 희망적인 조건이었다.

그러나 이처럼 유리한 조건을 능가하는 불리한 점들도 닥쳐오고 있었다. 13세기 말 비잔티움 제국이 한참 세력을 회복하고 있을 때 새로운 제국의 건설을 꿈꾸는 세르비아의 한 왕이 도전장을 내밀었다. 그는 비록 콘스탄티노플을 점령하지 못하고 죽었지만 콘스탄티노플 주변지역과 트라키아 지방의 일부를 제외한 비잔티움 제국의 땅을 모두 빼앗아 버렸다.

세르비아인의 위협에 직면한 비잔티움 제국은 다시 한 번 오스만 투르크에게 도움을 청해야만 했다. 그 무렵 이미 지중해와 흑해를 연결해 주는 보스포루스 해협 건너편의 아시아 연안 지역에 단단하게 자리를 잡고 있던 오스만 투르크는 1333년 이탈리아 남부의 갈리폴리를 획득하면서 유럽 진출의 발판을 마련했다.

제국의 위기

비잔티움 제국의 마지막 왕조는 팔라이올로구스 왕조였다. 당시의 상황에서 이 마지막 왕조의 황제 열한 명에게 남겨져 있던 최선책은 적의 침입을 지연시키는 것뿐이었다. 1326년 아시아에 남아 있던 비잔티움 제국의 마지막 영토를 오스만에게 빼앗긴 이래 오스만의 위협은 비잔티움 제국의 생존과 직결되는 문제가 되었다.

당시 아나톨리아 반도의 북동부 연안에는 그리스계의 트레비존드 제국이 있었다. 트레비존드 제국은 십자군이 콘스탄티노플을 함락할 당시 비잔티움 제국에서 떨어져 나온 국가로, 비잔티움 제국보다 더 오래 살아남았고 줄곧 비잔티움의 동맹국이 되었다. 하지만 비잔티움은 유럽에서는 지원을 바랄 수가 없었다. 이탈리아의 국가들 중 베네치아와 제노바 공화국은 이제는 콘스탄티노플의 무역까지 장악하고 있었으며 나폴리 왕국 또한 호시탐탐 지중해의 패권을 노리고 있었다. 이들의 야욕은 비잔티움 제국에게 숨돌릴 틈도 주지 않았다.

다급해진 비잔티움의 한 황제는 절망적인 심정에서 교황의 종주권을 받아들이고 로마 가톨릭교와의 재통합을 추진하기까지 했다. 그러나 이러한 시도는 단지 동방 정교회 성직 계급의 분노를 샀을 뿐이며 다음 황제 대에 가서 폐기되고 말았다. 종교는 여전히 기독교 세계를 갈라놓고 있었다.

14세기가 되자 비잔티움 제국의 고립감은 더욱 깊어져만 갔다. 그들은 이교도들과의 항쟁에 혼자 내던져진 듯한 느낌을 받았다.

고심 끝에 그들은 스페인의 카탈로니아 지방에서 용병들을 끌어들였다. 그러나 이 용병들은 오히려 콘스탄티노플을 공격하고 1311년에는 아테네에 카탈로니아 공국이라는 새로운 국가마저 수립했다.

이따금씩 거두는 대외 전쟁에서의 승리에도 불구하고, 비잔티움 제국의 몰락은 이미 피할 수 없는 경향이 되어 있었다. 게다가 제국 내에서는 자주 내전이 일어나 상황을 더욱 악화시켰다. 전통을 중시하던 그리스인들은 이처럼 극한의 위기 상황에서도 그들 간의 신학 투쟁에 힘을 소모하기도 했다. 설상가상으로 1347년의 역병은 남아 있는 제국 인구의 3분의 1을 앗아 갔다.

실패로 돌아간 동·서 교회의 재통합 운동

1400년 비잔티움의 황제는 도움을 구하기 위해 서유럽의 궁정을 이곳저곳 방문하고 있었다. 하지만 그가 얻은 것이라고는 결국 약간의 돈이 전부였다. 그 무렵 그의 수중에 남아 있는 영토는 콘스탄티노플과 살로니카, 모레아가 전부였다. 많은 유럽인들은 이제 그를 '그리스의 황제'라고 불렀다. 그들은 그가 명목상 여전히 로마의 황제라는 것을 잊어버렸던 것이다. 당시 비잔티움 제국의 수도는 투르크족에 의해 사방에서 포위되어 있었으며 이미 한 차례의 공격도 이루어진 상태였다.

비잔티움 제국의 팔라이올로구스 왕조 시대에는 비잔티움 예술, 특히 프레스코화와 모자이크화가 유례없는 전성기를 누렸다. '성모의 승천'이라고 불리는 이 14세기의 모자이크화는 이스탄불에 있는 코라 수도원의 교회에 소장되어 있다. 임종을 앞둔 성모 주위로 사도들이 모여 있다. 한가운데 있는 예수는 두 손에 아기를 들고 있다. 이 아기는 천국에서 다시 태어날 성모 마리아의 영혼을 상징한다.

이 15세기의 그림은 1205년 아드리아노폴리스 근처에서 불가리아의 왕인 칼로얀(1197~1207 재위)의 군대가 플랑드르 백작 보두앵과 비잔티움 황제의 군대를 격파하고 있는 장면을 묘사하고 있다.

1422년 두 번째 공격이 개시되었다. 요한네스 8세는 서방과의 협력을 이끌어 내기 위해 결국 커다란 결단을 내리기로 했다. 그는 1439년 공의회에 참석하기 위해 피렌체로 갔고, 그곳에서 교황의 종주권을 인정하고 로마와의 교회 통합을 받아들였다. 서유럽 기독교계는 환호했다. 영국의 모든 교구 교회에는 종소리가 울려 퍼졌다. 하지만 동방 정교회는 불쾌감을 표출했다. 공의회에서 결정된 교리가 정교회의 전통에 반하기 때문이었다. 교황의 권위 인정이나 주교들 간의 평등, 예식이나 교의 등 너무 많은 것이 문제가 되었다.

가장 영향력 있던 정교회 성직자는 피렌체 공의회에 참석하기를 거부했다. 피렌체에 갔던 성직자들은 한 명을 제외하고 모두 교회 통합에 찬성하는 서명을 했지만, 비잔티움으로 돌아와서는 많은 수가 서명을 철회했다. 서명을 거부했던 성직자는 나중에 성인으로 추대되었다.

한 고위 성직자는 이렇게 말했다. "콘스탄티노플에서 교황의 관을 보느니 차라리 투르크족의 터번을 보는 게 나을 것이다." 대부분의 그리스인에게 교황에 대한 순종은 믿음을 배반하는 것으로 비추어졌다. 그들은 동방 정교회가 보존하고 있는 진정한 교회의 전통을 부정하고 있는 셈이었다.

콘스탄티노플에서는 공의회의 교회 통합 제안을 받아들인 성직자들은 기피 대상이 되었다. 황제는 합의조건의 이행에 충실했지만, 교회의 통합 사실을 공표하기 위해서는 13년 동안 주저해야 했다. 비잔티움 제국이 교황에 대한 순종으로 얻은 유일한 이득은 비잔티움을 지원하기 위한 십자군 결성의 승인뿐이었다. 그러나 이 마지막 십자군 운동은 1441년 처참한 실패로 끝이 나고 말았다. 결국 동방과 서방은 공동의 목표를 이루는 데 실패했다.

사실 비잔티움 제국이 서방으로부터 실질적인 도움을 받기에는 애초부터 너무나 많은 이해관계들이 상충하고 있었다. 이교도들이 아직까지 가톨릭 세계의 바깥쪽 울타리만 두들기고 있는 상황에서 서방은 급할 것이 없었다. 프랑스와 독일은 내부 문제에 몰두해 있었다. 베네치아와 제노바는 투르크족을 적대하는 것 못지않게 그들과 손을 잡는 것도 이익이 될 수 있을 것이라고 생각했다.

몽골족에게 시달림을 당하고 있던 러시아

역시 비잔티움에게 별다른 도움을 줄 수 없었다. 러시아는 비잔티움과 직접적인 접촉을 할 수 있는 길이 막혀 있었다. 오스만의 마지막 공격이 닥쳤을 때 콘스탄티노플과 그 주변의 얼마 안 되는 비잔티움 영토는 고립되어 있었으며 내분에 휘말려 있었다.

오스만 제국

오스만 투르크족은 룸 셀주크 제국의 붕괴 이후 등장한 투르크족의 일파였다. 셀주크족이 서아시아에 당도할 무렵, 이슬람 세계와 비잔티움 제국 간의 경계 지역에는 '가지 ghazi'라고 하는 수많은 소군주들이 있었다. 그들 중 일부는 투르크계였는데, 이들은 독립적이고 방종했으며 특히 주변 강대국들의 쇠퇴기에 활발한 활동을 전개했다.

이들은 불확실하고도 위험한 존재였다. 비잔티움 제국은 10세기의 부흥기에 이들 중 일부를 흡수했으나 이들 집단을 완전히 소멸시키는 데에는 실패했다. 이들 중 많은 수는 셀주크 제국의 붕괴 후에도 살아남았는데, 몽골족이 셀주크 제국을 멸망시키고 십자군이 콘스탄티노플을 함락시킴으로써 이 지역에 권력의 공백이 생기자 이들은 매우 번창하게 되었다.

이러한 가지들 중에는 '오스만'이라는 자가 있었다. 그는 투르크족으로 오스만 투르크의 시조가 될 인물이었다. 그는 뛰어난 지도력과 진취적 기상을 지니고 있어 사람들이 그 주위로 몰려들었다. 그가 얼마나 뛰어난 인물이었는가 하는 점은 그로 인해 '가지'의 말뜻이 '신앙의 전사'라는 의미로 바뀌었다는 사실에서도 알 수 있다.

오스만의 추종자들은 변경 지역의 주민들로 남다른 종교적 열정을 지닌 자들이었다. 반은 기독교 세계이고 반은 이슬람 세계인 문화의 경계부라는 특이한 환경은 이들의 종교적 열정을 자극하는 원천이 되었을 것이다. 이들 중에는 이슬람교의 신비주의 전통으로부터 영향을 받은 자도 있었다. 그들은 고유의 독특한 제도와 관행을 만들었는데, 특히 그들의 군사 조직은 중세 유럽의 상인 조합이나 수도회와 비슷했다. 어떤 이들은 유럽의 조합이나 수도회 조직이 오스만의 군대를 모방하여 만들어졌다고 주장하기도 한다.

오스만 투르크족은 뛰어난 정복자들이었다. 그들의 경이로운 정복의 역사는 아랍과 몽골에 비견될 정도다. 그들은 옛 비잔티움 제국의 영토를 비롯하여 지중해 서부의 많은 부분을 아우르는 거대한 제국을 수립했다.

오스만 제국의 술탄

술탄을 칭한 최초의 오스만 통치자는 14세기 초에 즉위한 오스만의 아들 오르한이었다.

오르한 1세(1326~1359 재위)는 오스만 투르크 제국을 창건한 오스만 1세의 아들이다. 그는 터키의 부르사를 정복해 오스만 제국 최초의 수도로 삼았다. 이후 오스만 제국의 술탄들은 죽고 나서 대부분 부르사에 묻히게 된다. 사진에 보이는 녹색의 영묘는 1421년에 지어졌으며, 메메드 1세의 유골이 안치되어 있다.

서아시아를 둘러싼 각축의 시대

그는 자신과 아버지가 정복한 땅들을 안정적으로 정착시키는 일에 주력했는데 이 땅들은 나중에 오스만 제국의 군사적 기반이 되었다. 또 그는 예니체리, 즉 '새로운 군대'라는 보병 부대를 창설했는데 이는 유럽에서 싸우기 위해서는 기병 외에 보병도 필요했기 때문이다.

이런 변화는 오스만 제국의 발전 과정에서 중요한 진전이었다. 오스만 제국은 기마 유목 민족의 습성에서 벗어나 체계적이고 잘 조직된 국가가 되어 가고 있었다. 오르한은 최초로 오스만 제국의 화폐도 발행했는데, 이 역시 오스만 제국이 안정을 찾아가고 있다는 징후였다.

오르한이 숨을 거둘 무렵 오스만 제국은 셀주크 제국 붕괴 이후 소아시아에서 생겨난 국가들 가운데서 가장 강력한 국가가 되어 있었다. 그들은 유럽 내에도 영토를 확보하고 있었다. 외교적으로도 오스만의 위상은 높아져 비잔티움 황제는 오르한에게 세 번이나 도움을 요청할 정도였다. 오르한은 비잔티움 황제의 딸을 아내로 맞아들였다.

그의 뒤를 이은 후계자 두 명은 발칸 반도를 꾸준히 정복해 나갔다. 그들은 세르비아와 불가리아를 정복했고, 1396년에는 오스만 제국에 대항하여 소집된 십자군과의 싸움에서 승리를 거둔 후 곧장 그리스 지역을 병합했다. 1391년부터는 6년간 콘스탄티노플을 포위 공격했다. 6년 동안의 포위 공격은 성공적으로 수행되었다. 그동안 아나톨리아 반도의 나머지 지역도 전쟁과 외교를 통해 흡수되었다.

이 기간 동안 오스만 제국의 확장이 방해받은 것은 단 한 번, 티무르에게 패배를 당했을 때뿐이었다. 그러나 이 패배는 제위 계승 문제로 내분이 일어나는 계기가 되어 오스만 제국은 한때 해체 위기에 빠지기도 했다.

잠시의 혼란이 가라앉자 오스만 제국의 정복 사업은 재개되었다. 지중해의 패권을 자랑하던 베네치아 공화국도 이제는 오스만 제국의 압력에 시달리기 시작했다. 그러나 비잔티움 제국과 마찬가지로 오스만 투르크가 수행한 전쟁들은 본질적으로 종교 전쟁이었고, 이 종교 전쟁에서 1,000년간 기독교 제국의 수도였던 콘스탄티노플이 지닌 중요성은 대단한 것이었다.

콘스탄티노플의 공략

1453년 콘스탄티노플을 마침내 이슬람 세계에 복속시킨 것은 정복자라는 별명을 지닌 오스만 제국의 메메드 2세였다. 이 사건은 기독교 세계에 커다란 충격을 안겨 주었다.

당시 비잔티움 제국의 국력이 이미 바닥난 상태였다고는 해도, 콘스탄티노플은 여전히 난공불락의 요새였다. 이 도시의 정복은 오스만 군대가 이룬 거대한 성취였다. 그러나 무엇보다도 이는 정복 과정에서 일어난 모든 장애를 극복한 메메드 2세의 개인적인 업적이기도 했다.

당시는 이미 화약의 시대가 한참 무르익고 있던 때였다. 메메드 2세는 헝가리인 기술자를 한 사람 고용했는데 그는 거대한 대포를 만들어 냈다. 이 대포는 대단히 무거워서 100마리의 소가 끌어야 했고, 하루에 포탄을 일곱 발 이상은 발사하지 못했다. 이 헝가리인은 본래 기독교 국가들에서 일자리를 찾으려 했으나 받아들여지지 않았다. 그는 메메드 2세가 준 금액의 4분의 1만을 비용으로 요구했음에도 불구하고 기독교 국가들은 그의 제의를 거절했다.

이 거대한 대포의 공격은 그러나 별다른 성공을 가져오지 못했다. 메메드 2세는 오히려 전통적인 전투 방식으로 더 큰 성과를 거두었다. 그는 병사들을 가차 없이 전장에 내

오스만 제국의 정예 부대인 예니체리는 오르한 1세에 의해 창설되었다. 초기의 예니체리 장병들은 어릴 때 그리스도교 가족으로부터 징발되어 이슬람교도로 교육받은 자들이었다. 그러나 17세기부터는 본래의 징집 방식이 폐지되고 투르크족 사이에서 병력이 충원되었다.

*영성체
기독교의 성례(聖禮)로 '성찬식'이라고도 한다. 예수와 제자들의 마지막 만찬에서 빵을 그리스도의 몸, 포도주를 그리스도의 피에 비유한 것을 기념한다.

몰았고, 퇴각하는 자는 칼로 무참히 베어버렸다. 마침내 그는 70척의 배를 육지로 끌어올림으로써 콘스탄티노플로 진입하는 해협을 가로막던 비잔티움의 함대를 우회하는 데 성공했다.

비잔티움 제국의 운명을 결정한 마지막 공격은 1453년 4월 초에 시작되었다. 이 공격은 거의 두 달간이나 계속되었다. 마침내 5월 28일 저녁, 콘스탄티노플 내의 가톨릭교도들과 동방 정교도들은 비잔티움 제국의 마지막 날을 기념하기 위해 아야소피아 성당에 함께 모여 앉았다. 이는 동·서 교회 재통합 운동의 슬픈 말로이기도 했다. 콘스탄티누스 대제 이후 80번째의 로마 황제였던 콘스탄티누스 11세는 영성체*를 행하고 나서 밖으로 뛰쳐나가 용감하게 싸우다 전사했다. 비잔티움 제국의 운명 역시 그와 함께 끝이 났다.

콘스탄티노플에 입성한 메메드 2세는 곧장 아야소피아 성당으로 향했다. 그곳에 그는 승리를 기념하는 옥좌를 세움으로써 그의 기쁨을 표현했다. 오랫동안 동방 정교회의 심장 노릇을 하던 아야소피아 성당은 이슬람교 사원으로 바뀌게 되었다.

오스만 제국의 유럽 정복

콘스탄티노플의 함락은 대단한 사건임이 틀림없었으나 오스만 제국의 유럽 정복은 여기에서 그치지 않았다. 1459년 그들은 세르비아를 침공한 뒤 곧바로 아나톨리아 북부의 트레비존드 제국을 공격하여 1461년 이들을 멸망시켰다. 트레비존드 제국은 비잔티움 제국을 승계한 국가로서 마지막 남은 그리스계 국가였다.

트레비존드의 멸망은 콘스탄티노플의 함락만큼이나 한 시대의 종말을 보여 주는 극적인 사건이었다. 이 사건은 기원전 4세기 알렉산드로스 대왕의 정복 이래 거의 1,800년 동안 지속되었던 헬레니즘 문화의 종말을 의미했다. 인문학에 조예가 깊었던 한 교황은 이를 두고 '호메로스와 플라톤의 두 번째 죽음'이라며 한탄하기도 했다. 그러나 정복자의 관점에서 보면 트레비존드는 오스만 제국의 영토에 편입된 수많은 정복지 중 사소한 한 지방에 불과했다.

오스만 제국의 정복은 트레비존드를 너머 계속되었다. 같은 해 이들은 그리스의 펠로폰네소스 지방을 점령했으며 2년 뒤에는 보스니아와 헤르체고비나도 정복했다. 그 후 20년 동안 에게 해 동쪽 이오니아 지방의 섬들과 알바니아가 오스만 제국의 영토에 추가되었다. 1480년 그들은 이탈리아의 오트란토

14~15세기 오스만 제국의 영토 확장

위의 지도는 오스만 제국의 팽창과 쇠퇴 과정을 보여준다. 주요 전장과 점령지에는 연도가 표시되어 있다. 오스만 제국은 1345년 최초로 유럽 땅에 발을 들여놓았다. 1520년에는 유럽 남동부 대부분의 지역을 비롯해 서아시아 일부와 이집트 지방도 그들의 수중에 들어갔다.

서유럽으로의 진출은 1571년 투르크군이 그리스 연해에서 벌어진 레판토 해전에서 패함으로써 가로막히고 말았다. 그러나 북아프리카로의 진출은 순조롭게 이루어져 1574년에는 튀니스가 오스만 제국의 영토에 편입되었다. 동유럽에서 오스만 군대는 북진을 계속하여 1683년에는 빈을 두 번째로 포위 공격했으나 이 공격은 대실패로 끝나고 말았다. 빈에서의 패배로 오스만 투르크 제국의 영광스러운 정복 시대는 막을 내렸다. 이후에도 간간이 정복 활동이 전개되기는 했지만, 17세기 이전에 비하면 이는 훨씬 뜸하게 이루어졌다.

항을 점령하여 근 1년간 이 도시를 지배했다.

1517년에는 시리아와 이집트가 정복되었다. 베네치아 공화국에 대해서도 공격이 시작되어 16세기 초에는 투르크족 기병대가 베네치아 인근 도시인 비첸차 근처에까지 육박했다. 베네치아의 다른 영토들에 대한 공격은 이보다 늦게 시작되었다.

오스만 제국은 유럽 내륙에도 깊숙이 뻗어 나갔다. 1526년 투르크족은 헝가리 남부의 모하치에서 헝가리 왕의 군대를 섬멸했다. 이 사건은 오늘날까지도 헝가리의 역사에서 암흑의 날로 기억되고 있다.

3년 뒤 투르크군은 오스트리아의 수도인 빈을 포위했다. 빈은 이후에도 오스만 제국의 공격을 한 차례 더 받게 된다.

1571년에는 지중해 동부의 키프로스섬이 투르크족의 수중에 떨어졌고, 거의 1세기 뒤에는 크레타 섬 역시 같은 운명을 맞았다. 이 무렵 오스만 제국의 유럽 영토는 발칸 반도 전체와 헝가리 일대까지 뻗어 있었다. 17세기 후반 그들은 다시 빈을 포위했다. 이 두 번째 포위 공격 역시 첫 번째와 마찬가지로 실패로 돌아갔고, 이를 계기로 투르크족의 정복 활동은 한풀 꺾이게 되었다.

그러나 투르크족은 이로부터 수십 년이 지난 1715년까지도 지중해 연안에 새로운 영토를 개척하고 있었다. 그 사이 이들은 페르시아로부터 쿠르디스탄 지방을 빼앗았다. 페르시아에서는 1501년 새 왕조가 탄생한 이후 오스만 제국과 끊임없는 싸움을 벌이고 있었다. 오스만 제국은 아라비아 남단의 아덴까지도 군대를 파견했다.

오스만 제국이 유럽에 남긴 영향

오스만 제국이 유럽의 역사에 끼친 영향은 지대했다. 이들이 동유럽의 많은 지역을 지배하게 되면서 동유럽과 서유럽 사이에는 역사적·문화적·종교적으로 많은 차이가 생기게 되었다.

오스만 제국이 정복한 발칸 반도는 본래 동

이스탄불에 있는 술레이만 사원은 술레이만 대제의 통치 시기인 1550년에 착공되어 1557년 완공되었다. 사원을 설계한 것은 오스만 제국의 유명한 건축가 시난으로, 그는 아야소피아 성당의 모습을 참고하여 사원을 건설했다. 그러나 이 사원은 처음부터 그것이 모델로 삼았던 아야소피아 성당의 규모와 아름다움을 능가하는 것을 목적으로 지어졌다. 여기에는 기독교에 대한 이슬람교의 우위를 과시하고자 하는 의도가 깔려 있었다.

서아시아를 둘러싼 각축의 시대 125

사진 속의 모습은 이제는 박물관이 들어서 있는 이스탄불의 아야소피아 성당 내부 전경이다. 1453년 오스만 제국이 콘스탄티노플을 점령한 뒤 아야소피아 성당은 이슬람교 사원으로 개조되었으며 건물 내부의 장식들도 점차 이슬람식으로 바뀌었다. 미흐라브와 코란 구절, 샹들리에와 난간 등이 새로 설치되었으며 1623년에는 원래의 세례당이 술탄 무스타파 1세의 영묘로 바뀌었다. 아메드 3세(1703~1730 재위) 시대에는 설교대의 일종인 민바르가 세워졌다.

방 정교회의 중심지였다. 이 때문에 동방 정교회는 상당한 변화를 겪게 되었다. 다행히도 오스만 제국이 기독교를 허용한 덕분에 비잔티움 제국의 종교적 유산들은 동유럽의 슬라브족을 통해 보전될 수 있었다. 또 발칸 반도 전체가 하나의 비기독교 국가 속에 통합됨으로써 이 지역의 동방 정교회는 정치적인 문제들로부터 비교적 자유로웠다. 이에 따라 각 민족 교단들 간의 알력은 완화되었고 로마 가톨릭교와 동방 정교회의 대립도 약해졌다. 콘스탄티노플의 총대주교는 이제 더 이상 로마 가톨릭교나 각 민족들의 정교회 교단들로부터 권위에 대한 도전을 염려하지 않아도 되었다.

한편 기존 동방 정교회의 중심지들 가운데 오스만 제국의 지배를 면한 곳은 오직 러시아뿐이었다. 이에 따라 러시아는 동방 정교회 전통의 온전한 계승자로서 새로운 중요성을 얻게 되었다.

오스만 제국이 자리를 잡으면서 유럽은 한동안 서아시아나 흑해 지역과 단절되어 버렸다. 따라서 아시아로 향하는 육상 교통로도 대부분 막히고 말았다. 사실 이러한 고립은 유럽인이 스스로 자초한 것이었다. 그들은 각자의 이해관계에만 매달리느라 투르크족 앞에서 효과적으로 힘을 합치지 못했으며 비잔티움 제국이 망하는 모습을 수수방관하고만 있었다. 15세기의 한 교황은 유럽인 간의 불화에 대해 한탄하며 다음과 같이 말했다.

"누가 영국인이 프랑스인을 사랑하게 만들 수 있겠는가? 누가 제노바인과 아라곤인을 하나로 뭉치게 할 수 있겠는가?" 그러나 얼마 후 즉위한 다른 교황은 프랑스인들을 응징하기 위해 이교도인 투르크족의 도움을 얻으려는 시도를 하고 있었다.

어쨌든 투르크족이 야기한 유럽의 고립은 예기치 않은 발전을 가져왔다. 아시아와의 새로운 교역로를 찾기 위한 유럽인들의 노력이 대항해 시대를 열어젖힌 것이다. 사실 이슬람 세력의 위협을 피해 동양과의 새로운 교역로를 개척하는 문제는 13세기 이래 유럽인들의 염원이었다. 역설적이게도 이슬람 세력의 위협을 절정으로 끌어 올린 오스만 제국은 유럽인의 이러한 염원에 돌파구를 마련해 준 셈이 되었다.

유럽 국가들 중 신항로 개척에 가장 먼저 나선 나라는 포르투갈이었다. 콘스탄티노플이 함락되기 이전에도 포르투갈의 선박들은 종종 남쪽으로 내려가 아프리카 연안을 탐색하곤 했다. 포르투갈인들은 배를 타고 동방의 향신료를 들여올 수 있는 새로운 교역로를 찾고 있었는데, 그들의 탐색 대상에는 투르크족을 배후에서 칠 수 있는 아프리카의 동맹국도 포함되어 있었다. 이러한 그들의 탐색 활동은 나중에 희망봉의 발견으로 연결되었다.

메메드 2세의 종교적 관용주의

오스만 제국의 국경 안쪽에서는 새로운 포용주의적 정책이 수립되고 있었다. 메메드 2세는 변덕이 심하긴 했지만 도량이 넓은 사람이었다. 그가 이교도들에게 베푼 폭넓은 아량은 이후의 투르크인들로부터 이해하기 어렵다는 평판을 들을 정도였다.

그에게는 비잔티움 황제의 대자(代子)였던 어린 소년을 그의 성적인 접근을 거부한다는 이유로 쳐 죽일 만큼 잔혹한 일면이 있었다. 그러나 동시에 그는 콘스탄티노플이 함락된 뒤에도 항복을 거부했던 한 무리의 크레타인을 용감한 상대라는 이유로 놓아 줄 정도로 관대한 일면도 지니고 있었다.

메메드 2세는 종교적으로 개방적이고 다양한 사회를 원했던 것 같다. 그는 트레비존드를 멸망시킨 후 그곳의 그리스인들을 콘스탄티노플로 데리고 왔고, 새로운 총대주교도

＊샤
페르시아에서 왕이나 지배자를 가리키는 호칭. 고대 페르시아어의 '크샤트라파바'에서 유래했다. '왕 중의 왕'이라는 뜻의 '샤안샤'로도 쓰인다. 중앙아시아나 남아시아의 여러 나라에서도 사용하였으며, 아프가니스탄에서는 군주제가 붕괴된 1973년까지 사용되었다.

임명했다. 이 총대주교를 중심으로 그리스인에게는 일종의 자치권이 부여되었다. 유대교도와 기독교도에 대한 대우 역시 스페인의 기독교도들이 이교도를 취급한 방식에 비하면 훨씬 자비로웠다.

이러한 종교적 관용주의는 수많은 지역과 민족을 다스리는 거대한 제국으로써 오스만 제국이 성공할 수 있었던 하나의 토대가 되었다. 오스만인들이 한창 동지중해 연안에 새로운 '비잔티움 제국'을 건설하는 사이, 페르시아에서는 과거의 사산 제국을 방불케 하는 또 하나의 강대국이 출현했다. 이제 서아시아의 형세는 1,000년 전에 비잔티움 제국과 사산 제국이 양립해 있던 상황을 떠올리게 했다.

사파위 왕조의 페르시아

1501년부터 1736년에 이르는 기간 동안 페르시아 지역을 통치한 것은 사파위 왕조였다. 페르시아를 다스린 국가들이 종종 그랬듯이, 사파위 왕조의 통치자들은 페르시아인이 아니었다. 사산 제국의 멸망 이후 페르시아 지방에는 수많은 정복자들이 왔다가 사라졌다. 그동안 페르시아 역사의 연속성을 유지시킨 것은 문화와 종교였다. 페르시아를 다른 지방과 구분해 주는 것은 국가가 아니라 지리, 언어 그리고 이슬람교였다.

사파위 왕조의 건국자는 이스마일 1세였다. 그는 오스만 제국의 건국자 오스만 1세와 여러 가지 면에서 공통점을 지니고 있었다. 그들은 모두 투르크족 출신의 소군주, 즉 '가지'들이었으며, 주변의 대제국들이 몰락한 틈을 타서 자신들의 세력을 키워 나갔다.

15세기 중반 이후 티무르 제국이 해체되기 시작하면서 페르시아 지역에는 권력의 공백이 나타났다. 그때까지는 그저 어느 호전적인 투르크계 부족의 성공한 지도자에 불과했던 이스마일은 이 기회를 십분 활용하기로 마음먹었다. 1501년 그는 카스피 해 남쪽 일대에 세력을 과시하고 있던 백양白羊 투르크족을 무찌르고 이란 북서쪽에 있는 도시 타브리즈로 들어가 스스로 '샤＊'를 칭했다. 22년의 통치 기간 중 그는 사파위 왕조의 기반을 굳건하게 다졌으며 서쪽의 오스만 제국과 기나긴 경쟁에 돌입했다.

사파위 왕조와 오스만 제국 간의 경쟁에는 종교적인 이유도 있었다. 사파위 왕조가 시아파였던 반면 오스만 제국은 수니파였던 것이다. 16세기 초 오스만 제국의 술탄들에게 칼리프의 지위가 부여되자 제국의 왕들은 수니파 이슬람교도의 지도자가 되었다. 수니파는 칼리프를 단순히 신앙의 해석자이자 지도자로 여겼던 반면에 시아파는 마호메트의 후손이 아닌 자에 대해서는 칼리프의 정통성을 인정하지 않았다. 따라서 시아파는 자동적으로 반反 오스만파가 될 수밖에 없었다.

이러한 오스만 제국과의 갈등은 사파위 왕조로 하여금 문화적으로도 오스만 제국과 거리를 두게 했다. 이 때문에 페르시아 문명에는 새로운 차별성이 생겨났다. 이 차별성은 이후 페르시아 지역이 고유성을 유지하는 데 매우 중요한 역할을 했다.

사파위 왕조의 왕들은 북서 이란의 아르다빌 일대에 거주했던 투르크계 부족의 후손들이었다. 사진 속의 큰 잔은 사파위 왕조 시대에 만들어졌다.

사파위 왕조 치하에서 이스파한은 11~12세기 셀주크 제국 시대에 누렸던 찬란한 영화를 재현할 수 있었다. 사파위 왕조의 전성기를 일군 아바스 1세는 이스파한을 위대한 제국에 걸맞은 수도로 탈바꿈시키기 위한 야심찬 건설 계획을 세웠다. 사진은 황실의 사원 위에서 이스파한 시를 내려다본 광경인데, 정면에 보이는 사각형의 광장은 사파위 왕조 시대에 시장 겸 운동장으로 쓰이던 공공장소였다. 사진의 우측 상단에 보이는 돔은 루트풀라 사원이다.

아바스 1세 시대의 번영

이스마일의 후계자들은 한동안 여러 차례에 걸쳐 오스만 제국의 침입을 물리쳐야 했다. 1555년 마침내 양국 간에는 평화 협정이 체결되어 페르시아는 위협에서 벗어났고, 메카와 메디나에 대한 페르시아인의 순례도 가능해졌다.

왕조는 여러 가지 내부 문제를 안고 있었으며 왕위 계승권을 둘러싼 분쟁도 발생했다. 그러나 1587년이 되자 페르시아 역사상 가장 유능한 군주 중 하나인 아바스 1세가 사파위 왕조의 옥좌에 앉았다. 그는 아바스 '대왕'이라고도 불렸으며 그의 치세에 사파위 왕조는 전성기를 누렸다. 그는 군사적으로나 정치적으로나 매우 성공적인 군주였다. 그는 우즈베크인과 투르크족을 물리쳤고, 사파위 왕들의 왕권을 약화시키고 있던 부족 단위의 정치 조직들을 억눌렀다.

때마침 국제적인 정세는 아바스 1세에게 유리한 상황이었다. 오스만 제국은 유럽 쪽에 주의를 빼앗기고 있었고, 러시아의 잠재력은 내분으로 낭비되고 있었으며, 인도의 무굴 제국은 전성기가 지나 있었다. 그는 유럽이 오스만 제국의 세력을 견제하는 데 효과적으로 이용될 수 있다는 사실을 꿰뚫어 볼 정도로 영리한 인물이었다.

하지만 그는 정세가 유리하다고 해서 세계 정복을 계획하는 일 따위는 하지 않았다. 사파위 왕조는 지나치게 많은 전쟁으로 몰락한 사산 왕조의 전철을 밟지 않았다. 그들은 빼앗긴 영토를 되찾기 위해서가 아니면 오스만 제국을 먼저 공격한 일이 없었다. 그들은 카프카스 산맥을 넘어 러시아로 쳐들어가거나 트란속시아나 지방 너머로 진출하려 하지 않았다.

아바스 1세 시대의 번영은 페르시아의 문화를 화려하게 꽃피웠다. 아바스 1세가 새로이 수도로 삼은 이스파한은 그 아름다움과 호화로움으로 지금도 여행객들을 압도한다. 문학도 번성하여 수많은 작품이 쏟아져 나왔다. 유일하게 종교 분야에서만 불길한 그림자가 보일 뿐이었다.

아바스 1세는 수많은 치적을 남겼으나 단 한 가지, 그때까지 사파위 왕조가 고수해 오던 종교적 관용 정책을 포기한 것은 다소 의문스러운 결정이었다. 그는 사람들에게 시아파로의 개종을 강요했다. 물론 이 조치가 처음부터 종교적으로 편협한 체제를 만들고자 한 것은 아니었다. 그러나 시간이 흐르면서

15세기 사파위 왕조 시대의 세밀화. 페르시아인들의 목욕 장면을 묘사했다.

사파위 왕조는 점차 배타적인 시아파 국가로 변해 갔다.

종교적 관용 정책의 포기는 사파위 왕조 몰락의 원인이 된 중요한 현상도 한 가지 불러일으켰다. 바로 성직자 계급의 성장이었다. 이들 성직자들은 나중에 국가 권력의 많은 부분을 장악하며 왕권을 약화시키는 결과를 초래했다.

사파위 왕조의 아바스 1세(1587~1629)는 세금을 줄이고 도로망을 개선하는 한편, 무역을 장려하고 장인과 예술가를 지원했다. 이 장식 화로는 사파위 왕조 시대에 만들어진 것이다.

사파위 왕조의 몰락

1629년 아바스 1세가 죽자 사파위 왕조를 둘러싼 상황은 급격하게 악화되었다. 그러나 이에 대해 아바스 1세의 무능한 후계자가 취한 조치는 거의 아무것도 없었다. 그가 하렘에서 향락에 빠져 있는 동안 사파위 왕조의 화려한 전통들은 왕조가 처한 위험들을 은폐하고 있었다.

사파위 왕조는 외국 세력의 침략에 잇달아 노출되기 시작했다. 1638년 오스만 제국이 쳐들어와 바그다드를 재차 점령하더니 1664년부터는 러시아 방면에서 새로운 적이 나타났다. 러시아의 무장 농민 집단인 코사크*들이 카프카스 지방을 약탈하기 시작한 것이다. 같은 무렵 최초의 러시아 사절단이 이스파한에 찾아오기도 했다.

서유럽 사람들은 이미 사파위 왕조 초기부터 페르시아와 오랜 친밀한 관계를 유지해 오고 있었다. 1507년 포르투갈인들이 오르무즈 항에 정착했고 이스마일은 그들로부터 공물을 징수했다. 1561년에는 한 영국 상인이 러시아를 통해 육로로 페르시아에 도착했고, 이로써 영국과 페르시아 간의 무역이 시작되었다. 17세기 초의 아바스 1세는 특히 유럽 국가들과 국교를 맺기 위해 노력했는데, 이는 유럽이 오스만 제국과의 전쟁에 도움이 될 수 있으리라 기대했기 때문이다. 아바스 1세의 신하들 중에는 영국인도 있었다.

사파위 왕조 내에서 점차 증가하는 영국인들의 영향력은 오르무즈 항의 포르투갈인들을 불쾌하게 했다. 영국이 인도에서 동인도 회사*를 운영하기 시작하자 포르투갈인들은 동인도 회사의 직원들을 공격했으나 성공을 거두지는 못했다. 이에 영국은 페르시아와 힘을 합쳐 오르무즈에서 포르투갈인을 쫓아냈다.

이 무렵 다른 유럽 국가들도 페르시아에 흥미를 보이기 시작했다. 17세기 후반에는 프랑스, 네덜란드, 스페인 등이 경쟁적으로 페르시아와의 무역 관계를 수립하기 위해 많은 애를 썼다. 이것은 페르시아가 외국인들로부터 어부지리를 취할 수 있는 좋은 기회였으나 불행하게도 사파위 왕조는 이 기회를 제대로 살려내지 못했다.

18세기 초가 되자 페르시아는 갑자기 안팎의 공격에 노출되는 상황을 맞이했다. 아프간족이 반란을 일으켜 수니파 독립 국가를 수립했던 것이다. 반란의 주된 이유는 종교적인 반목이었다. 독립한 아프간족은 이번에는 사파위 왕조로 쳐들어와 1719년부터 1722년까지 사파위 왕조의 왕과 전쟁을 벌였다. 1722년 마침내 사파위 왕조의 왕은 퇴

*코사크
15~16세기 러시아 중앙부에서 남방 변경지대로 이주하여 자치적인 군사공동체를 형성한 농민 집단. '카자크'라고도 한다. 러시아어를 사용하며 애국심과 충성심이 투철했다.

*동인도 회사
네덜란드, 영국, 프랑스 등 유럽 각국이 인도 및 동남아시아와의 무역을 독점하기 위해 인도에 설립했던 무역 회사. 이 지역의 식민지 정책을 실질적으로 총괄했다.

서아시아를 둘러싼 각축의 시대

오스만 투르크족이 콘스탄티노플에 입성한 이래 이 유서 깊은 기독교 도시의 외양은 급격히 변하기 시작했다. 건축의 열정이 술탄들을 사로잡았다. 스스로를 기념하고 싶었던 술탄 개개인의 건축 야망은 많은 사원과 첨탑들을 남겨 놓았다. 1537년 그려진 이 그림에서 콘스탄티노플에 세워진 많은 이슬람 건축물을 확인할 수 있다.

위되었고, 아프간족인 마흐무드가 왕좌를 차지하면서 시아파의 페르시아 지배 시대는 막을 내렸다. 사파위 왕조의 일부 왕족들은 코카서스 지방으로 달아나 그곳에서 사파위 왕조의 명맥을 이어 나갔다.

사파위 왕조의 몰락 후에도 페르시아에 대한 외국인들의 야욕은 가라앉지 않았다. 러시아인들은 18세기 초부터 시작된 사파위 왕조의 몰락 과정을 주시하며 페르시아 진출의 적절한 기회를 기다리고 있었다. 1708년과 1718년에 각각 이스파한에 사절단을 보낸 바 있던 러시아는 사파위 왕조가 페르시아에서 쫓겨나자 1723년 왕위 계승 분쟁을 중재해 주겠다는 의사를 이들에게 전달했다. 그러나 이는 책략이었다. 카프카스 산맥을 넘어 들어온 러시아군은 돌연 태도를 바꾸어 데르벤트와 바쿠를 빼앗았고, 궁지에 몰린 사파위 왕조로부터 많은 이권을 약속받았다.

오스만 제국도 이 기회를 마냥 흘려보내지는 않았다. 페르시아의 혼란을 틈타 카프카스 남쪽의 트빌리시를 장악한 그들은 1724년 러시아와 협정을 맺어 페르시아를 분할하기로 했다. 한때 찬란한 번영을 자랑하던 사파위 왕조는 더할 나위 없이 비참하게 그 운명을 마감하는 듯 보였다.

이스파한에서는 심지어 완전히 미쳐 버린 왕이 사파위 왕조에 동조할 만한 잠재 세력을 학살하는 사건마저 벌어졌다. 그러나 오래지 않아 아시아 최후의 위대한 정복자인 나디르 칼리가 등장하여 페르시아를 마지막으로 부흥시켰다. 그러나 페르시아 지방이 그 국경 너머로 영향력을 휘두르는 시절은 20세기가 되기까지 두 번 다시 찾아오지 않았다.

*루스탐
고대 페르시아의 전설에 등장하는 영웅의 이름.

사파위 왕조 시대의 시

"내 손으로 조부모의 영광을 드높였다네!
만약 내가 도망가야 하는 일이 생긴다면, 차라리 내 목숨을 거두어 가소서!
조부모께서 내 손으로 시샘하는 자들을 무찌를 수 있게 해주소서.
그들이 내 얼굴에 침을 뱉지 못하도록 해주소서,
차라리 내 시체에 침을 뱉게 하소서!
내 적을 3만 명의 용사로 만들어 주시길,
그들 한 명 한 명을 루스탐*으로 만들어 주시길!
나는 전장에 나가고 싶을 때 나가리,
나가서 그들 모두와 싸우리!
그들 모두를 내 칼날 아래 두리.
그들은 뜻을 모으지도 공격해 오지도 못하리라.
영웅이 죽음을 두려워할 텐가?
나는 한 부대의 밀기울을 썩게 내버려둘 것인가?"

- 사파위 왕조의 창건자인 이스마일 1세(1486~1524)의 시

5. 유럽의 성장

비잔티움 제국이나 이슬람 제국과 비교해 보면, 독일과 체코 국경의 엘베 강 서쪽의 유럽은 로마 제국의 멸망 후 수세기 동안 거의 주목받지 못한 문명의 오지에 불과했다. 이슬람 세력 및 외래 민족의 팽창에 따라 서유럽의 영역은 서로마 제국의 영역보다도 크게 줄어들게 되었다.

서유럽 주민들은 스스로를 문명의 중심으로부터 고립된 소수라고 생각했다. 어떤 의미에서는 그 생각이 옳았다. 이슬람 세력은 그들을 아프리카와 서아시아로부터 분리시켰다. 아랍인은 서유럽의 남부 연안까지 공격해 왔다. 8세기부터는 바이킹이라고 부르는 노르만족이 마치 커다란 몽둥이처럼 북부 해안과 하천, 섬들에 예측 불가능한 공격을 되풀이해서 가해 왔다. 9세기에는 동쪽에서 이교도인 마자르족이 침략해 왔다. 유럽은 적대적인 이교도들의 세계 한가운데에 자리 잡고 있었다.

| 서유럽 문명의 형성 |

서유럽 문명은 야만과 미개의 땅에서 시작되었다. 문명을 수용할 준비가 되어 있는 사람들은 소수에 불과했다. 서유럽의 어떠한 도시도 웅대한 콘스탄티노플이나, 코르도바, 바그다드, 중국 장안長安의 화려함을 따라갈 수 없었다. 유럽은 수세기 동안 문화의 수입국에 머물러야 했다.

유럽의 건축이 고전기의 그리스나 비잔티움 제국 또는 아랍의 건축들과 어깨를 나란히 할 수 있기까지는 수많은 세월이 필요했다. 나중에 유럽의 건축이 발전한 것도, 사실은 비잔티움화된 이탈리아의 양식과 아랍의 뾰족한 아치 구조를 받아들임으로써 가능했던 것이다.

서유럽의 학문이나 교육 역시 한동안 이슬람 스페인이나 아시아에 비해 훨씬 낙후되어 있었다. 서유럽은 비잔티움 제국이나 이슬람 제국 같은 정치적인 통일성이나 체계적인 국가 체제를 수립하지도 못했다.

스페인 북동부에 위치한 사라고사는 11세기 서양에서 가장 중요한 이슬람 문화의 중심지 중 하나였다. 사진은 사라고사의 알하페리아 궁전에 있는 '대리석 방'의 장식물이다. 알하페리아 궁전은 11세기 후반 알-무크타디르의 통치 시대에 지어졌다.

134 다양해지는 문화의 세계

수세기 동안 서유럽의 왕들은 원시적인 군사 집단의 지도자에 불과했다. 유럽의 주민들은 단지 군사적인 보호나 더 큰 화를 면하기 위해 그들에게 순종했을 뿐이다.

서유럽이 이슬람 세력의 지배를 받았다면, 문명은 좀 더 일찍 꽃피었을지도 모른다. 그리고 그런 일은 충분히 가능한 것처럼 보였다. 왜냐하면 아랍인은 당시 이미 스페인뿐만 아니라 시칠리아, 코르시카, 사르데냐 그리고 발레아레스 제도에까지 그 영역을 확대하고 있었기 때문이다. 유럽 사람들은 아랍인들이 더 가까이 몰려오지 않을까 오랫동안 두려워했다.

사실 문화적인 측면에서 보면 스칸디나비아의 야만인들보다는 아랍인들의 지배를 받는 편이 서유럽에는 더 도움이 되었을 것이다. 그러나 스칸디나비아인은 서유럽 곳곳에 왕국을 세워 아랍인보다 더 큰 영향력을 행사했다.

동쪽의 슬라브족이나 비잔티움 제국은 모두 문화적으로 서유럽과 단절되어 있었다. 따라서 그들은 서유럽의 발전에 거의 아무런 기여를 하지 못했다. 그러나 그들 덕분에 서유럽은 동유럽을 휩쓸던 유목 민족이나 이슬람 세력의 침략으로부터 보호를 받을 수 있었다. 만약 러시아가 이슬람교로 개종했더라면, 유럽의 역사는 매우 달라졌을 것이다.

지리적인 한계

서기 1000년 이전의 서유럽 기독교 세계는 대략 이베리아 반도의 북부, 오늘날의 프랑스 전역과 엘베 강 서쪽의 독일, 보헤미아, 오스트리아, 이탈리아 본토 그리고 잉글랜드로 이루어져 있었다. 아일랜드와 스코틀랜드 지방에도 미개하지만 기독교를 믿는 사람들이 살고 있었다. 그리고 얼마 후에는 스칸디나비아인의 왕국들도 기독교로 개종했다.

10세기경부터 사람들은 이 지역을 통칭해 '유럽'이라 부르기 시작했다. 스페인의 연대

이슬람 도예가들이 주로 만든 유약을 바른 접시. 회 반죽에 주석을 입힌 다음 구리와 산화망간으로 장식을 해서 만든다.

이것은 스페인의 루고 데 라네라에 있는 성모 마리아 교회의 묘지에서 발견된 8~10세기의 석판으로, 고대인들이 사용하던 상징물인 생명의 나무가 그려져 있다. 나무 양 옆에는 사자가 서 있으며, 나무의 뿌리는 연속된 반원들로 표현된 물에 닿아 있다. 기독교적 의미로도 해석이 가능한 이런 상징물은 유럽 전역의 기독교 지역, 특히 비잔티움 문화권에 널리 퍼져 나갔다.

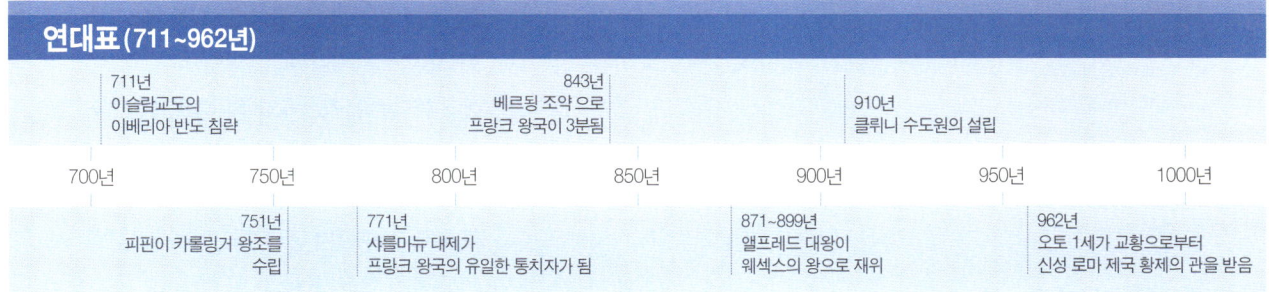

연대표 (711~962년)

711년	이슬람교도의 이베리아 반도 침략
751년	피핀이 카롤링거 왕조를 수립
771년	샤를마뉴 대제가 프랑크 왕국의 유일한 통치자가 됨
843년	베르됭 조약으로 프랑크 왕국이 3분됨
871~899년	앨프레드 대왕이 웨섹스의 왕으로 재위
910년	클뤼니 수도원의 설립
962년	오토 1세가 교황으로부터 신성 로마 제국 황제의 관을 받음

유럽의 성장

서기 100년이 끝나 가면서 많은 기독교인들은 곧 세상에 신의 왕국이 세워지고 사람들은 가난으로부터 구원받을 것이라고 믿었다. 다른 사람들은 『요한 계시록』에 나오는 예언을 근거로 악마가 구속에서 풀려나 세상을 지배하게 될 것이라고 생각했다. 이 그림은 『성 세브렝 교회의 묵시록』(원래 보관되어 있던 프랑스의 교회 이름을 딴 필사본)에 수록된 것이다. 『요한 계시록』에 나오는 '다섯 번째 역병'을 묘사하고 있는데, 메뚜기들이 사람들을 괴롭히는 모습을 지옥의 천사(사탄)가 즐거운 표정으로 바라보고 있다.

기에서는 732년 이슬람 세력의 유럽 진입을 저지한 푸아티에 전투*의 승리자들을 '유럽인'이라 일컫기도 했다.

한동안 이 지역은 육지에 가로막혀 고립되어 있었다. 물론 서쪽에는 드넓은 대서양이 펼쳐져 있었지만, 15세기에 대항해 시대가 시작되기 전까지 유럽인들은 아이슬란드 너머로는 나아가지 못했다. 외부 문명과 접촉할 수 있는 주요 통로였던 서지중해는 이슬람 세력에 둘러싸여 있었다. 그나마 유럽인에게 조금이나마 위안을 주었던 것은 점점 더 이질화되어 가는 비잔티움 제국과의 해상 통로가 열려 있었다는 점이었다.

유럽인들은 점차 진취성을 잃어버리고 문화적 결핍에 익숙해져 갔다. 그들은 외부의 침입으로부터 스스로를 지키기에 급급했다. 사람들은 전사 계급의 지배에 자신의 자유를 내맡겼다. 자신들을 보호해 줄 누군가가 필요했기 때문이다.

그러나 10세기가 되자 상황은 조금씩 호전되기 시작했다. 동쪽에서 쳐들어오던 마자르족은 저지되었고, 지중해에서는 아랍의 패권이 흔들리고 있었으며, 북방을 위협하던 스칸디나비아인들도 점차 기독교를 수용해 가고 있었다. 어떤 이들은 서기 1000년을 세상의 종말이 예고된 불길한 해라고 여겼지만, 사실 1000년은 새로운 시대의 출발을 알리는 해였다. 이때부터 유럽은 외부의 압력에서 벗어나 발전과 팽창의 시대로 접어들었다. 유럽의 국가들은 정치적·사회적으로 성숙해지기 시작했고, 독자적이고 세련된 기독교 문화를 형성해 나가기 시작했다.

바야흐로 혁신과 모험의 시대가 도래했다. 발전의 초석은 흔히 '암흑시대'라 불리는 중세 초기의 기간 중에 이미 다져져 있었다. 이 과정이 어떻게 진행되었는가를 가장 잘 이해하기 위해서는 지도를 살펴보는 것이 좋다.

11세기까지 유럽에는 우리가 현재 알고 있는 유럽의 판도를 결정할 세 가지의 중대한 변화가 일어났다. 하나는 유럽이 고전 문명의 중심지였던 지중해에 대한 문화적·심리적 의존으로부터 벗어나게 되었다는 것이다. 5세기와 8세기 사이에 서유럽 문화의 중심은 오늘날의 프랑스와 독일 지역인 라인 강 주변으로 이동했다. 이는 지중해와 동유럽의 주요 문명국들이 서유럽에 영향을 끼칠 여유가 없었기 때문이다. 이탈리아 주변의 바다는 이슬람 세력으로부터 위협을 받고 있었으며, 비잔티움 제국 역시 아랍 세력과의 싸움에 온통 관심을 빼앗기고 있었다. 이 때문에 서유럽은 더 이상 이들 지역에 문화적으로 의존하기가 어려워졌다.

이 시기에 일어났던 두 번째 변화는 기독교의 영향권이 점차 확대되어 동방에까지 이르렀다는 점이었다. 기독교의 선교 활동은 1000년 이후에도 꾸준히 계속되지만, 이 무렵의 기독교는 이미 오래전에 로마 제국의 경계를 훌쩍 넘어 활발하게 퍼져 나가고 있었다.

세 번째 변화는 이민족의 위협이 줄어들었다는 점이었다. 서유럽의 동쪽 경계를 위협하던 마자르족은 10세기에 큰 타격을 입고 더 이상 서쪽으로의 진입을 중단했다. 영국, 프랑스 북부, 시칠리아 그리고 에게 해 일대를 어지럽혔던 스칸디나비아인들은 점차 점령지에 정착하기 시작하면서 11세기 초를 마지막으로 더 이상 문제를 일으키지 않았다.

유럽은 이제 더 이상 손쉬운 약탈의 대상이 아니었다. 물론 200년 뒤에도 유럽은 몽골족에게 괴롭힘을 당했고, 따라서 유럽인 스스로도 외부의 위협으로부터 완전히 자유로워졌다는 느낌을 받지는 못했다. 그러나 서기 1000년에 이후의 유럽은 더 이상 외세에 의해 좌지우지되는 지역이 아니었다.

> **＊푸아티에 전투**
> 1356년 백년전쟁 초기에 프랑스 푸아티에 지역에서 영국군이 프랑스군을 격파한 전투. 영국이 병력 수에서 우세한 프랑스를 격파했고, 프랑스 왕장 2세와 그의 넷째아들 필립은 포로가 되어 굴욕적인 브레티니 평화조약을 맺었다.

서기 100년경의 유럽 세계

범례
- 오토 3세 시대의 신성 로마 제국(996~1002년)
- 10세기 앵글로색슨족이 재정복한 영토
- 912년의 키예프 공국
- 912~1054년 키예프 공국이 정복한 영토
- 10세기의 비잔티움 제국
- 1025년 바실리우스 2세의 사망 당시 비잔티움 제국의 서쪽 국경선
- 996년경 사무엘 황제 치하의 불가리아 제국
- 10세기 말의 이슬람 세계
- 이베리아 반도의 기독교 왕국들

서유럽의 지역 구분

서유럽의 기독교 세계는 대략 세 지역으로 구분할 수 있다. 첫 번째는 라인 강 주변 지역으로, 이곳에서 오늘날의 프랑스와 독일이 출현했다. 두 번째는 서지중해 연안 지역으로, 이베리아 북동부의 카탈로니아와 프랑스 남부의 랑그도크, 프로방스 지방이 이에 해당한다. 나중에 이탈리아가 게르만족의 위협으로부터 회복되면서 이 지역은 이탈리아를 포함하여 동쪽과 남쪽으로 확대되었다.

세 번째 지역은 스페인 북부와 스칸디나비아, 영국 그리고 아일랜드를 포괄한다. 스페인 북부 지방에는 서고트 왕국에 기원을 둔 기독교 국가들이 출현했다. 그리고 잉글랜드와 그 이웃 국가들인 아일랜드, 웨일스, 스코틀랜드 역시 기독교를 수용하고 있었다. 이들 중 잉글랜드를 제외한 아일랜드, 웨일스, 스코틀랜드는 아직 충분히 서유럽 문명권에 포섭되지 못한 켈트족의 독립 국가였다.

이 세 지역 사이에는 명확한 경계가 있는 것은 아니다. 예컨대 프랑스 남서쪽의 아키텐이나 가스코뉴 그리고 프랑스 북부의 부르고뉴 지방은 세 지역 중 어느 곳에 속하는지가 불분명하다. 그럼에도 유럽의 역사를 살피는 데 있어 구분은 상당히 유용하다. 이들 지역은 기후나 민족 구성뿐 아니라 역사적 경험 또한 서로 많이 달랐다.

물론 이들 지역에 사는 사람들이 이러한 지역적 정체성을 뚜렷이 느끼면서 사는 것은 아니었을 것이다. 대부분 유럽인들의 관심사는 그들이 살고 있는 조그만 마을과 그 주변에 국한되어 있었다. 그들은 거창하게 유럽 세계니 기독교 문화권이니 하는 것을 의식하지 못하며 지냈다. 자신들의 세계 저 너머에는 기독교 문명과는 전혀 다른 세계가 펼쳐져 있다는 점을 의식하는 자들도 극소수에 불과했다.

프랑크 왕국이 남긴 유산

라인 강 유역이 중세 서유럽의 중심지가 된 것은 프랑크 왕국 시대였다. 이 지역에는 남쪽의 지중해 연안에 비해 도시 수가 적었으며 그 중요성도 떨어졌다. 프랑크 왕국의 수도였던 파리 같은 도시는 남쪽의 도시들에 비하면 대단치 않은 곳이었고, 따라서 상업이 붕괴했다고 해서 밀라노처럼 고통을 겪지도 않았다.

이 지역의 사람들은 자급자족적인 생활을 영위해 나갔다. 귀족들은 단지 지주로 변신한 전사들일 뿐이었다. 이러한 토대 위에서 프랑크 왕국은 독일 지역을 정복하고 교회를

이 그림은 프랑크족 전사들의 모습을 묘사한 11세기의 삽화이다. 프랑크족은 로마군에 복무하는 조건으로 로마 제국 내에 정착 허가를 얻었다.

보호하는 동시에 왕권을 강화해 나갔다.

프랑크 왕국은 5세기 후반 성립한 메로빙거 왕조로부터 시작되었다. 그러나 수세기 동안 국가의 권력 구조는 매우 불안정한 상태에 놓여 있었다. 국가의 힘은 체계적인 국가 조직으로부터 나오는 것이 아니라 오로지 국왕의 개인적인 능력으로부터 나왔다. 국왕은 통일된 조직체의 수장이라기보다는 그저 강력한 권력을 가진 개인에 불과했다.

지도자에게 충성을 맹세하는 프랑크족의 전통과 제도는 강력한 왕권의 성립에 그다지 도움이 되지 못했다. 프랑크 왕국의 초대 국왕이었던 클로비스가 죽은 후에도 왕조는 계속 이어졌지만, 귀족들을 포섭할 만한 재력을 지니지 못한 왕들은 점차 귀족들의 방종을 허용해야만 했다. 귀족들은 자신의 부를 개인적인 권력 확대에 사용했으며, 세력이 강해진 귀족들 간에는 종종 싸움이 벌어지기도 했다.

7세기 후반이 되자 아우스트라시아의 한 귀족 가문은 메로빙거 왕가의 왕위를 위협할 정도로 세력을 키우게 되었다. 결국 이 가문 출신이었던 카를 마르텔은 프랑크 왕국의 실권을 장악하고 카롤링거 왕조의 기틀을 마련했다.

카를 마르텔은 732년 투르에서 아랍 군대를 물리친 군인이었으며, 보니파키우스파의 지지자이기도 했다. 성 보니파키우스는 독일 교회의 발전에 커다란 공을 세워 '독일의 사도'라 불렸던 인물로, 그는 카를 마르텔의 지원이 없었더라면 자신이 그런 일들을 결코 이루지 못했을 것이라고 말하기도 했다. 카를 마르텔과 교회의 이러한 결탁은 이후의 유럽 역사에 지대한 영향을 끼쳤다.

카를 마르텔이 죽자 프랑크 왕국의 귀족들은 751년 그의 둘째아들인 '단신왕短身王 피핀'*을 왕으로 추대했다. 3년 뒤 교황은 예언자 사무엘이 사울과 다윗에게 기름을 부어 주며 그들을 왕으로 인정해 주었던 구약성서의 이야기에 따라 프랑스에서 피핀에게 기름을 부어 주고 그를 왕으로 인정했다.

교황의 승인

교황에게는 강력한 우방이 필요했다. 비잔티움 황제의 권위는 허세에 불과했다. 게다가 로마 가톨릭교가 보기에 비잔티움 황제는 이단의 길을 걷고 있었다. 성상 파괴 운동이 그 대표적인 증거였다.

교황 스테파누스 2세가 피핀에게 로마 귀족의 칭호를 부여한 것은 비잔티움 황제의 권위에 대한 중대한 도전이었다. 하지만 그때는 롬바르드족이 로마로 쳐들어올 준비를 하고 있던 때였다. 프랑크 왕국의 도움을 얻기 위해 교황에게는 달리 선택의 여지가 없었다.

피핀은 롬바르드족을 격퇴했다. 또한 756년 이탈리아의 라벤나를 '성 베드로'에게 봉헌함으로써 세속적인 교황 국가, 즉 교황령

메로빙거 왕조의 창시자 클로비스는 로마 가톨릭교로 개종했다. 이 그림은 496년에 있었던 그의 세례식 장면이다. 그의 개종에는 정치적인 목적이 있었는데, 그것은 기독교 이단인 아리우스파를 신봉하는 서고트족과 동고트족 등의 게르만족에 대항하여 갈리아족의 지원을 이끌어 내기 위함이었다.

*단신短身왕 피핀

피핀 3세는 '단신왕'으로 잘 알려져 있지만 실제로는 키가 작지 않았다. 그러한 별칭은 후대의 번역 중 실수로 붙여진 것이다. 당시 사람들이 피핀 1세와 2세보다 그를 강조하기 위해 '나이가 더 어린 피핀'이라고 불렀는데, 이것이 와전돼 '키가 작다'는 뜻으로 알려졌다.

＊태피스트리
다양한 색실로 그림을 짜 넣은 직물. 간단한 수작업으로 만들 수 있어 오래전부터 각지에서 생산되었으며, 이집트의 콥트 직물, 페루의 프레잉카직, 프랑스의 고블랭직 등이 유명하다. 벽걸이, 가리개, 휘장, 실내 장식품 등으로 쓰였다.

의 기틀을 마련해 주었다. 이때부터 1,100년간 교황은 종교적인 권력뿐 아니라 세속적인 권력도 누리게 되었다. 교황령에서 교황의 지위는 여느 국가의 왕이나 다를 바가 없었다.

이때부터 로마 가톨릭 교회와 프랑크 왕국 간에는 연합 관계가 구축되었다. 이 연합 관계를 바탕으로 프랑크 왕국은 프랑크 교회를 개혁하고 독일에 세력을 확대하며 독일인에 대한 선교·개종 사업을 벌여 나갔다. 독일에서는 이교도인 작센족과 전쟁을 벌이기도 했다.

나아가 그들은 이슬람 세력을 프랑스와 스페인의 국경을 이루는 피레네 산맥 너머로 쫓아내고 프랑스 남서부의 셉티마니아와 아키텐을 탈환했다.

이로써 로마 가톨릭 교회는 커다란 이득을 보았다. 따라서 교황 하드리아누스 1세가 공식 문서에 비잔티움 황제의 연호를 더 이상 기록하지 않은 것도 놀라운 일이 아니었다.

샤를마뉴의 교회들

이전에 스페인의 왕과 군주들에게 황금을 하사했던 샤를마뉴는 이번에는 그가 3년간 머물렀던 산티아고의 대성당에 황금을 썼다. 그는 대주교이자 고해 신부였던 성 이시드로의 수도회를 모범 삼아 산티아고 대성당에 주교와 수사 신부들을 두었고, 종과 태피스트리＊, 책, 그 밖의 여러 장식물들로 대성당을 장엄하게 꾸몄다.

그는 남은 금과 스페인에서 가지고 온 헤아릴 수 없이 많은 은을 새 교회들을 짓는 데 사용했다. 아헨의 성모 마리아 교회와 산티아고 대성당, 프랑스 베지에의 산티아고 교회, 툴루즈의 대성당과 가스코뉴의 산티아고 대성당, 파리의 센 강과 몽마르트르 사이의 교회 그리고 셀 수 없이 많은 세계 각지의 수도원들이 샤를마뉴에 의해 세워졌다.

『가짜 투르핀의 연대기』의 제10장에서 발췌.
『가짜 투르핀의 연대기』는 '성 야곱의 서書' 또는 '칼리스티누스 사본'의 4권으로, 794년경 사망한 프랑스 랭스의 대주교 투르핀이 썼다고 알려졌으나 실은 르네상스 시대에 편찬된 책이다.

그는 새로 발행되는 화폐에도 자신의 이름을 새겼다. 교황은 마침내 새로운 독립의 기반을 마련했다.

프랑크의 왕에게 기름을 부어 준 행위는 프랑크 왕의 권위만 높인 것이 아니었다. 프랑크의 왕은 그러한 행위로 신성한 권위를 누리게 되었지만, 그 권위는 바로 교황 자신으로부터 나온 것이었다. 교황은 유럽 최고의 유력자에게 기름을 부어 줌으로써, 그 자신이 유럽 최고의 종교적 권위를 누리게 된 것이다.

샤를마뉴 대제

다른 모든 프랑크족 왕들이 그랬던 것처럼, 피핀은 숨을 거두면서 땅을 아들들에게 나누어 주었다. 그러나 771년 프랑크 왕국은 그

샤를마뉴 대제(768~814 재위)의 전기를 다룬 15세기의 필사본에 등장하는 그림이다. 샤를마뉴 생애의 중요한 장면들을 볼 수 있다.

의 큰아들에 의해 다시 통일되었다. 그가 바로 샤를마뉴로 그는 800년 황제의 자리에까지 올랐다.

샤를마뉴는 카롤링거 왕조에서 가장 위대한 인물이었으며 유럽의 역사에서 전설적인 존재가 되었다. 그를 둘러싼 수많은 전설들은 오히려 그의 개인적인 삶이 실제로 어떠했는가를 밝혀 내는 데 많은 어려움을 준다. 그의 행동들은 당시의 유럽 역사를 관통했던 어떤 일관된 경향을 보여 준다. 그는 한편으로는 전통적인 프랑크 왕의 본분, 즉 정복과 전쟁에 충실했지만 다른 한편으로는 기독교의 신성성을 존중했다는 점에서 이전의 왕들과 달랐다. 그는 학문과 예술을 적극적으로 후원했으며, 기독교적 상징물로 자신의 궁전을 가득 채웠고, 종교와 문화를 통해 자신의 위엄과 명예를 높이고자 했다.

프랑크 왕국의 판도를 크게 넓혔다는 면에

샤를마뉴 대제의 위업

샤를마뉴 대제(혹은 카를 대제)는 두말할 것도 없이 유럽의 역사에서 가장 중요한 인물 가운데 한 명이다. 그는 단신왕 피핀과 베르타 사이에서 태어났다. 그의 어머니 베르타는 리옹 백작인 카리베르토의 딸이었다. 샤를마뉴는 771년부터 814년까지 프랑크 왕국을 다스렸다.

샤를마뉴의 제국에는 중앙집권화된 국가 조직이 제대로 갖추어져 있지 않았지만, 샤를마뉴는 전사 계급의 정치권력을 일방적으로 압도하는 데 성공했다. 서유럽에서 이처럼 강력한 권력을 휘두른 왕은 서로마 제국의 붕괴 이후 이제껏 한 명도 없었다. 서유럽 대부분을 지배하는 통치자로서 샤를마뉴는 중요한 업적들을 많이 남겼다. 이 가운데 하나는 제국 전역에 시행될 수 있는 보편적인 법률을 마련했다는 것이다. 그는 또한 문예 부흥을 일으켰고, 라틴어를 제국의 공식 언어로 삼았으며, 화폐 개혁을 실시하여 국가가 화폐 주조를 독점하도록 했다. 그러나 이러한 노력들을 통해 강화된 제국의 응집력은 오래가지 못했다. 그의 아들인 경건왕 루트비히 1세(814~831, 835~840) 때 이미 제국은 분열의 길로 치닫고 있었다.

이 그림은 『위대한 프랑스 연대기』의 15세기 필사본에 실린 삽화이다. 샤를마뉴의 꿈을 묘사하고 있다.

전설에 의하면, 정교한 칼자루 장식을 지닌 이 검은 한때 샤를마뉴 대제가 소유하고 있었다고 한다. 당시에는 칼자루에 성인들의 유품을 다는 것이 관례였다. 그렇게 하면 적과 싸워서 절대 지지 않는다는 미신이 있었다.

서 샤를마뉴는 위대한 건설자였다. 그는 이탈리아에서 롬바르드족을 물리치고 그들의 땅을 합병했으며, 30년간 작센족과 전쟁을 벌여 승리하고 그들을 무력으로 개종시켰다. 뿐만 아니라 그는 아바르족과 싸우던 웬드족과 슬라브족을 지원해 중부 유럽의 카린티아와 보헤미아 지방을 획득했으며 이로써 비잔티움 제국에 이르는 길도 확보했다. 그는 덴마크인들을 굴복시키기 위해 엘베 강 반대편에 국경 지대를 설치하기도 했다.

그는 서쪽으로는 스페인에도 압박을 가했다. 9세기 초 그는 피레네 산맥을 따라 에브로 강 유역과 카탈로니아 해안 지역에 국경을 설치했다. 하지만 그는 바다로 진출하지는 않았다. 이에 따라 서고트족은 서유럽 최후의 해상 세력으로서의 지위를 유지할 수 있었다.

샤를마뉴와 황제의 칭호

샤를마뉴는 로마 제국의 몰락 이후 서유럽에서 가장 광대한 영토를 다스리는 왕이 되었

다. 로마 교황은 기독교의 확산과 수호에 끼친 그의 공을 인정하여 800년 그에게 로마 황제의 관을 주는 대관식을 거행했다. 그러나 이 대관식의 의미에 대해서는 역사가들 사이에 의견이 분분하다.

대관식에서 샤를마뉴는 "하느님에 의해 왕관이 수여된 가장 경건한 아우구스투스이며 위대한 평화의 수호자"로 칭해졌다. 하지만 당시의 사람들이 떠올리는 황제는 이미 따로 있었다. 그는 바로 비잔티움 제국의 황제였

롤랑의 노래

중세 유럽 사람들은 음유시인들이 읊어 주는 서사시를 통해 영웅들의 행적을 전해 듣곤 했다. 음유시인들은 역사 혹은 전설 속에서 위대한 활약을 보인 영웅들의 이야기를 노래로 만들었는데 여기에는 종종 도덕적이고 교훈적인 내용들이 첨가되기도 했다.

이들 서사시 중에는 오늘날까지도 전해지는 것들이 여러 편 있는데, 이들을 통해 중세시대의 사회와 문화 그리고 사람들의 생각이 어떠했었는지를 살펴볼 수 있다.

프랑스의 서사시 중 가장 오래된 것은 12세기 초에 씌어진 『롤랑의 노래』이다. 작자가 누구인지는 알려지지 않았지만, 일부 연구자들은 투롤두스를 작자로 지목하기도 한다. 작품은 총 4,002행으로 이루어져 있는데, 샤를마뉴의 조카인 롤랑 백작의 죽음에 관해 다루고 있다.

롤랑 백작은 브르타뉴 지방의 영주였던 실존 인물이다. 그는 778년 샤를마뉴의 지시로 군대를 이끌고 스페인에 후위대로 남아 있다가 바스크인들에게 전멸당했다.

『롤랑의 노래』는 롤랑이 계부 가늘롱에게 배신당하여 론세스바예스에서 스페인의 왕 마르실리우스에게 죽임을 당한다는 것이 주요 내용이다. 롤랑은 죽기 전에 샤를마뉴의 군대에게 나팔을 불어 다급한 상황을 알렸고, 나팔 소리를 들은 샤를마뉴는 그를 도우러 달려가지만, 허사에 그치고 말았다. 그 뒤 샤를마뉴 군대는 마르실리우스의 군대를 추격해 발리간트를 무찌르고 사라고사를 정복했다.

다. 사람들은 과연 새로운 황제의 등장이 로마 제국 말기처럼 기독교 세계가 두 명의 황제에 의해 통치된다는 것을 의미하는 것인지 의아해했다.

물론 황제의 칭호가 샤를마뉴의 권위를 크게 높인 것은 사실이었다. 그는 이제 단순히 프랑크족의 통치자가 아니라 서방 기독교 세계 전체를 아우르는 군주였다. 이것은 특히 이탈리아인과의 관계에서 중요했는데, 이탈리아인은 과거 로마 제국의 권위 이외의 것은 좀처럼 인정하려 하지 않았기 때문이었다.

샤를마뉴의 대관식에 그가 준 도움에 대한 교황의 답례 성격도 있었다. 샤를마뉴에게 황제의 관을 씌워준 교황은 레오 3세였다. 평민 출신이었던 그는 일전에 반대파 귀족들에게 위협을 받고 샤를마뉴의 궁정으로 도망친 적이 있었다. 그는 자신을 도와 준 샤를마뉴의 병사들 덕분에 로마로 다시 돌아갈 수 있었다. 대관식을 치르면서, 교황은 샤를마뉴의 지원이 앞으로도 계속되기를 기대했을

샤를마뉴 대제의 위업

샤를마뉴 시대에 프랑크 왕국의 핵심부는 옛 영토였던 아우스트라시아, 네우스트리아, 부르고뉴 지방에 새로 획득한 독일, 프로방스 지방까지 합쳐진 방대한 지역을 아우르게 되었다.

이 그림은 1497년 씌어진 『생 드니 연대기』에 수록된 삽화이다. 샤를마뉴 대제가 자신의 지시에 따라 아헨에 건설되는 교회의 공사 현장을 둘러보고 있다. 아헨은 오늘날 독일의 서쪽 국경 지대에 있는 도시로, 프랑스명은 엑스라샤펠이다.

것이다.

하지만 샤를마뉴 자신이 나중에 한 말에 따르면, 그는 교황이 자신에게 황제의 관을 씌워 줄 줄 알았더라면 결코 로마에 발을 들여놓지 않았을 것이라고 한다. 어쩌면 그는 자신이 비잔티움 황제로부터 권력을 찬탈했다는 느낌 때문에 내심 언짢았는지도 모른다. 또 그의 대관식이 비잔티움 제국과의 관계를 악화시킬 것이라 예상했을 수도 있다.

사실 그의 백성인 프랑크족이나 북쪽의 게르만계 민족들은 그가 로마 황제가 되는 것보다는 전통적인 게르만족 전사로 남아 있는 편을 선호했을 가능성도 있다. 그도 이 사실을 잘 알고 있었다. 하지만 얼마 안 있어 그의 인장에는 '다시 태어난 로마 황제'라는 글귀가 새겨지게 된다. 이 글귀로 그가 위대한 로마의 전통을 의식적으로 포용하려 했음을 알 수 있다.

샤를마뉴의 통치

샤를마뉴와 비잔티움 제국과의 관계가 난관에 봉착할 것이라는 것은 어렵지 않게 예상할 수 있다. 그러나 몇 년 후 비잔티움 제국은 베네치아, 이스트리아 그리고 달마치아 지방을 양도 받는 대가로 서유럽에서 샤를마뉴의 황제 칭호를 인정해 주었다.

당시의 또 다른 강대국인 아바스 왕조와는 다분히 형식적이지만 그리 적대적이지는 않은 관계가 유지되었다. 아바스 왕조의 칼리프 하룬-알-라시드는 그에게 호스로우 1세의 초상화가 그려진 '솔로몬의 잔'을 선물로 주었다고 한다. 호스로우 1세는 사산 제국의 황제로, 그의 치세 때 사산 제국은 국력과 문화 면에서 전성기를 누렸다. 흥미로운 사실은, 하룬-알-라시드와 샤를마뉴의 교류에 대한 내용은 프랑크 왕국 측의 기록에서만 나타난다는 점이다. 아랍의 연대기 편찬자들에게는 프랑크 왕국과의 교류가 언급할 만큼 가치가 있는 것으로 판단되지 않았던 듯하다.

하지만 스페인에 자리 잡은 우마이야 왕조와의 관계는 달랐다. 그들은 위협이 될 정도로 가까이 있었기 때문에 기독교 군주들은 그들을 적으로 간주했다. 이교도로부터 신앙을 지키는 것은 기독교 군주인 샤를마뉴의 임무 가운데 하나였다. 하지만 샤를마뉴가 이 임무를 수행한 방식은 이전의 왕들과는 다소 달랐다. 그는 교회를 글자 그대로 '보

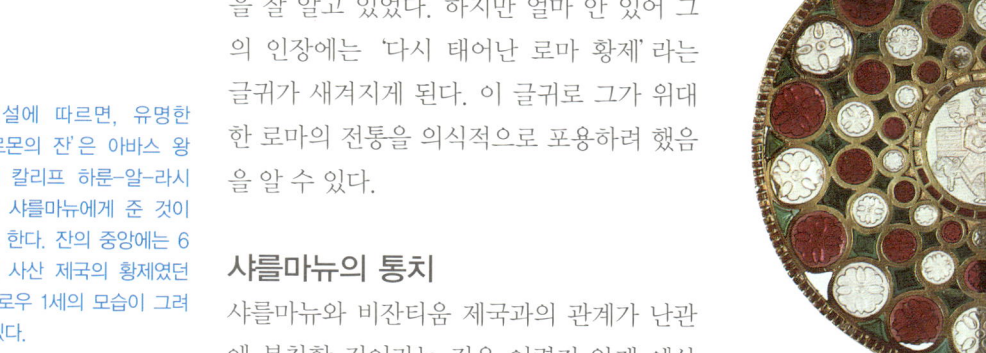

▶전설에 따르면, 유명한 '솔로몬의 잔'은 아바스 왕조의 칼리프 하룬-알-라시드가 샤를마뉴에게 준 것이라고 한다. 잔의 중앙에는 6세기 사산 제국의 황제였던 호스로우 1세의 모습이 그려져 있다.

144 다양해지는 문화의 세계

호'했던 것이다.

샤를마뉴의 지원과 보호를 받은 교회는 그의 권위에 완전히 종속되었다. 그는 프랑크 왕국 내에서 교회 회의를 주재했고, 비잔티움 제국의 전성기를 가져왔던 유스티니아누스 대제에 비견될 만한 권위를 가지고 교리 문제를 결정했다. 그는 프랑크 교회와 로마 가톨릭 교회 모두에게 베네딕투스 수도회의 회칙을 따를 것을 종용하며 이들 교회의 통합과 개혁을 시도했다.

이러한 행위의 밑바탕에는 기독교 왕은 단지 교회를 보호해야 할 뿐만 아니라 그의 왕국 내에서 기독교가 건전한 길을 갈 수 있도록 인도해야 한다는 의식이 깔려 있었다. 이러한 의식은 나중에 서유럽 전역에 퍼지게 된다.

샤를마뉴는 교회를 통치의 수단으로도 활용했다. 그의 왕국에서 주교들은 단순히 종교적인 지도자일 뿐 아니라 국왕의 뜻을 실천하는 일종의 관리이기도 했다.

카롤링거 르네상스

샤를마뉴에게 종교가 특별히 중요했다는 사실은 아헨에 있는 그의 궁전을 살펴보면 알 수 있다. 그는 화려한 건축물이나 보석들로 궁전을 아름답게 꾸미는 데에 많은 정성을 들였다. 물론 이를 위해서는 많은 노력이 필요했다. 샤를마뉴가 보였던 기독교에 대한 열정은 어떻게 보면 로마인들의 우수한 문화를 수용하고자 하는 그의 열망에서 비롯되었다고 할 수 있을 것이다.

경제적으로 낙후하고 문자 문화가 빈약했던 카롤링거 왕조의 궁전은 콘스탄티노플의 궁전에 비하면 소박해 보이기까지 한다. 문명 세계의 영향을 받아들여 수세기 전에 이미 콥트*적인 요소를 그들의 예술에 반영하고 있던 몇몇 다른 야만족들의 궁전과 비교해도 아헨의 궁전은 그다지 뛰어난 것이 아니었다. 그러나 이 궁전은 샤를마뉴 시대에 이루어진 적극적인 로마 문화의 수용을 반영하고 있다는 점에서 중요한 의미를 지닌다.

샤를마뉴의 신하들은 아헨을 아름답게 꾸미기 위해 이탈리아의 라벤나로부터 여러 가지 미술품과 예술 사조를 들여왔다. 이에 따라 비잔티움 제국의 예술 역시 프랑크 왕국 내에 자연스럽게 유입되기 시작했다. 이렇게 들어온 로마 제국의 예술 양식은 북유럽의 전통을 따르던 샤를마뉴의 예술가에게 커다란 영향을 미쳤다.

하지만 정작 샤를마뉴의 궁정을 돋보이게 만든 것은 다름 아닌 학자와 서기들이었다. 아헨은 학문의 산실이 되었다. 카롤링거 서

이 그림은 9세기에 프랑크 왕국에서 제작된 복음서 필사본인 『대관식 복음서』에 수록된 삽화이다. 4대 복음서 저자들의 모습이 그려져 있다. 『대관식 복음서』는 '카롤링거 르네상스'라는 문예 부흥 시기에 아헨에 있는 샤를마뉴의 궁정 학교에서 제작되었다.

＊콥트 예술

콥트인, 즉 이집트에 사는 고대 이집트인의 자손으로 그리스도의 신성과 인성을 하나로 믿는 사람들의 예술. 이들의 예술은 5~6세기에 절정에 달했고 12세기경까지 수도원을 중심으로 발전했다. 헬레니즘, 비잔틴, 시리아, 이란 등의 요소가 혼합되어 있다.

유럽의 성장 145

▶샤를마뉴 시대에 로마와 비잔티움의 문화 및 예술은 프랑크 왕국으로 대거 유입되었다. 이것은 기존의 북유럽 민족 문화와 뒤섞여 독특한 양식을 탄생시켰다. 카롤링거 르네상스는 건축에도 많은 영향을 끼쳤는데, 사진에 보이는 9세기에 세워진 헤로나 성당의 '샤를마뉴 탑' 역시 이 시대에 만들어진 것이다.

체라는 개량된 서법을 이용하여 문헌을 필사하는 관행이 퍼져 나간 것도 바로 아헨의 궁정에서부터였다. 카롤링거 서체는 필사 작업의 서체를 통일함으로써 서로 다른 지역에 사는 사람들이 공통적으로 책을 읽을 수 있게 하기 위해 만들어졌다. 이것은 곧 중세 서양 문화의 기초를 이루는 가장 중요한 문화 요소의 하나가 되었다.

샤를마뉴가 카롤링거 서체를 사용한 것은 왕국에 있는 모든 수도원에 베네딕투스 수도회 회칙의 정본을 공급하기 위해서였다. 하지만 새로운 서체의 유용성이 최초로 분명하게 드러난 곳은 성서 필사에서였다. 카롤링거 왕조 시대에 이루어진 성서 필사 작업은 단순히 종교적 목적 때문에 이루어진 것이 아니었다. 성서 속의 이야기들은 카롤링거 왕조의 지배를 정당화하는 데에 활용되었다. 구약성서에는 기름 부음을 받은 독실한 전사 겸 왕들에 관한 이야기가 풍부하게 실려 있었다.

이렇게 필사된 성서들은 수도원의 장서 가운데서 중요한 위치를 차지했다. 이제 프랑크족의 영토 전역에서 사람들이 수도원의 도서관으로 몰려들기 시작했다.

아헨에서 카롤링거 서체가 보급된 뒤 문헌의 필사 작업은 1세기 동안 계속해서 확산되었다. 오늘날 '카롤링거 르네상스'라 불리는 문예 부흥 운동은 이렇게 해서 일어났다. 이때의 르네상스는 기독교 문화를 버리고 고대 그리스·로마 문화로의 회귀를 주창했던 14~16세기의 르네상스와는 달리 철저하게 기독교에 바탕을 두고 있었다.

이러한 활동의 주된 목적은 성직자들을 교육시켜 프랑크 교회의 수준을 높이고 기독교 신앙을 동방으로까지 퍼뜨리기 위한 것이었다. 그러나 신성한 지식을 전파하는 이 사명에 처음 뛰어든 인물은 프랑크족 출신이 아니었다. 아헨의 궁정 학교에는 몇 명의 아일랜드인과 앵글로색슨인이 있었는데 이들 중에는 앨퀸이라는 걸출한 인물이 있었다.

앨퀸은 당시 영국 학문의 중심지였던 요크 출신의 성직자였다. 그의 가장 유명한 제자는 바로 샤를마뉴 자신이었다. 하지만 그는 이외에도 많은 제자를 두고 있었다. 그는 궁정 도서관을 감독하기도 했다.

교황과의 관계는 샤를마뉴의 정치 활동에서 중요한 부분을 차지했다. 1499년 제작된 이 그림은 피신 온 교황 레오 3세(795~816 재위)를 영접하는 샤를마뉴의 모습을 묘사하고 있다. 레오 3세는 로마에서 반대파의 위협을 피해 프랑크 왕국의 궁정으로 피신했다. 그는 샤를마뉴의 병사들로부터 호위를 받으며 로마로 되돌아갔고, 그 덕분에 교황의 자리를 되찾을 수 있었다.

앨퀸은 활발한 저술 활동을 전개하는 한편 796년부터 투르에 있는 생 마르탱 수도원의 수도원장으로 재직했다. 그는 수도원에 학교를 만들고, 보이티우스*와 아우구스티누스*의 저작들에 대해 사람들에게 강의하기 시작했다. 그의 제자들은 나중에 프랑크 교회를 이끌어 나가게 된다.

샤를마뉴의 권위에 의존했던 프랑크 왕국

앨퀸이라는 걸출한 인물의 등장은 유럽 문화의 무게 중심이 남쪽에서 북쪽으로 옮아갔다는 사실을 보여 준다. 하지만 잉글랜드인 말고도 학생들을 가르치고 문헌을 필사하고 새로운 수도원을 만드는 데 참여한 사람들은 많았다. 프랑크인이나 서고트인, 롬바르드인, 이탈리아인 등 다양한 배경을 가진 사람들이 서유럽에 새로운 기독교 문화를 심는 데 기여했다. 수도원은 프랑크 왕국의 동서로 크게 확산되어 나갔다.

이러한 운동에 참여했던 이들 중에 아인하르트라는 사람이 있었다. 그는 성직자는 아니었지만 샤를마뉴 대제의 생애에 관한 책을 썼다. 이 책은 한 개인으로서의 샤를마뉴의 모습을 보여 주는 귀중한 사료이다. 그가 수다스러울 정도로 말이 많았다거나 사냥을 즐기고 수영과 온천욕을 좋아했다는 사실도 아인하르트의 책이 아니었다면 우리에게 알려지지 않았을 것이다. 샤를마뉴가 아헨에 궁전을 지은 것도 사실은 온천을 좋아했기 때문이었다.

아인하르트의 책에 묘사된 샤를마뉴는 고도의 지성을 지닌 인물이기도 했다. 그의 책에 따르면, 샤를마뉴는 라틴어를 프랑크어만큼이나 훌륭하게 구사했으며 그리스어도 이해할 줄 알았다. 이 책에는 샤를마뉴가 글을 배우려고 노력하는 모습까지 그려지고 있어 한층 사실감을 더한다. 샤를마뉴는 침상에서 아무 때나 글쓰기를 연습할 수 있도록 베개 밑에 공책을 두기도 했는데, 아인하르트의 표현에 의하면, "그는 매우 열심히 노력했지만, 불행히도 너무 늦은 나이에 시작했다"고 한다. 그는 결국 글을 깨우치지 못했던 것이다.

이러한 묘사들을 종합해 보면, 인간 샤를마뉴의 모습이 놀랍도록 생생하게 우리 앞에 나타난다. 기품 있고 당당한 풍채를 지녔던 이 게르만족의 전사는 존경받는 위대한 기독교 제국의 통치자로 거듭나기 위해 엄청난 노력을 기울였다. 그가 남긴 업적들을 살펴보면, 이러한 노력들은 충분한 보상을 받았다고 할 수 있다.

그는 풍채만으로도 다른 이들의 존경심을 이끌어 내기에 충분했던 것으로 보인다. 그는 대부분의 수하들보다도 훨씬 키가 컸다. 사람들은 그의 모습에서 호탕하고 공정하며 관대한 왕의 이미지와 함께, 수세기 동안 음유 시인들이 노래한 영웅적인 전사의 이미지를 동시에 보았을 것이다.

이 호화로운 관은 신성 로마 제국의 황제였던 오토 대제(936~973 재위)의 대관식을 위해 만들어졌다. 그러나 사람들은 이 관에 '샤를마뉴의 관'이라는 별칭을 붙여주었다. 이는 샤를마뉴가 중세 유럽에서 차지하고 있던 전설적인 위상을 보여 주는 것이다. 관을 장식하고 있는 8개의 황금 판 중 하나에는 지혜를 상징하는 솔로몬 왕의 모습이 그려져 있다.

*보이티우스
6세기 이탈리아의 철학자. 기독교 신학과 플라톤 철학을 결합하고자 했다. 반역죄로 모함을 받아 투옥·처형되었는데, 옥중에서 쓴 『철학의 위안』으로 유명하다.

*아우구스티누스
5세기에 활동한 초기 기독교 최대의 사상가. 교부 철학을 집대성했으며, 고대 신플라톤주의 철학과 기독교를 결합하여 중세 사상계에 영향을 주었다. 『삼위일체론』, 『신국론』 등의 저서가 있다.

이 그림은 851년 제작된 『비비앙 백작의 성서』에 수록된 삽화이다. '대머리 왕' 카를 2세(840~877 재위)가 옥좌에 앉아 있고, 신하들이 그를 에워싸고 있다. 카를 2세는 샤를마뉴의 손자로, 프랑크 왕국이 3분될 당시 서프랑크 왕국을 차지했다.

그는 그때까지 야만족의 땅에서는 볼 수 없었던 광휘와 영광으로 자신을 치장했다. 그가 막 통치를 시작할 무렵, 왕실은 변변한 거처 하나 없이 영내의 이곳저곳을 해마다 옮겨 다니고 있었다. 그러나 그가 죽을 무렵에는 아헨에 화려한 보물들로 장식된 궁전이 서 있었다. 그는 도량형을 개혁했고, 1파운드의 은을 240페니로 나누는 기준을 유럽에 제시함으로써 화폐를 통일했다. 이때의 환산법은 영국에서 1,100년 동안이나 계속해서 쓰였다.

그러나 샤를마뉴의 권력은 상당 부분이 그의 개인적인 카리스마로부터 나온 것이었고 안정적인 것은 아니었다. 그는 귀족들이 재산과 권력을 세습함으로써 이전의 부족 집단들처럼 독자적인 세력을 형성하는 것을 막기 위해 끊임없이 애를 썼고, 되풀이하여 신하들에게 법령이나 지침을 반포했지만, 그의 바람은 제대로 이루어지지 않았다. 프랑크 왕국의 기본적인 권력 구조는 샤를마뉴조차도 마지막 순간에는 개인의 영지와 사병에 의존해야 했을 정도로 취약한 것이었다. 그는 왕국의 통치를 위해 자신과 가까운 유력자들의 도움을 받아야만 했다. 이들 유력자들은 엄숙한 충성의 서약을 통해 그에게 종속되어 있었지만, 샤를마뉴가 나이가 들자 이들조차 왕권에 도전하기 시작했다.

프랑크 왕국의 분열

샤를마뉴는 프랑크족의 전통에 따라 영토를 세 아들에게 나눠서 물려줄 생각이었다. 그러나 맏아들과 둘째아들이 일찍 죽는 바람에 왕국은 분열을 피할 수 있었다. 814년 셋째 아들이 왕국 전체를 계승했는데, 그가 경건왕 루트비히 1세였다.

루트비히 1세는 샤를마뉴로부터 왕국뿐만 아니라 황제의 칭호와 교황과의 동맹이라는 유산도 아울러 물려받았다. 그가 제위를 계승한 지 2년 뒤 교황은 그에게 새로운 대관식을 거행해 주었다. 그러나 얼마 안 있어 왕국은 분열을 향해 치닫기 시작했다. 루트비히 1세의 아들들 사이에 왕국의 상속권을 둘러싼 분쟁이 전개되었던 것이다.

샤를마뉴의 후계자들은 샤를마뉴가 지녔던 권위도, 경험도 갖고 있지 않았다. 그들은 왕국을 분열시키는 요인들을 억제하려는 노력조차 기울이지 않았다. 지방에서는 유력자들이 점차 독자적인 경향을 보이고 있었지만 샤를마뉴의 세 손자들은 자신들 간의 다툼에 여념이 없었다. 결국 일련의 내전이 벌어진 끝에 843년 베르됭 조약*이 체결되었다. 이로써 프랑크 왕국은 샤를마뉴의 세 손자들에 의해 셋으로 갈라지게 되었다.

라인 계곡의 서쪽에 있는 프랑크 왕국의 중부 지역은 장자로서 황제의 칭호를 계승한 로타르 1세가 차지했다. 이곳은 샤를마뉴의 궁전이 있는 아헨이 포함된 지역으로, 로타르 1세의 이름을 따서 로타링기아로 불리게 되었다. 이밖에도 이탈리아 지방이 그에게 귀속되었으며, 로타르 1세의 땅은 알프스 산맥 북쪽으로 프로방스와 부르고뉴, 로렌 그리고 셸트 강, 뫼즈 강, 손 강, 론 강 사이에 있는 지역을 아우르고 있었다.

동쪽의 땅은 셋째아들인 루트비히 2세에게 돌아갔다. 그는 라인 강 동쪽으로부터 게르만족과의 국경 지대에까지 이르는 영역을 지배했는데 이곳은 현대 독일어의 전신인 튜튼어를 사용하는 지역이었다. 마지막으로 왕국 서쪽의 가스코뉴, 셉티마니아, 아키텐 지역은 '대머리 왕'이라는 별명을 가진 둘째아들 카를 2세가 차지했다. 이 지역은 프로방스, 부르고뉴, 로렌 지방을 제외한 오늘날의 프랑스 영토와 거의 같았다.

서프랑크 왕국과 동프랑크 왕국

베르됭 조약이 가져온 평화는 오래가지 못했지만, 그 역사적 영향은 매우 중요했다. 베르됭 조약은 본래부터 이질적인 요소가 강했던 프랑크 왕국의 동부와 서부를 영영 분리시키고 말았다. 오늘날의 독일과 프랑스는 이때의 베르됭 조약으로 탄생한 동프랑크 왕국과 서프랑크 왕국에 그 기원을 두고 있다.

동프랑크와 서프랑크 사이의 로타링기아 지방에는 중프랑크 왕국이 있었다. 그러나 이 왕국은 이웃들과는 달리 언어, 민족, 지리, 경제 어느 모로 보나 통일성을 갖추지 못했다. 결국 870년 메르센 조약에 의해 로타링기아 지방은 서프랑크 왕국과 동프랑크 왕국에 의해 분할되었다. 이후의 역사에서 로타링기아, 또는 로렌 지방은 독일과 프랑스가 치열한 각축을 벌이는 지역이 되었다.

카롤링거 왕조의 쇠퇴

어떤 왕조도 뛰어난 왕을 계속하여 배출할 수는 없다. 또 끝없이 땅을 나누어 줌으로써 지지자들의 충성을 붙들어 맬 수도 없는 법이다. 카롤링거 왕조는 이전의 다른 왕조들처럼 점차 쇠약해져 갔다.

지방의 영주들은 점점 국왕의 통제에서 벗어나기 시작했고, 11세기 초에는 부르고뉴 공국이 독립해 나갔다. 쇠약해진 국가에 불만을 느낀 사람들은 위대한 샤를마뉴 시대를 그리워하기 시작했다. 서프랑크 왕국과 동프랑크 왕국 사이의 골은 더욱 깊어져 갔다.

서프랑크 왕국에서 카롤링거 왕가의 권력은 단 1세기 동안만 유지되었을 뿐이다. 이미 초대 왕이었던 카를 2세의 집권이 끝날 무렵 브르타뉴, 플랑드르, 아키텐 지방은 사실상 서프랑크 왕국으로부터 독립한 상태였다. 10

경건왕 루트비히 1세의 모습이다. 그는 샤를마뉴의 유일한 후계자로서 프랑크 왕국을 통치했으나, 831년 그의 아들 로타르에 의해 폐위되었다. 835년 그는 다른 아들들의 도움으로 황제 자리에 복귀했지만, 5년 뒤에 숨을 거두고 말았다.

＊ 베르됭 조약
843년 8월 프랑스 루트비히 1세의 세 아들이 프랑크 왕국을 셋으로 나눈 조약. 메르센 조약과 더불어 오늘날의 독일, 프랑스, 이탈리아 삼국을 형성하는 데 기초가 되었다.

동프랑크 왕국은 작센인, 바이에른인, 슈바벤인, 프랑코니아인(이전의 동프랑크족)을 비롯한 많은 민족들로 이루어져 있었다. 테두리에 4대 복음서 저자들의 모습이 그려져 있는 이 장식 문자 그림은 9세기의 복음서에 실려 있던 것이다.

세기 내내 서프랑크 왕국은 허약한 상태를 면하지 못했고, 때마침 바이킹이라고 부르는 노르만족마저 쳐들어와 왕국의 어려움은 배가되었다.

911년 샤를 3세는 노르만족을 쫓아내는 것이 불가능하다는 사실을 깨닫고 프랑스 북서부의 노르망디 지방을 노르만족의 지도자 롤로에게 양도함으로써 노르망디 공국이 탄생했다. 카롤링거 왕조의 공작이 된 롤로는 이듬해 세례를 받고 노르망디 공국의 기초를 다지는 작업에 착수했다. 노르망디에는 노르만족이 10세기 말까지 계속하여 몰려와 정착했다. 하지만 그들은 곧 프랑스의 언어와 법률에 동화되었다.

노르망디 공국의 성립 이후 서프랑크 왕국의 통합성은 더욱 빠른 속도로 붕괴되었다. 왕위 계승권을 둘러싸고 왕국이 혼란에 휩싸이자 파리의 백작이었던 카페 가문은 파리 주변의 일 드 프랑스 지방을 중심으로 세력을 확대해 나가기 시작했다. 일 드 프랑스는 이후 프랑스의 핵심 지역이 되었다.

카롤링거 왕조의 통치는 987년 종식되었다. 카롤링거 왕조의 마지막 왕이었던 루이 5세가 사망하자, 카페 가문의 위그 카페가 왕으로 선출되었던 것이다. 동프랑크의 카롤링거 왕조는 이미 911년 소멸한 상태였다. 이때부터 카페 왕조는 약 400년간 프랑스를 지배했다. 서프랑크 왕국의 땅은 10여 개의 영역으로 쪼개어졌고, 지위와 독립 정도가 각기 다른 다양한 인물들이 각각의 영역을 다스려 나갔다.

프랑코니아의 콘라트와 독일의 상황

위그 카페를 왕으로 옹립한 세력 중에는 동프랑크 왕국의 뒤를 이은 독일의 통치자도 있었다. 프랑크 왕국의 분열 후, 동프랑크 왕국에서는 계속해서 영토 분리가 일어나 카롤링거 왕조의 지배력을 치명적으로 손상시켰다. 911년 동프랑크 카롤링거 왕조의 마지막 왕이 후계자 없이 죽자, 이 지역은 정치적인 분열에 빠져들었다. 동프랑크 지역은 전통적으로 부족 단위의 독립성이 서프랑크 지역보다 강했다. 지방의 영주들은 이를 바탕으로 독자적인 세력을 구축했으며, 이러한 경향은 19세기까지도 독일의 정치를 특징짓는 현상이 되었다.

결국 독일 지역에는 부족 단위로 형성된 대여섯 개의 강력한 공국이 들어서게 되었다. 이러한 공국의 지배자들 중에는 프랑코니아의 콘라트라는 인물이 있었다. 동쪽에서 마자르족의 위협이 거세어지자 여러 공국들은 단결의 필요성을 느껴 콘라트를 그들의 왕으로 추대했다.

새로운 왕조의 지배자가 사람들의 충성심을 이끌어 내기 위해서는 뭔가 특별한 존재가 되어야 했다. 이에 주교들은 대관식을 열어 콘라트의 머리에 기름을 부어 주었다. 프랑크 왕국의 분열 이래 동프랑크에서 이러한 대접을 받은 것은 콘라트가 최초였다. 그러나 그는 마자르족과의 대결에서 성공을 거두지 못했다. 콘라트는 로타링기아를 빼앗겼고 이를 수복하는 데에도 실패했다. 그는 교회의 지원을 받으며 자신의 가문과 지위를 지켜내기에도 바빴다.

왕의 도움을 기대하기 어렵다는 사실이 명백해지자 각각의 공국들은 결국 스스로를 마자르족으로부터 보호하기 위해 백성들을 끌어 모았다. 이 가운데 가장 중요했던 네 개의 공국은 작센, 바이에른, 슈바벤 그리고 프랑코니아였다. 1,000년 동안 독일의 특징이 된 강한 지방색, 혈연주의, 주요 귀족 가문들의 지배 그리고 무엇보다도 중앙 권력을 압도하는 지방 권력의 난립 등이 모두 이때 생겨난 것이다.

그러나 콘라트는 강력한 후계자를 지명함으로써 당분간 독일의 분열을 지연시켰다. 공국들의 반란에 직면해 이 반란자들 가운데 한 명이었던 작센 공작을 후계자로 지목했던 것이다. 작센 공작은 왕위 승계에 동의했고 이리하여 919년 '새 사냥꾼'이라는 별명을 지닌 하인리히 1세가 왕이 되었다. 그는 1024년까지 독일을 지배한 오토 왕조의 시조가 되었으며 사람들은 그와 그의 후계자들을 '작센인 황제'라 부르기도 했다.

오토 왕조

하인리히 1세는 성직자들이 열어주는 대관식을 거부했다. 그는 이미 가문으로부터 거대한 땅을 물려받은 상태였고, 작센인이라는 든든한 지지 기반을 가지고 있었다. 게다가 그는 스스로 뛰어난 군인임을 보여 줌으로써 지방의 유력자들도 자기 편으로 끌어들일 수 있었다.

그는 서프랑크 왕국으로부터 로타링기아 지방을 되찾았고, 중부 유럽의 슬라브계 민족인 웬드족을 물리친 후 엘베 강 유역에 새로운 국경 지대를 설치했다. 또한 덴마크를 속국으로 만든 뒤 덴마크인의 개종 사업에도 착수했다. 그리고 마침내는 숙적인 마자르족의 격퇴에도 성공했다.

그의 아들 오토 1세는 아버지가 만들어 준 좋은 여건들을 잘 활용했다. 그는 아버지의 뒤를 이어 다른 공국들의 세력을 제압했다. 955년에는 마자르족에게 최종적인 승리를 거두어 독일에 대한 마자르족의 위협을 영구적으로 제거했다. 나아가 그는 샤를마뉴 제국의 서쪽 경계였던 오스트리아 지방도 되찾았다.

교회와의 관계에서도 오토 1세는 주도권을

이 11세기의 삽화는 오토 왕조의 하인리히 2세가 필사하도록 명한 수많은 종교 문헌 가운데 하나에 등장한다. 성 베드로가 교회의 열쇠를 받는 장면을 보여 주고 있다.

이 대리석 부조에서 가운데 있는 인물은 그리스도이며 그리스도의 오른쪽 발을 붙잡고 있는 인물은 오토 2세이다. 오토 2세의 맞은편에는 그의 아내 테오파노의 모습이 새겨져 있으며 테오파노가 안고 있는 어린아이는 오토 3세이다.

잡는 데 성공했다. 몇 차례의 반대에도 불구하고 그는 교회를 자신에게 충성스러운 집단으로 재편했다. 독일에서는 서프랑크 왕국과 달리 성직자들이 적으로부터 보호받기 위해 국왕에게 도움을 구하는 경향이 있었는데, 이는 오토 1세에게 유리하게 작용했다. 작센 지방의 마그데부르크에는 행정 구역의 하나인 새로운 대주교 관구가 설치되었으며 이 관구는 슬라브족 거주지의 주교 관구들을 관할했다.

오토 1세의 통치로 말미암아 중부 유럽의 무정부 상태는 끝이 났으며 오늘날 우리가 알고 있는 독일의 윤곽이 형성되었다. 그러나 오토 1세의 야망은 단지 독일 지역의 군주가 되는 데에서 그치지 않았다. 936년 그는 샤를마뉴 제국의 수도였던 아헨에서 대관식을 거행하고 왕관을 썼다. 아버지와 달리 그는 성직자들의 기름 부음을 받아들였으며, 대관식 후에는 독일의 공작들을 초청하여 연회를 베풀고 자신의 우월한 지위를 확인시켰다. 이는 오래전 카롤링거 왕조의 전통을 따른 것이었다.

15년 후 그는 이탈리아를 침공하여 이탈리아 왕가의 미망인과 결혼함으로써 이탈리아의 왕권을 차지했다. 그러나 교황은 그에게 황제의 대관식을 올려 주기를 거절했다. 10년 뒤 오토 1세는 도움을 호소하는 교황의 부름에 응해 다시 이탈리아로 갔고, 이번에는 교황도 황제의 대관식을 거행해 주었다. 대관식은 962년에 거행되었으며 이로써 오토 제국이 탄생하였다. 오토 제국은 나중에 신성 로마 제국이라 불리게 된다.

제국의 부활

오토 1세의 황제 대관식은 로마와 카롤링거 왕조 시대의 제국의 전통을 부활시킨 것이었다. 독일과 이탈리아는 하나의 황제에 의해 재차 통합되었으며 새로운 제국은 거의 1,000년이나 지속되었다.

그러나 오토 제국은 샤를마뉴의 제국만큼 크지 않았다. 또 오토 1세가 샤를마뉴만큼 교회를 장악한 것도 아니었다. 오토 1세는 두 차례나 교황을 바꿀 정도로 막강한 권력을 가지고 있었지만, 그는 교회를 지배하려 하지 않았다. 그는 자신을 교회의 지배자가 아니라 보호자라고 생각했다. 다만 보호자의 임무를 보다 잘 수행하기 위해 이따금씩 교회에 간섭하기는 했다.

오토 제국의 조직과 구조 역시 그다지 견고한 편은 못 되었다. 황제의 권력은 잘 짜인 행정 체제를 통해서 행사되기보다는 지방의 유력자들을 정치적으로 장악함으로써 행사되었다.

그럼에도 불구하고 오토 제국의 건설은 위대한 업적이었다. 오토 1세의 아들, 즉 오토 2세는 비잔티움 제국의 공주와 결혼했다. 오토 2세와 오토 3세 때 제국은 반란으로 어려움을 겪기도 했으나, 오토 1세가 확립한 알프스 산맥 남쪽 지역에 대한 영향력은 계속해서 유지되었다.

오토 3세는 자신의 사촌을 교황 자리에 앉혔다. 이 사촌은 역사상 최초의 독일인 교황이기도 했다. 사촌이 죽은 뒤에는 최초의 프랑스인 교황을 세우기도 했다. 그는 로마에 매료되어 아예 그곳에 머물러 살았다. 오토 1세나 오토 2세처럼 그는 자신을 로마 황제라는 의미의 '아우구스투스'라 불렀지만, 그는 한발 더 나아가 과거에 샤를마뉴가 했던 것처럼 인장에 '부활한 로마 제국'이라는 글귀를 새겨 넣었다. 그에게 기독교 제국의 황제가 된다는 것은 곧 로마 제국의 황제가 됨을 의미했다.

비잔티움 제국 공주의 아들이기도 했던 오토 3세는 자신을 콘스탄티누스 대제에 비견했다. 콘스탄티누스 대제는 기독교를 최초로 인정한 로마 제국의 황제로 콘스탄티노플의 건설자이기도 했다. 10세기 말경 제작된 한 복음서에는 그가 왕관을 쓰고 십자가가 달린 구슬을 든 채 네 명의 여인에게 경배를 받는 모습이 그려져 있다. 이들 여인은 각각 슬라브 유럽, 독일, 갈리아 그리고 로마를 상징한다.

그는 동양의 황제들처럼 다른 나라의 왕들은 황제에게 종속된 자들이라고 생각했다. 이는 자신이 신으로부터 권위를 인정받은 유일한 황제라는 그의 신념에서 비롯된 것이었지만 과대망상임에는 틀림이 없었다. 오토 왕조의 실질적인 기반이 되는 지역은 이탈리아가 아니라 독일이었다. 그러나 오토 3세는 이탈리아에 집착했고, 그곳에서 떠나려 하지 않았다. 그는 1002년 사망하고 나서야 독일 지역으로 돌아왔다. 그의 시신은 유언에 따라 아헨으로 운구되어 샤를마뉴 대제 옆에 묻혔다.

중세의 신성 로마 제국

오토 1세는 과거 카롤링거 제국 영토의 3분의 2를 재통일했고, 이로써 서유럽의 중심지를 프랑스로부터 독일 지역으로 이동시켰다. 이전의 프랑크 왕국 지역에서 그의 지배를 벗어난 곳은 프랑스의 서부 지역에 불과했다. 13세기에 호엔슈타우펜 왕조의 통치자들은 제국의 영토를 크게 확장시켰지만, 200년간 교황령과 갈등을 빚으면서 제국은 크게 약화되었다.

오토 왕조의 몰락

요절한 오토 3세는 후계자를 남기지 않았다. 그러나 이것으로 작센 왕가의 계보가 끊어진 것은 아니었다. 일련의 다툼 끝에 왕으로 선출된 이는 하인리히 2세로, 그는 하인리히 1세의 증손자였다. 그 역시 로마에서 대관식을 치르기는 했지만, 그는 본질적으로 서유럽의 황제가 아니라 독일의 왕일 뿐이었다.

그의 인장에는 '프랑크 왕국의 부활'이라는 글귀가 씌어 있었다. 그의 관심사는 주로 독일 동부를 평정하고 그곳의 주민들을 개종시키는 데 있었다. 비록 이탈리아로 세 차례 원정을 나서긴 했지만, 그는 이탈리아를 직접 지배하기보다는 이탈리아 내 각 세력들의 경쟁을 부추겨 이 지역에서 오토 제국의 주도권을 유지하는 정도에서 만족했다. 그의 시대에 오토 제국의 제국적 색채는 쇠퇴하기 시작했다.

결국 11세기 초엽의 오토 왕조는 표면상으로는 여전히 제국이었지만, 제국적 특성들은 카롤링거 왕조의 유산과 함께 이미 오래전에 사라진 상태였다. 오토 제국은 독일 내의 왕조로 축소되었으며, 국왕의 권력도 점점 축소되었다. 이러한 변화는 그 뒤 수세기 동안 독일 역사의 전개 방향을 결정하게 된다.

독일이라는 개념은 여전히 거의 존재하지 않았지만, 이미 그 지역은 불완전하나마 하나의 단일한 정치적 단위로 묶이기 시작했다. '다른 군주들 위에 군림하는 황제'라는 제국의 개념은 이후 중세 독일에 신성 로마 제국 황제의 종주권을 인정하는 소국들의 연합 체제가 형성되면서 다시금 그 흔적을 드러낸다.

독일이 이러한 변화를 겪고 있는 사이 프랑스에서도 역시 장래의 프랑스를 형성할 주요한 변화들이 이루어지고 있었다. 프랑스에서는 독일과는 정반대로 점차 강력한 중앙 권력이 등장하고 있었다. 그러나 당시에는 이를 눈치 채기가 쉽지 않았다. 서프랑크 왕국은 10여 개의 지역으로 분할되어 있었으며 이들 지역에 대한 카페 왕조의 종주권은 오랫동안 허약한 상태로 남아 있었다.

하지만 카페 왕조는 프랑스의 핵심 지역인 파리 주변 지역과 오를레앙 일대를 장악하고 있었고, 교회와도 친분 관계를 유지하고 있었다. 이런 상황은 능력이 뛰어난 왕에게는 커다란 이점이 될 수 있었다. 실제로 프랑스에서는 이후 3세기 동안 유능한 왕들이 잇따라 출현하여 프랑스 왕국의 기틀을 다져 나갔다.

이탈리아와 남부 유럽의 상황

프랑스와 독일 이외에 카롤링거 왕조의 영토를 구성하던 또 다른 주요 지역으로는 이탈리아가 있었다. 이탈리아는 알프스 산맥 북쪽의 지역과는 점차 다른 길을 걸었다. 7세기 이후 이탈리아는 북부 유럽과의 관계에서 벗어나 지중해 지역의 일부로 다시 편입되기 시작했다.

8세기 중반 이탈리아 대부분은 롬바르드족의 지배 하에 놓이게 되었다. 이 호전적인 야만인들은 반도에 정착하고 이탈리아어를 받아들였지만, 다수의 이탈리아인을 지배하

'로타리 왕의 칙령'이 담긴 필사본의 속표지. '로타리 왕의 칙령'은 롬바르드족의 관습을 규범화한 것으로, 이탈리아에서 11세기 말까지 법률로 준수되었다. 로타리 왕은 7세기 롬바르드족의 왕이었다.

롬바르드족과 로마 가톨릭 교회 간의 관계가 초기에는 늘 우호적인 것은 아니었다. 이 그림은 밀라노 근처의 몬차에 있는 테오돌린다 성당에 있는 것으로, 기독교 수도재(중앙의 말 탄 인물 왼쪽에 있는 금발의 남성)가 롬바르드족 군대와 싸우기 위해 전장으로 나서는 모습이 표현되어 있다.

는 데에서 비롯된 사회적 긴장을 해소하기 위해 계속해서 정복 전쟁을 벌여 나갔다. 그들은 가톨릭교를 수용하기는 했지만, 그들의 필요와 관습에 맞게 이를 변형시켰다.

이론적으로는 로마 제국의 후신인 비잔티움 제국이 이탈리아에 대한 종주권을 주장할 수도 있었지만, 실제로 8세기까지 이곳에서 롬바르드족에 대항할 만한 힘을 지닌 사람은 교황에 불과했다. 그러나 이후 롬바르드족이 세운 조그마한 나라들이 하나의 강력한 왕국 아래 뭉치기 시작하자 교황의 힘도 이들을 막기에는 역부족이었다.

교황이 카롤링거 왕조와의 연합을 모색한 것도 바로 이때였다. 롬바르드 왕국이 샤를마뉴에게 멸망하자, 이탈리아에는 교황 세력에 대항할 만한 적수가 없었다. 그러나 카롤링거 왕조의 세력이 기울면서 교황은 이탈리아의 호족들과 로마의 귀족들로부터 도전을 받아야 했다.

교황의 힘이 약해지고 프랑크 왕국이 분열함에 따라 서방 교회는 응집력이나 통합성 면에서 크게 쇠퇴했다. 오토 왕조가 교황을 어떻게 다루었는가를 살펴보면 교황의 권력이 얼마나 보잘것없었는지를 깨달을 수 있다. 주도적인 힘을 가진 세력이 사라진 이탈리아는 여러 개의 소국으로 쪼개지고 말았다. 이러한 현상은 특히 이탈리아 북부에서 심했다.

그러나 베네치아만은 매우 큰 성공을 거두었다. 베네치아는 200년 동안 아드리아 해로 진출하며 두각을 나타냈다. 베네치아의 통치자는 공작의 칭호를 얻었으며 아드리아 해 일대와 서아시아의 레반트 지방에 강력한 세력을 구축했다. 이탈리아 남부에는 가에타, 아말피, 나폴리와 같은 도시 국가들이 들어섰으며 중부에는 교황령이 있었다.

그러나 이슬람 세력의 위협은 북쪽의 피사

롬바르드족은 과거 건축물의 복원 작업에 관심이 많았다. 본래의 롬바르드족 건축물과 조각은 오늘날 별로 남아 있지 않지만, 이 조각물은 로마 근처의 치비달레 계곡에 있는 성모 마리아 교회의 작은 기도실에 보존되어 있었다.

유럽의 성장 155

이 금으로 도금한 스웨덴식 청동 투구는 영국의 서턴 후에 있는 색슨족의 배 무덤에서 발견되었다. 이 투구는 7세기 색슨족이 지배하고 있던 영국에 끼친 노르만족의 강력한 영향을 보여 준다.

투구는 다른 이교도적 유물들과 함께 땅에 묻힌 선박에서 나왔다. 시신은 발견되지 않았는데, 이것은 이 배 무덤이 묘지가 아니라 일종의 기념물로 만들어졌다는 사실을 암시한다. 무덤은 아마도 동東 앵글리아의 왕 래드월드(599~625 재위)를 기념하기 위해 조성되었던 것으로 추정된다.

에까지 이르며 이탈리아 전체에 어두운 그림자를 드리웠다. 9세기에 타란토와 바리에는 아랍인의 제후국이 등장했으며 902년에는 시칠리아마저 아랍인에게 넘어갔다. 아랍인들은 이후 1세기 반 동안 시칠리아를 지배하며 이 지역에 큰 영향을 남겼다.

남부 유럽에 끼친 아랍인의 영향은 단지 이탈리아에만 국한되는 것이 아니었다. 아랍인은 스페인 땅에 자리를 잡았을 뿐 아니라 프랑스 남부의 프로방스 지방에서도 생트로페를 비롯한 근거지들을 한동안 유지했다. 따라서 유럽의 지중해 연안 주민들은 어쩔 수 없이 아랍인과 복잡한 관계를 맺을 수밖에 없었다.

아랍인은 약탈자이면서 동시에 상인이기도 했다. 이러한 양면성은 바이킹의 후손들에게서 볼 수 있던 모습과 별반 다르지 않았다. 하지만 아랍인은 노르만족과 달리 유럽에 정착하려는 경향을 거의 보이지 않았다.

프랑스 남부와 스페인의 카탈로니아 지방은 고트족이 정복했다가 나중에 프랑크족이 차지한 땅이었다. 그러나 여러 가지 면에서 이 지역은 프랑크 왕국의 북부와는 다른 특징을 지니고 있었다. 이곳에는 과거 로마 제국의 유산이 풍부하게 남아 있었을 뿐 아니라 농업 방식 또한 지중해식 농업*을 따르고 있었다.

언어 역시 이곳과 북부 유럽을 구분하는 주요한 차이점이었는데, 이 지역에서는 라틴어에 기원을 둔 여러 갈래의 로망스어가 등장해 사용되었던 것이다. 이들 언어 중 가장 오래 살아남은 것은 카탈로니아어와 프로방스어였다.

스칸디나비아

유럽을 기독교 문화권에 속한 지역이라 정의한다면, 1000년경의 스칸디나비아는 거의 유럽에 속한다고 할 수 없었다. 선교사들의 오랜 선교 노력에도 불구하고, 스칸디나비아에서 최초의 기독교 군주가 출현한 것은 10세기가 되어서였다. 그리고 11세기가 되어서야 스칸디나비아의 모든 왕들이 기독교를 받아들이게 되었다. 그러나 노르만족은 기독교를 수용하기 훨씬 이전부터 기독교 유럽 세계에 강한 영향을 끼쳐 왔다.

스칸디나비아인은 8세기부터 줄곧 스칸디나비아 반도를 떠나 외부로 진출하고 있었다. 그 이유는 분명하지 않지만, 아마도 다른 민족들의 경우처럼 인구 과잉 때문이었을 것이다. 스칸디나비아인은 그들의 해외 진출을 용이하게 하는 두 가지 뛰어난 도구를 지니고 있었다. 하나는 돛과 노가 달린 기다란 배로, 그들은 이를 통해 바다를 건너거나 얕은 하천 위를 자유자재로 이동할 수 있었다. 또 하나는 많은 인원과 화물, 가축을 싣고 바다에서 6~7일간을 보낼 수 있는 커다란 화물 운반선이었다.

그들은 4세기 동안 바다를 건너 유럽으로 침입했고, 아메리카 대륙의 그린란드에서부터 러시아의 키예프 공국에 이르기까지 수많은 지역에 그들의 문화를 심어 놓았다. 그들의 활동 양상은 어느 지역으로 진출했는가에 따라 달라지곤 했다. 아이슬란드, 페로 제도, 오크니 제도, 그리고 멀리 아메리카에까지 나아갔던 노르웨이인은 식민지 개척에 힘을 기울였다.

반면 러시아 방면으로 진출해 비잔티움인과 아랍인들에게 '바랑인'으로 불리게 된 스웨덴인은 주로 교역에 종사했다. 한편 북유럽 일대에서 활동한 덴마크인들은 약탈과 해적질을 일삼아 바이킹족의 악명을 드높이는 장본인이 되었다. 하지만 스칸디나비아인의 활동은 대개 어느 한 가지에 국한되지 않았으며, 그들은 전체적으로 정복, 약탈 그리고 교역을 병행하곤 했다.

바이킹족은 그들의 본토에서 멀리 떨어진 섬들에까지 식민지를 건설했다. 영국 북부의 섬들을 식민지화한 것은 바이킹들의 업적 중에서도 가장 중요한 것의 하나였다. 그들은 픽트족을 밀어내고 영국 북쪽에 있는 오크니 제도와 셰틀랜드 제도에 식민지를 건설했다. 이곳을 근거로 그들은 인근의 페로 제도와 맨 섬까지 영역을 확대해 나갔으며, 9세기부터는 스코틀랜드와 아일랜드에도 본격적으로 정착하기 시작했다.

바이킹족은 아일랜드의 문화에 커다란 영향을 남겼다. 오늘날에도 아일랜드의 언어에는 바이킹족이 쓰던 상업 용어들의 흔적이 남아 있다. 아일랜드의 수도인 더블린 역시 바이킹족이 중요한 무역 기지로 쓰기 위해 건설한 도시였다.

바이킹의 식민지들 중 가장 성공적이었던 곳은 아이슬란드였다. 아이슬란드에 머물렀던 아일랜드인 수도자들의 예상대로 9세기 말부터 바이킹들은 이곳으로 대거 몰려들기 시작했다. 930년경 아이슬란드의 스칸디나비아인 인구는 이미 1만 명에 이르고 있었다. 그들은 대개 농업이나 어업에 종사했고, 소금에 절인 생선을 다른 지역에 내다 팔기도 했다.

930년에 아이슬란드에는 바이킹족의 국가가 수립되었고, '팅'이라는 자유민들의 회의가 최초로 소집되었다. 어떤 사람들은 이를 '유럽 최초의 의회'라 부르기도 했지만, 사실 이것은 현대의 의회와는 달리 사회 중요 인사들의 모임에 가까웠고, 오래전 노르웨이의 관습을 따르고 있었다. 그러나 팅은 이후에도 꾸준히 개최되어 아이슬란드 역사의 지속성을 유지하는 기초가 되었다.

10세기에는 그린란드에도 노르만족의 식민지가 건설되었다. 스칸디나비아인은 이곳에서 500년 동안이나 머물러 살았다. 그러나 그들은 갑자기 사라지고 말았는데, 아마도 빙하가 확산되면서 남쪽으로 내려온 에스키모인에 의해 밀려났던 것으로 추정된다.

스칸디나비아인들이 그린란드보다도 서쪽

◀ 9세기까지 바이킹은 잉글랜드와 아일랜드를 무자비하게 습격했다. 바이킹의 폭력과 약탈로 이들 지역은 자주 황폐화되었다. 이 장식 지팡이는 원래 영국의 한 주교가 가지고 있던 것이지만, 스웨덴의 헬괴에서 발견되었다. 아마도 바이킹족에 의해 약탈된 것으로 추정된다.

* **지중해식 농업**
지중해성 기후 지방에서 사용하는 농업양식. 여름의 고온 건조한 기후에 잘 견디는 포도, 오렌지, 레몬, 올리브 등을 기르며 관개설비가 발달되어 있다. 지중해 연안지방 외에 미국의 캘리포니아 주, 남아프리카 공화국, 칠레 등에서도 볼 수 있다.

유럽의 성장

으로 나아갔는지에 대해서는 확인할 길이 거의 없다. 하지만 중세 아이슬란드의 영웅 설화에는 '빈랜드'를 탐험한 인물들의 이야기가 등장한다. 이 설화에 의하면 빈랜드는 야생의 포도나무들이 자라는 땅이었고, 한 바이킹족 영웅의 탄생지이기도 했다. 이 영웅의 어머니는 나중에 아이슬란드로 돌아온 후 로마로 순례 여행을 떠났지만, 결국에는 빈랜드로 돌아가 축복 속에서 여생을 보냈다.

오랫동안 전설로만 여겨졌던 이 이야기가, 최근의 고고학적 발굴 성과들에 의해 그 신빙성이 크게 높아졌다. 캐나다 남동부의 뉴펀들랜드 지방에서 발견된 오래전의 정착지 유적에서 스칸디나비아인의 특징이 발견되었던 것이다. 그러나 콜럼버스의 대선배들의 역사에 대해 이 이상의 증거는 아직까지도 나오지 않고 있다.

바이킹의 내습

바이킹족의 도래는 처음부터 서유럽의 주민들에게 커다란 두려움을 심어 주었다. 그들은 가는 곳마다 가공할 약탈 행위를 벌였을 뿐 아니라 매우 잔인한 습성을 지니고 있었다. 예컨대 그들은 사람들의 사지를 벌려 찢어 죽이곤 했는데, 이는 대부분의 야만족들이 공통적으로 지니고 있는 습관이었다.

역사 기록에 나타난 그들에 포악함은 어느 정도 과장되었다고 생각된다. 기독교 성직자들은 바이킹족의 갑작스러운 등장에 매우 놀란 상태에서 기록을 남겼기 때문이다. 특히 바이킹이 교회와 수도원을 가리지 않고 공격했다는 사실은 이들에 대한 성직자들의 증오를 한층 부풀리는 결과를 가져왔을 것이다. 이교도였던 바이킹들에게 교회는 전혀 신성한 장소가 아니었으며 오히려 보석과 음식이 가득 찬 매력적인 약탈 대상일 뿐이었다. 사실 바이킹족이 아일랜드에서 수도원을 불태운 최초의 종족도 아니었다.

어쨌든 기독교 세계의 북쪽과 서쪽에서 바이킹족의 존재는 매우 끔찍한 것이었다. 그들은 793년 영국에 대한 최초의 공격을 감행했다. 린디스판의 수도원이 그들의 희생물이 되었으며 성직자들은 공포의 도가니에 빠졌다.

2년 뒤 그들은 아일랜드를 침략했으며 9세기 전반에는 덴마크족이 네덜란드의 프리지아 지방을 해마다 약탈했다. 프랑스 연안 역시 안전지대가 아니어서, 842년 낭트의 주민들은 바이킹들에게 약탈당한 뒤 대량으로 학살당하기도 했다. 이 사건을 두고 프랑크 왕국의 한 작가는 비통해하며 다음과 같이 말했다. "바이킹의 끝없는 물결이 그치지 않고 커져만 간다."

파리, 리모주, 오를레앙, 투르, 앙굴렘 같은 내륙 지방의 도시들도 바이킹의 공격을 피하지 못했다. 바이킹은 이제 전문적인 해적 집단이 되어 있었다. 이들은 곧 스페인에도 약탈의 손길을 뻗쳤고, 아랍인들 역시 공격을 받았다.

844년 스페인 남부의 세비야를 공격했던 바이킹들은 859년에는 지중해 연안의 님 지방을 습격했고, 이탈리아의 피사마저 약탈했다. 그러나 859년 지중해를 습격했던 바이킹 함대는 복귀 도중 아랍 함대의 공격을 받아 커다란 타격을 입었다.

8세기 초에 만들어진 이 성찬용 잔은 아일랜드의 대표적인 금 세공품 가운데 하나로, 1868년 아다그에서 발견되었다. 바이킹은 전리품으로 이러한 보물들을 약탈해 가곤 했다.

바이킹 침략의 결과

어떤 학자들은 바이킹족의 습격이 정점에 이르렀을 당시 그들은 서프랑크 지역의 문명을 붕괴시키기 일보 직전에까지 이르게 했다고 생각한다. 확실히 바이킹족이 입힌 피해는 서프랑크 지역이 동프랑크 지역보다 심했다. 바이킹족의 공격은 프랑스와 독일의 사회 및 정치 구조에 커다란 차이를 가져왔다.

서프랑크 지역의 영주들에게는 이제 바이킹족으로부터 자신과 백성들을 보호해야 한다는 새로운 책임이 부여되었다. 이미 와해되어 있던 중앙의 권력으로부터 도움을 기대할 수 있는 처지는 아니었다. 사람들은 자신들의 안전을 위해 점점 더 지방 영주들에게 의지했다. 카페 왕조의 창시자였던 위그 카페는 왕위에 오를 무렵만 해도 그저 다른 인물보다 좀 더 두각을 나타낸 봉건 영주에 불과했다.

그러나 바이킹의 위협을 격퇴하는 데에서 국왕들의 역할이 전혀 없었던 것은 아니었다. 샤를마뉴 대제와 루트비히 1세는 비록 이후의 왕들보다는 약한 바이킹들을 상대했다고는 하지만, 그런대로 취약 지대인 항구나 강어귀 지역을 수비하는 데 성공했다. 바이킹들은 대규모로 결집한 왕국의 군대 앞에서는 상대가 되지 못했다. 이 때문에 몇몇 예외는 있었지만 서구 기독교 세계의 중심지들은 전체적으로 잘 방어되었다. 다만 연안 지대에 대한 바이킹들의 소규모 습격에 대해서는 대규모 군대가 힘을 쓰지 못했다. 이러한 소규모 습격들은 그 규모에도 불구하고 여전히 막대한 피해를 입히곤 했다.

몇 차례의 패배 후 바이킹족이 점차 왕국의 주력 부대를 피하는 방법을 익혀 나가자 이제 그들을 상대하는 유일한 방법은 그들을 매수하는 것뿐이었다. 대머리 왕 카를 2세는 백성들이 괴롭힘을 당하지 않도록 바이킹들에게 공물을 제공하기 시작했다.

곧이어 잉글랜드에서도 데인겔드*라는 공물이 바이킹에게 지급되었다. 잉글랜드는 이 무렵 바이킹의 주요 약탈 대상이 되어 있었는데, 바이킹족은 그곳을 습격했을 뿐 아니라 그곳에 아예 눌러앉기 시작했다.

이쯤에서 잉글랜드인들이 바이킹족의 습격에 어떻게 대응했는가를 살펴보기 위해서는 당시 잉글랜드의 상황에 대해 잠시 언급할 필요가 있을 것 같다. 당시의 잉글랜드에는 게르만족의 침입 당시 세워진 여러 개의 소왕국들이 들어서 있었다.

7세기에 이르면, 많은 잉글랜드인들이 게르만족 이주민의 공동체와 어울려 살고 있었다. 반면 어떤 이들은 웨일스와 스코틀랜드의 구릉지로 쫓겨났다. 캔터베리에는 로마

◀ 웨섹스의 왕인 알프레드 대왕(871~899 재위)의 모습이 9세기의 동전에 새겨져 있다.

**데인겔드*
991년 에셀레드 2세가 처음으로 만들어 징수한 국방세. 영국을 침입한 데인족에게 바칠 공물을 마련하기 위해 앵글로색슨족에게 부과한 세금이다. 폐지와 부활이 계속되다가 1163년에 마침내 폐지되었다.

영국에서 바이킹의 습격을 최초로 받은 곳 중 하나는 7세기 세워진 린디스판 수도원이었다. 린디스판의 수도사들은 정교한 세밀화들을 만들었는데, 이른바 「린디스판 복음서」(696~698년경)에 나오는 이 히베르노-색슨* 양식의 문양도 그 중 하나이다.

**히베르노-색슨 양식*
7세기 아일랜드인, 즉 히베르노인과 남부 잉글랜드의 앵글로색슨족이 서로 영향을 받아 생겨난 서유럽 시각예술의 표현기법. 곡선형 모티프와 정교한 머리글자, 서로 엇갈리도록 짠 동물의 형태 및 밝은 채색이 결합되었다.

가톨릭교의 선교 본부가 자리 잡고 있었는데, 이곳에서 파송된 선교사들은 잉글랜드 지역을 넘어 아일랜드에도 계속하여 기독교를 확산시키고 있었다.

잉글랜드의 로마 가톨릭 교회는 한동안 이 지역의 토착 교회인 켈트 교회와 경쟁했다. 그러나 664년을 기점으로 로마 가톨릭 교회는 이 경쟁에서 결정적인 우위를 점했다. 이 해에 노섬브리아의 왕이 휘트비에서 열린 성직자들의 회의에서 로마 가톨릭 교회가 주장하는 부활절 날짜를 수용했던 것이다. 이후 영국은 켈트 교회가 아닌 로마 가톨릭 교회의 전통을 따르게 된다.

앨프레드 대왕과 잉글랜드의 통일

잉글랜드 내의 소왕국들은 저희들끼리 다툼을 전개하곤 했다. 이 과정에서 때때로 한 왕국이 다른 왕국들보다 우세해지기도 했다. 그러나 9세기 영국에 거세게 밀려들어온 바이킹족의 공격을 격퇴할 수 있었던 것은 이들 중 한 왕국에 불과했다.

바이킹족의 일파인 덴마크족은 851년부터 줄곧 영국을 공격하여 잉글랜드 땅의 3분의 2를 정복했다. 이들의 공격을 물리친 것은 웨섹스 왕국이었다. 당시 웨섹스 왕국은 영국 최초의 국가적 영웅이 되는 뛰어난 인물이 통치하고 있었는데, 그가 바로 앨프레드 대왕이었다.

웨섹스 왕국은 대대로 로마 가톨릭 교회 및 대륙의 프랑크계 국가들과 밀접한 관계를 맺고 있었다. 앨프레드 대왕 역시 네 살 때 아버지와 함께 교황을 찾아가서 로마의 집정관으로 임명된 일이 있었다. 따라서 이교도인 덴마크족이 쳐들어오자 사람들이 앨프레드를 잉글랜드 기독교의 수호자로 여기게 된 것도 그리 이상한 일은 아니었다.

871년 앨프레드는 잉글랜드 최초로 덴마크족 군대에게 결정적인 패배를 안겼다. 몇 년 뒤 덴마크족의 왕은 웨섹스로부터의 철수와 기독교로의 개종에 합의했다. 이로써 잉글랜드에 정착한 덴마크족은 잉글랜드인과 공존할 수 있는 계기가 마련되었으며, 북부의 스코틀랜드 지방에 정착한 덴마크족과도 구분되었다.

노르만족의 사가 문학

'사가saga'란 전설적인 이야기다. 노르만족은 그들 사이에서 대대로 구전되는 설화나 전설들을 이야기체 문학이나 시 형식으로 옮겼다. 사가는 영웅의 위업이나 위대한 북유럽 전사에 관한 내용이 많은데, 가족 사가와 역사 사가의 두 가지로 나뉜다.

역사 사가는 주로 9~11세기 스칸디나비아인의 영토 확장 시대를 다루고 있다. 노르만족이 각지에 왕국을 수립한 후에는 왕과 여왕들의 행적도 역사 사가의 소재가 되었으며, 11세기에 기독교가 전파된 뒤에는 주교들의 삶도 이야깃거리가 되었다.

13세기까지 스칸디나비아인의 거주지들에서는 이야기를 글이나 말로 표현하는 전통이 대단히 널리 퍼져 있었다. 이러한 전통은 13세기 이후 쇠퇴하기 시작했다.

이 12세기의 태피스트리는 스웨덴의 할링란드에 있는 스코그 교회에 소장된 것이다. 바이킹의 신 토르, 오딘, 프레위르가 그려져 있다.

앨프레드는 잉글랜드 전체의 지도자가 되었다. 덴마크족의 침공 당시 다른 잉글랜드 왕국들은 이미 궤멸되어 버렸던 것이다. 그는 계속해서 잉글랜드의 나머지 영토들을 회복하는 작업에 착수하여 896년경에는 런던을 되찾았다. 899년 그가 사망할 무렵 잉글랜드에 대한 덴마크족의 위협은 한풀 꺾여 있었으며, 그의 후손들은 통일된 왕국을 다스릴 수 있었다. 덴마크족의 주된 거주지로서 오늘날까지도 스칸디나비아식 지명과 언어 습관이 남아 있는 데인로 지역의 주민들도 잉글랜드 왕국의 지배를 받아들였다.

앨프레드의 업적은 여기에만 그치지 않았다. 그는 국가의 방위 체제를 정비하여 지방세를 거두고 이 자금으로 각지에 '버러(자치 도시)'라는 요새들을 건설했다. 이 요새들은 데인로 일대의 덴마크족 세력을 더욱 축소시키는 발판이 되었을 뿐 아니라, 도시로도 발전하여 잉글랜드에서 중세 초기의 도시망을 형성하는 주춧돌 역할을 했다.

앨프레드는 문화적으로도 뛰어난 업적을 남겼다. 그는 자원이 얼마 없었음에도 불구하고 잉글랜드의 지적·문화적 수준을 크게 끌어올리는 데 성공했다. 그의 학자들은 샤를마뉴의 학자들처럼 필사와 번역 작업을 통해 새로운 문화적 부흥을 이끌었다. 앵글로색슨족 귀족과 성직자들은 이들의 작업 덕분에 영어로 비드*와 보이티우스의 저작들을 접할 수 있게 되었다.

스칸디나비아인이 남긴 유산

앨프레드는 유럽에서 유례를 찾기 힘든 창조적 개혁을 통해 위대한 잉글랜드의 시대를 열었다. 이 시대에 정비된 잉글랜드의 행정 구역 체계는 1974년까지 유지되었으며, 수도원들이 크게 번창하였고, 반세기 동안 소요와 혼란을 일으켰던 덴마크족도 통일된 왕국의 권위에 복속되었다.

그러나 이러한 번영은 무능한 군주들이 등장하기 시작하면서 시들어 버리고 말았다. 왕국의 힘이 약해지자 바이킹족은 또다시 잉글랜드를 괴롭히기 시작했다. 바이킹족의 위협은 잉글랜드 정부로 하여금 그들에게 막대

이 삽화는 잉글랜드와 덴마크, 노르웨이의 왕을 겸했던 크누트 1세가 왕비인 노르망디의 에마와 함께 뉴민스터 대수도원의 제단 위에 십자가를 세우는 장면을 묘사하고 있다. 노르망디의 에마는 원래 크누트의 적이었던 에설레드 2세의 아내였지만, 그가 죽은 뒤 크누트와 재혼했다.

사진에서 보이는 토르 신의 망치 부적은 10세기에 제작된 것이다. 이 무렵 스웨덴에서는 기독교가 점차 우세해지고 있었지만, 이러한 유물들의 존재는 적어도 10세기까지는 고대 북유럽인의 종교가 기독교와 공존했다는 사실을 말해준다.

*비드
8세기 영국의 성직자이자 역사가. 그리스어와 라틴어를 비롯한 모든 학문에 뛰어났으며 영국 사학(史學)의 아버지로 불린다. 『영국 교회사』 등의 저서가 있다.

알-만수르의 군대가 985년 바르셀로나를 침략하자 바르셀로나의 백작들은 카롤링거 왕조로부터 독립할 수 있는 여지를 얻었다. 이 그림에 묘사된 인물들은 바르셀로나의 백작들 중 하나였던 라몬 베렝게르 1세와 그의 세 번째 아내 알모디스 데 라 마르카이다. 마르카는 베렝게스 1세에게 강력한 영향력을 행사했다고 한다.

*헤이스팅스
1066년 노르망디 공작이 잉글랜드 왕의 군대를 격파한 싸움이 벌어졌던 도시. 잉글랜드 남동쪽에 위치해 있으며 영국 해협에 접해 있다. 중세 시대의 성곽 유적이 있는 언덕이 있으며, 휴양지로 유명하다.

한 양의 공물, 즉 데인겔드를 지불하게 했는데, 이를 위해 국왕은 백성들에게 과중한 세금을 부과해야 했다. 이에 따라 백성들의 삶은 끔찍할 정도로 피폐해졌지만, 공물의 지급은 덴마크족이 잉글랜드의 왕을 몰아내고 영국을 정복할 때까지 중단되지 않았다.

1013년 덴마크의 왕 스벤은 잉글랜드를 침략하여 대승을 거두고 잉글랜드 전체의 지배자가 되었다. 그러나 그는 이듬해 세상을 떠났고, 그의 어린 아들이 그의 유업을 계승하였다. 이 아들은 덴마크의 전성기를 가져 온 크누트 대왕으로, 그의 재임기에 잉글랜드는 잠시 동안 이나마 위대한 덴마크 제국(1016~1035)의 일부가 되었다. 잉글랜드는 1066년 마지막으로 노르웨이인의 대규모 침공을 받았으나, 이들은 스탬퍼드 브리지 전투에서 격퇴되었다.

이 무렵 스칸디나비아인의 모든 왕국은 기독교로 개종해 있었으며, 그들의 문화 역시 기독교 문화에 흡수되어 가고 있었다. 그러나 바이킹족의 예술은 켈트족 예술과 대륙 예술 모두에 많은 영향을 남겼으며, 아이슬란드 등의 섬들에서는 바이킹족의 관습들이 계속해서 유지되었다. 스칸디나비아의 문화는 이후에도 수세기 동안 영국의 언어와 사회 구조, 프랑스 북부의 노르망디 공작령, 그리고 특히 사가saga 문학에서 뚜렷한 흔적을 남겼다.

세월이 흐르면서 스칸디나비아인들은 그들이 침입하여 정착한 땅에서 점차 다른 주민들과 동화되었다. 바이킹족 국가였던 노르망디 공국이 11세기에 잉글랜드를 침공했을 때, 그들은 사실상 프랑스인이나 다름없었다. 그들이 헤이스팅스*에서 불렀던 군가의 내용은 프랑크족 전사 샤를마뉴에 관한 것이었다. 그들은 영국을 정복했을 때, 데인로의 주민들 역시 이미 잉글랜드인에게 동화된 상태였다. 키예프 공국이나 모스크바 공국에 머물던 스칸디나비아인들의 상황도 이들과 별반 다르지 않았다.

기독교화된 스페인

11세기 초의 서유럽 기독교 세계를 논할 때 빠뜨릴 수 없는 또 다른 지역은 스페인이다. 이 지역은 상당 부분이 이슬람 세력에게 지배되기는 했지만, 지리적·기후적 장벽과 이슬람 세력의 분열 덕분에 북부 지방에서는

▶그림 속의 인물은 이베리아의 아스투리아스 지방에 세워졌던 레온 왕국의 왕 오르도뇨 2세이다. 그는 레온 시를 재건하고 이 지역에서 기독교의 단일성을 회복했다.

고래 뼈를 조각하여 만든 '프랑크족의 상자'의 전면. 이교도적 장면과 기독교적 장면이 나란히 장식되어 있다. 왼쪽은 이교도적 장면으로 북유럽 전설에 나오는 대장장이 웨일런드가 스웨덴 왕 니두드의 두 아들을 죽인 뒤 니두드의 딸 뵈드빌드를 겁탈하기 위해 기다리고 있는 모습이다. 오른쪽은 기독교적 장면으로, 동방 박사 세 명이 아기 예수에게 경배를 드리고 있는 모습이다.

기독교가 살아남을 수 있었다.

8세기 초 아랍인들이 쳐들어오자 이베리아 반도의 대부분은 이슬람 세력의 지배 하에 놓이게 되었다. 기독교 세력은 스페인 북부의 아스투리아스와 나바라 지방에서 간신히 명맥을 유지할 뿐이었다. 그러나 8세기 후반 샤를마뉴가 스페인에 국경 지대를 설치하고 바르셀로나에도 새로운 백작령들이 성장하자 스페인의 기독교 세력은 든든한 원군을 얻게 되었다. 그들은 때마침 이슬람 세계가 내전과 분열로 혼란해진 틈을 타서 스페인으로부터 이슬람 세력을 조금씩 몰아내기 시작했다.

10세기 초 아스투리아스 지방에서는 레온 왕국이 출현해 이웃의 나바라 왕국과 함께 이 지역의 주요한 기독교 국가로 부상했다. 그러나 곧 기독교 국가들 사이에 싸움이 벌어졌고, 이때를 틈타 아랍인들이 다시 전열을 가다듬고 진격해 왔다.

10세기 말 스페인의 기독교 세계는 최악의 위기를 맞았다. 아랍의 위대한 정복자인 알-만수르가 바르셀로나와 레온을 정복한 데 이어 998년에는 사도 야곱이 묻혔다고 전해지는 산티아고 데 콤포스텔라의 성지마저 빼앗았던 것이다.

그러나 이슬람의 승리는 오래가지 못했다. 기독교는 이미 스페인 지역에서도 깊숙하게 뿌리를 내리고 있었던 것이다. 불과 수십 년 뒤 상황은 역전되어 스페인의 기독교도들은 세력을 규합한 반면 이슬람 세력은 내분에 빠져들었다.

중세가 끝나면 이베리아 반도는 위대한 도약을 하게 된다. 이에 관한 이야기는 이 책의 범위를 벗어나는 것이지만, 도약의 발판은 이슬람교도들과의 오랜 대립 기간에 이미 형성된 것이었다. 스페인인들에게 기독교는 자신들의 정체성을 확인시켜 주는 무엇보다도 중요한 자산이었다. 기독교는 그들을 강하게 단련시켰으며, 의지를 불태우게 했다.

서유럽 교회의 고민

스페인의 사례는 유럽 세계의 형성이 기독교와 얼마나 밀접하게 연관되어 있었는가를 단적으로 보여 준다. 그러나 중세의 교회들이 유럽에서 언제나 성공적인 선교 사업을 펼치고 강력한 군주국들과 유대 관계를 맺었던 것만은 아니다. 중세 기독교의 상황은 이보다 훨씬 복잡했다.

결과만 놓고 본다면, 중세의 서방 교회는 역사상 가장 빛나는 성공을 거둔 집단의 하나였다. 그러나 서로마 제국의 몰락으로부터 12세기까지의 교회 지도자들은 오랫동안 자

유럽의 성장 163

이슬람 세력이 대두되기 이전, 기독교는 서유럽과 서아시아 지역 대부분을 장악하고 있었다. 위의 지도에는 주요 수도원의 위치가 표시되어 있고, 이들의 설립 연도 또한 표시되어 있다.

신들이 이교적이거나 반半이교적인 세계 안에서 궁지에 몰려 있다고 느꼈다. 동방 교회와는 점점 사이가 틀어진 끝에 결국 완전히 관계가 끊어지고 말았으며, 남쪽에는 강대한 이슬람 세력이 존재했고, 북쪽에서는 야만족들이 끊임없는 위협을 가하고 있었다. 중세 교회가 취했던 공격적인 태도는 그들이 느끼던 불안감의 표현이었다.

위협은 단지 외부에만 있는 것이 아니었다. 서구 기독교 세계 내에서도 교회는 안정감을 찾을 수 없었다. 기독교 국가라는 나라들은 여전히 이교도적 관행들을 고수하고 있었다. 교회 지도자들은 이들에 둘러싸여 교회의 가르침과 관행을 온전히 고수해야 했다. 그들은 가능한 한 많은 사람들에게 세례를 베풀고, 다양한 민족들의 관행이나 전통을 어느 정도로 인정해 줄지를 판단해야 했으며, 그 와중에서도 교리상의 치명적인 오류를 피해 나가야 했다. 이 모든 일은 성직자 집단을 통해서 이루어졌지만 대부분의 성직자들은 전혀 교육을 받지 못했고, 훈련도 제대로 되어 있지 않았으며, 신앙적인 측면도 의심스러웠다.

이슬람 세력의 진출이 카를 마르텔에 의해 저지된 후 서방 교회는 단지 잔존하는 이교 신앙이나 미신들하고만 싸우면 되었고, 교회는 이러한 것들을 어떻게 다루어야 하는지 잘 알고 있었다. 그러나 그것으로 교회의 문제가 모두 해결된 것은 아니었다.

기독교 국가들의 위대한 지도자들은 교회

의 울타리가 되었지만, 동시에 교회에 새로운 위협이 되기도 했다. 이들은 때때로 교회에 간섭하며 기독교를 마음대로 좌지우지했다. 교회는 세속 사회로부터 독립을 지키기 위해 필사적으로 노력해야 했다.

교황과 서유럽의 기독교

교황은 서방 교회의 중심적 존재로서 교회 전체를 이끌어가는 인물이었다. 그에 대한 기록은 교회 역사의 어느 부분보다도 상세하게 잘 보존되어 있다. 따라서 서방 기독교의 역사란 대부분 교황의 역사가 될 수밖에 없었다.

교황의 권력은 격렬한 부침을 거듭했지만, 로마 제국이 분열되고 난 뒤 서유럽에서 교회의 이해관계를 대변할 이를 꼽으라면 그는 교황일 수밖에 없었다. 서방에서 교황에 필적할 만한 종교적 권위자는 아무도 없었다.

6세기 그레고리우스 대교황 시대 이후 서방 기독교 교회가 더 이상 로마 제국 황제(비잔티움 황제)의 종주권을 인정할 수 없다는 것은 명백해졌다. 이탈리아 북부의 라벤나에 비잔티움 제국의 총독이 머물고 있었다는 사실은 서방 교회의 이러한 이탈 경향을 저지하는 데 아무런 도움이 되지 않았다. 비잔티움 황제가 마지막으로 로마에 간 것은 663년이었다. 또 교황이 마지막으로 콘스탄티노플에 간 것은 710년이었다. 그 뒤 비잔티움 제국에서 벌어진 성상 파괴 운동은 서방 교회와 동방 교회 사이에 상호 불신과 이념적인 골을 깊게 파 놓았다.

751년 북방에서 침입한 롬바르드족이 라벤나를 함락하자, 교황 스테파누스 2세가 도움을 요청한 대상은 비잔티움 황제가 아니라 프랑크 왕국의 피핀왕이었다. 교황은 비잔티

이 부조 작품은 그레고리우스 대교황(540~604)이 원고를 집필하고 있는 모습이다. 전설에 따르면, 비둘기가 신의 말씀을 그에게 전하고 그는 이를 그대로 받아 적었다고 한다. 조각에서 그의 어깨 위에 비둘기가 앉아 있음을 볼 수 있다.

움 제국과 관계를 끊을 생각은 없었지만, 외부의 위협으로부터 로마를 실질적으로 보호해 줄 수 있는 것은 프랑크 왕국의 군대였다. 8세기 초부터 이탈리아를 공격했던 아랍 군대의 위협과, 롬바르드족의 힘이 약해지면서 점차 독자적인 세력을 키우기 시작한 이탈리아의 토착 호족들이 가하는 압박은, 이러한 보호의 필요성을 더욱 절실하게 만들었다.

교황권의 취약성

754년 스테파누스 2세가 피핀의 대관식을 거행해 주고 나서 2세기 반 동안 교황은 세속 군주들의 압력에 눌려 매우 불리한 처지에 놓여 있었다. 로마 가톨릭 교회는 정치적인 힘을 발휘할 수 있는 수단을 거의 가지고 있지 못했다. 그들이 할 수 있는 것이라곤 이따금씩 교황을 갈아 치우는 것밖에 없었다.

로마 가톨릭 교회의 권위는 사람들이 로마 가톨릭 교회가 성 베드로의 유골 위에 세워

유럽의 성장

졌다는 사실을 존중할 때에만 그 효력이 발휘되는 것이었다. 물론 로마 가톨릭 교회는 서유럽에서 유일하게 기독교의 사도가 세운 교회였다는 점에서 충분히 존경의 대상이 될 수 있었다. 그러나 그것은 실제적인 권력을 발휘하는 것과는 아무런 상관이 없었다.

오랫동안 교황은 자신의 직할지들조차 제대로 다스릴 수 없었다. 통치에 필요한 군대도 행정 조직도 제대로 갖고 있지 못했기 때문이다. 방대한 재산과 땅을 소유했던 교황은 약탈자들과 협박꾼들의 표적이 되었다.

샤를마뉴는 황제와 교황을 명확하게 구분하고 황제의 역할을 교회의 수호자로 규정한 최초의 황제였다. 그는 그러한 황제들 중에서 가장 고매한 인물이기도 했다. 오토 왕조의 황제들은 교황을 자신들의 손아귀에서 마음대로 쥐락펴락했다. 황제들에 비해 압도적인 열세에 놓여 있던 교황들은 황제들과의 대결을 회피하는 수밖에 없었다.

황제들이 가져다준 이점

물론 왕이나 황제들과의 관계가 교황에게 재앙만을 가져온 것은 아니었다. 다만 이 관계에서 오는 이점이 명확히 드러나는 데에는 시간이 좀 걸렸을 뿐이다. 피핀이 교황에게 증여한 땅은 나중에 등장할 강력한 교황 국가의 바탕이 되었다. 또한 노골적인 것은 아니었지만, 교황은 황제에게 대관식을 열어 줌으로써 황제 권력의 정당성을 심판할 권위도 지니게 되었다.

시간이 가면서 교황은 황제의 대관식에서 성유聖油를 더 이상 사용하지 않았다. 성유는 기름과 발삼을 섞어 만든 신성한 액체로, 주로 새로운 성직자들이나 주교들의 머리 위에 뿌려 주던 것이었다. 대신 교황은 황제에게 직접 관을 씌워 주었다. 상징에 익숙해 있던 당시의 사람들에게 이러한 행위가 어떻게 비쳐졌을 것인지는 자명하다. 교황은 황제에게 왕관을 수여하고, 그의 통치에 대한 하느님의 승인을 내려 주는 사람으로 인식되었던 것이다. 이로써 교황은 은근히 황제들에게 영향력을 행사할 수 있게 되었고, 군주의 자격을 인정받고 싶어 했던 황제들에 의해 대관식의 전통도 계속되었다. 레오 3세가 샤를마뉴 황제에게 거행해 준 최초의 대관식은 피핀왕에게 기름을 부어 주었던 스테파누스 2세의 경우와 마찬가지로 마지못해 한 행위였지만, 이것은 나중에 교황에게 상당한 정치적 이익을 가져왔다. 황제에 대한 교황의 영향력은 특히 왕위 계승권 분쟁이 발생할 때 더욱 강화되었다.

황제와의 관계가 교황에게 가져다준 보다 직접적인 이익은, 이를 통해 교황이 서유럽의 기독교를 이끌어 갈 실질적인 힘을 얻게 되었다는 점이었다. 본래 서유럽의 각 지역에는 로마 가톨릭 교회와는 다소 동떨어져 있던 토착 교회가 서 있는 곳이 많았다. 그러나 8세기에 교황청과 프랑크 왕국이 친밀한 관계가 되면서, 교회의 정책은 교황의 지시에 따라 결정되어야 하고 지방의 주교들은 이를 개별적으로 왜곡해서는 안 된다는 생각이 형성되기 시작했다. 즉 교회의 표준화가 진행되었던 것이다. 피핀왕을 비롯한 여러 군주들은 자신의 권력을 이용하여 왕국의 교회를 개혁할 때 로마 가톨릭 교회의 예식과 규율을 많이 받아들였다. 이로써 서유럽의 기독교는 점점 켈트족 문화의 영향권에서 멀어졌으며, 교황의 인도에 충실해졌다. 토착 교회들의 반발이 있었지만, 10세기 경에는 알프스 산맥 북쪽에서도 교황의 지시는 강력한 영향력을 발휘하게 되었다. 교황은 또한 왕들의 지원으로 서유럽의 교회를 개혁하고 동방에 대한 선교 사업도 펼칠 수 있었다.

니콜라우스 1세와 교황권의 전성기

유리한 상황과 불리한 상황은 번갈아 가며 나타났고, 이에 따라 교황이 누리는 권력도 늘어났다 줄어들기를 거듭했다. 그러나 교황권이 절정에 이른 순간은 프랑크 왕국의 분열 이후 이탈리아가 로타링기아 지방으로부터 분리된 9세기에 찾아왔다. 교황 니콜라우스 1세가 이탈리아의 통치권을 주장하여 큰 성공을 거두었던 것이다.

당시 유럽에는 '로마제국의 콘스탄티누스 대제가 이탈리아의 영토를 로마의 주교에게 증여했다'는 내용이 담긴 '콘스탄티누스의 기증서'라는 문서가 1세기 전부터 등장했는데, 사실 이것은 위조문서였다. 그러나 니콜라우스 1세는 이 문서가 유럽 어디에서나 사실로 받아들여지는 것처럼 왕과 황제들을 속였다. 그는 당시 사람들의 표현에 의하면, "마치 세계의 주인인 양" 군주들에게 편지를 써서 자신이 황제를 임명할 수도 있고 폐위시킬 수도 있다는 점을 상기시켰다.

동방 정교회에 대해서도, 그는 비잔티움 황제에 대한 교황의 우위를 주장하며 콘스탄티노플 총대주교의 선출에 상당한 영향력을 행사했다. 바야흐로 교황의 권력은 최고조에 달해 있었다.

그러나 교황의 오만한 태도는 오래갈 수 없었다. 군대의 뒷받침이 없는 한, 황제의 운명을 좌우지할 수 있다는 교황의 주장은 허풍에 불과할 뿐이었다. 그 사실을 웅변하듯이 니콜라우스 교황의 후계자 하드리아누스 2세는 자신의 목숨조차 부지하지 못하고 피살당한 최초의 교황이 되었다.

그럼에도 불구하고 니콜라우스 1세는 교황권의 팽창에 대한 역사적 선례를 남겼다. 그의 후계자들은 대부분 니콜라우스 1세가 누렸던 강력한 권한은 누리지 못했지만, 10세기에 교황은 땅에 떨어진 교회의 권위를 회복하기 위해 또 한 번 적극적으로 자신의 권한을 행사했다.

10세기 교황의 권력은 거의 붕괴되어 있었다. 그의 자리는 이탈리아인 호족들의 쟁탈 대상이 되었고, 때로는 오토 왕조까지 개입하여 교황을 마구 주물러댔다. 이 바람에 교회의 권익을 지키는 일은 지방의 주교들에게 모두 떠맡겨졌고, 힘이 없던 이들은 세속 통치자들의 요구에 굴복해야만 했다. 그들은

로마 가톨릭 교회에서 교황은 신성한 존재였다. 페루지노(1450~1523)가 교황청의 시스티나 성당에 그린 이 프레스코화에서는 그리스도가 그의 수제자이자 로마의 초대 주교였던 베드로에게 교회의 열쇠를 주고 있는 모습을 볼 수 있다. 가톨릭 전통에서 로마의 주교는 성 베드로의 후계자이자 전 세계 기독교 권위의 수호자로 여겨졌다.

교황의 권위를 세우는 것을 자신의 최대 과업으로 삼았던 교황 니콜라우스 1세(858~867 재위)는 로타링기아의 왕인 로타르 2세와 그 아내인 토이트베르가의 이혼에 공개적으로 반대했다. '로타르의 수정'이라 불리는 이 유명한 수정 세공품에는 토이트베르가에 관한 이야기가 그림으로 표현되어 있다.

왕실의 종복이나 다름없는 위치로 전락했으며, 교구의 수입도 지역의 권력자들과 나눠가져야 했다. 이러한 굴욕적인 상황을 더 이상 두고 볼 수 없었던 교황은 결국 지방 교회들에 대한 역사상 가장 강력한 개입 정책의 하나를 결행했다.

주교와 수도원의 역할

주교들 역시 기독교의 발전에 많은 공헌을 했다. 그들은 특히 선교 활동을 장려했는데, 여기에는 정치적인 이유도 있었다. 8세기 잉글랜드의 교회들에는 샤를마뉴 대제가 교회 회칙의 모범으로 삼았던 베네딕투스 수도회의 회칙이 굳건하게 뿌리 박혀 있었다. 이들 교회들에서 앵글로색슨족에 의한 대규모 포교 운동이 일어났는데, 이 운동에서 두각을 나타낸 인물들 중에는 네덜란드의 프리슬란트 지방에서 활동한 윌리브로드와 독일 지역에서 활동한 성 보니파키우스가 있었다. 이들은 모두 동프랑크 지역에서 활동했다.

동프랑크 지역에도 주교들이 있었지만, 잉글랜드의 주교들은 이들과는 별개로 선교 활동을 전개했다. 잉글랜드의 앵글로색슨족은 대체로 교황권의 우위를 인정했기 때문에, 이들의 포교로 개종한 사람들 역시 교황의 권위를 그대로 인정하는 경향이 있었다. 이들 중 많은 사람들은 로마로 순례 여행을 떠나기도 했다.

그러나 이처럼 교황권을 인정하는 경향은 독일의 황제와 주교들이 직접 동프랑크 지방의 선교에 나서면서 점차 시들해졌다. 독일의 선교 활동은 정복 사업과 연관되어 있었고, 주교 관구들은 황제의 통치 수단으로 활용되기 위해 새로 조직되었다.

10세기의 또 다른 기독교 개혁 운동으로는 수도원 개혁 운동이 있었다. 이 운동은 주교들의 노력에 어느 정도 힘입어 전개되었지만, 교황에게는 빚진 것이 없었다. 수도원 개혁 운동은 일부 군주들의 지원을 받기도 했다. 수도원 개혁 운동의 본질은 금욕적인 생활을 통해 초기 기독교의 순수성을 회복하자는 것이었다. 그것은 당시 교회와 수도원들의 부패와 타락에 환멸을 느낀 일부 귀족들이 새로운 수도원을 창설하면서 시작되었다.

수도원 개혁 운동의 중심지는 북으로는 벨기에에서 남으로는 스위스까지, 동으로는 프랑코니아에서 서로는 부르고뉴까지로, 과거 카롤링거 제국의 중부 지역이었다. 이 지역으로부터 교회 개혁의 파도는 사방으로 퍼져 나갔다. 10세기 말에는 여러 군주와 황제들도 이 운동을 지원하기 시작했다. 이들의 후원은 교회 문제에 세속적 이해관계가 개입하게 되는 것이 아닌가 하는 우려를 불러일으켰지만, 덕분에 마치 이탈리아인의 지방 정권처럼 변질되어 있던 교황권은 쇄신의 발판을 마련했다.

로마네스크 건축

'로마네스크' 라는 단어는 원래 언어학자들이 라틴어에서 파생된 방언들을 지칭하던 말이었다. 그러나 19세기 이후 이 말은 예술사가와 고고학자들에 의해 로마 예술의 영향이 강하게 드러난 11~13세기의 예술 양식을 가리키는 말이 되었다.

초기의 연구자들은 로마네스크 건축을 모두 동질적인 것으로 간주했으나, 오늘날에는 로마네스크 양식 내에서도 지역과 시대에 따라 여러 가지 분파가 있었다는 사실이 널리 인정되고 있다.

로마네스크 건축의 특징은 둥근 아치, 두꺼운 벽과 작은 창문 그리고 육중한 천장 등이다. 최초의 로마네스크 건축은 11세기 초 이탈리아의 롬바르디아 지역에서 등장했고, 이어 중부 유럽(오토 제국), 프랑스 왕국(부르고뉴), 그리고 카탈로니아 지방으로 퍼져 나갔다. 이때의 양식은 '초기 로마네스크' 양식이라 불리는데, 초기 로마네스크 건축의 주된 특징은 천장이 둥근 반원 형태이고, 조각물이나 어떤 종류의 장식도 없다는 점이다. 이 시기의 건축물들은 다양한 형태를 띠었다. 어떤 건축물은 하나의 측랑밖에 없었던 반면, 대규모의 성당에는 세 개 혹은 다섯 개의 측랑이 세워지기도 했다. 작은 건물들 중에는 드물기는 하지만 원형 구조를 이루는 것도 있었다. 커다란 종탑이 교회의 본체에 인접해 있는 것도 초기 로마네스크 양식의 전형적인 특징이었다.

11세기 말부터 12세기 중엽까지는 '전성기 로마네스크' 라고 하는 양식이 등장한다. 전성기 로마네스크 양식은 클뤼니 수도원이나 교황 그레고리우스 7세의 개혁 정책에 크게 영향을 받았다. 이때 만들어진 교회들은 대개 천장이 둥글고, 종교적 주제를 담은 다수의 조각품들로 채워졌다. 조각품에 담긴 주제들은 다양했지만, 이 당시 특히 유행했던 주제는 신이 나타나는 장면이었다.

'후기 로마네스크' 라 불리는 마지막 시기는 로마네스크 예술의 말기와 상응한다. 아치형 버팀벽 같은 후기 로마네스크 건축의 많은 특징들은 이후의 초기 고딕 양식에서 다시 등장했다. 끝이 뾰족한 아치 역시 이때부터 등장하기 시작했다.

성 마틴 프로미스타 교회는 스페인 북부에 있는 가장 아름다운 로마네스크 건축물의 하나로, 전성기 로마네스크의 건축 양식을 잘 보여 준다.

이 그림은 대머리왕 카를 2세(840~877 재위) 시대의 성서에 수록된 삽화로, 사도 바울의 이야기가 표현되어 있다. 그가 기독교로 개종하고 세례를 받는 장면, 신앙 설교가의 역할을 수행하는 장면 등이 묘사되어 있다. 대부분의 중세 예술과 문학 활동은 교회의 후원 아래 이루어졌고, 당시의 풍부한 종교 예술은 오늘날까지 전해져 내려오고 있다.

교회 개혁의 중심지, 클뤼니 수도원

이들 새로운 수도원 가운데 가장 유명한 곳은 910년에 설립된 프랑스 부르고뉴 지방의 클뤼니 수도원이었다. 이곳은 약 2세기 반 동안 교회 개혁의 중심지가 되었다. 이곳의 수도사들은 기존 수도회들이 따르던 베네딕투스 수도회 회칙을 개정하여 이제까지와는 전혀 다른 새로운 수도회 조직을 발전시켜 나갔다.

클뤼니 수도회의 가장 큰 특징은 그 조직 체계에 있었다. 본래 베네딕투스 파의 수도원들은 독립적인 공동체를 이루었으며 수도사들에게 모두 비슷한 생활을 하도록 했다.

그러나 클뤼니 계열의 수도원들은 모두 클뤼니 대수도원장에게 종속되어 있었으며 수도사들은 일사 분란한 군대와도 같이 조직적인 활동을 전개했다.

클뤼니 계열의 수도원들은 모두 클뤼니 수도원에서 일정 기간 교육을 받은 사람들로 채워졌다. 이로 인해 수도원들 간의 통일성이 유지될 수 있었다. 클뤼니 수도원의 세력이 절정에 이르렀던 12세기 중엽에는 팔레스타인 지방까지 포함한 서양 전역에서 300개 이상의 수도원이 클뤼니 수도원으로부터 지침을 구했다. 클뤼니 수도원의 규모 역시 커져서 수도원의 경내에는 로마의 성 베드로 성당 다음가는 크기의 교회가 들어서기도 했다.

기독교의 문화 지배

클뤼니 수도원은 초창기부터 교회에 새로운 관행과 사상들을 퍼뜨려 나갔다. 이쯤에서 중세 서유럽의 문화에 대해 간략하게 살펴보는 것도 좋을 것이다. 당시의 문화는 거의 전적으로 교회에 의해 주도되었기 때문이다.

종교의 역사를 관료들이 기록한 남긴 기록만으로 파악하는 일은 쉽지 않다. 관료들이 기록한 기계적 서술에는 당시 교인들의 영적 생활상이 제대로 드러나지 않기 때문이다. 그러나 오늘날 남아 있는 중세 유럽의 기록들은 한결같이 당시 교회의 권위가 경쟁 상대가 없는 유일무이한 것이었으며, 사회 전체에 깊숙이 침투해 있었다는 사실을 확인시켜 준다.

교회는 유럽의 문화를 독점했다. 그리스 · 로마의 고전 문화 전통을 손상시키고 약화시킨 것은 단지 야만족의 침략만이 아니었다. 3세기 초의 기독교 저술가였던 테르툴리아누스는 "아테네가 예루살렘과 무슨 상관이 있단 말인가?"라고 반문한 바 있었다. 초기 기독교인들의 완고한 내세에의 집착은 그들을 고전 문화의 전통으로부터 멀리 떼어 놓았다. 그러나 이러한 완고함은 다행히도 시간이 흐르면서 점차 누그러져 갔다.

10세기에 이르러 과거의 고전 문화를 계승한 사람들은 다름 아닌 기독교 성직자들이었다. 이들 중에는 특히 베네딕투스 수도회의 성직자들과 궁정 학교의 서기들도 있었다. 서기들은 성서뿐만 아니라 그리스 학문에 대한 라틴어 문헌들도 필사했다. 이 라틴어 문헌들 중 대표적인 것은 플리니우스*와 이탈리아 철학자 보이티우스의 저서들이었는데, 이들을 통해 유럽은 어렴풋이나마 고대 그리스의 대학자인 아리스토텔레스나 에우클레이데스의 학문을 접할 수 있었다.

문자는 사실상 성직자 계급의 전유물이었다. 과거의 로마에는 공공장소에 법령 포고문을 게시했을 정도로 글이 대중적으로 보급되어 있었다. 하지만 중세시대에 이르면, 심지어 왕조차 대부분 글을 읽지 못했다. 당시의 유럽에서 글을 읽고 쓸 수 있는 능력을 갖춘 사람들은 거의 성직자였다.

교회가 당시의 교육을 독점하다시피 했다는 점 역시 문화에 대한 교회의 지배력을 높이는 한 원인이 되었다. 대학이 없던 당시의 유럽에서, 개인 교사를 제외하고 글을 가르쳐 주는 곳은 궁정이나 교회 내의 학교밖에 없었다. 이러한 상황은 유럽의 모든 예술과 지적 활동에 심대한 영향을 미쳤다. 문화는 종교적이라는 조건이 붙어 있어야만 융성할 수 있다.

'예술을 위한 예술'이라는 생각은 중세 초기에는 있을 수 없는 개념이었다. 역사, 철학, 신학, 예술은 모두 종교의 시녀일 뿐이었다. 그러나 이들 학문과 예술은 희미하나마 그리스 · 로마 문화의 전통을 이어나감으로써 유럽 문화의 연속성을 이어갔다.

---

*플리니우스
1세기 로마 제국의 정치가이자 군인, 학자. 일종의 백과사전인 『박물지』를 저술해 당시의 지식을 집대성했다.

로마의 후원 아래 클뤼니 수도원이 수도원 개혁 운동을 이끌면서 지역별로 달랐던 예배 관행들은 로마식으로 통일되기 시작했다. 이러한 흐름은 스페인에도 전해져 스페인의 기독교 국가들에서는 토착 예술 전통이 사라지는 대신 새로운 예술 경향이 등장했다. 이 그림은 스페인의 레온에 있는 성 이시드로 대성당에서 보관 중인 960년의 성서 마지막 장에 수록된 것으로, 당시 스페인 미술의 새로운 경향을 드러낸다. 여기에 등장하는 인물은 바로 이 성서의 필사 작업을 담당했던 인물이다.

* 성사聖事
가톨릭에서의 일곱 가지 성스러운 의식을 가리킴. '영세, 견진, 성체, 고해, 종부, 신품, 혼배'가 있다.

교회와 지역 공동체

교회에 의한 이러한 문화의 획일화를 당혹스럽게 여기는 사람도 있을 것이다. 그러나 여기에서 기억해야 할 것은, 교회에게는 이론적으로나 양적으로나 학문이나 예술보다 더 중요한 일이 있었다는 점이다. 이것은 바로 지역 공동체의 지도자로서 교회가 벌여 나가던 일상적인 활동들, 즉 설교하고, 가르치고, 결혼식을 주재하고, 세례를 베풀고, 고해를 듣고, 기도를 올리는 등의 업무였다. 지역 성직자들과 평신도들의 이러한 종교 생활은 주로 성사聖事*를 중심으로 이루어졌다. 그러나 교회의 일상적인 활동들에 대해 자세히 살펴볼 수 있는 자료는 불행히도 오늘날 거의 남아 있지 않다.

중세 초기의 교회는 신도들에게 종종 기적

수도회는 종종 대규모의 토지나 재산을 기부 받았다. 그래서 많은 수도원이 상당한 경제력을 행사하곤 했다. 사진의 건물은 스페인에 있는 산토 도밍고 데 실로스 수도원의 회랑이다. 이 수도원 역시 상당한 부를 자랑하던 곳이었다.

을 보여 주곤 했다. 이것은 단순한 속임수였을 수도 있겠지만, 오랫동안 미신에 사로잡혀 있던 서유럽의 주민들은 이것을 마법과 분간해 내지 못했다.

이러한 기적들은 북방의 야만족들을 문명의 세계 안으로 끌어들이는 데 커다란 기여를 하였다. 그러나 이러한 일들이 구체적으로 어떻게 행해졌는지에 대한 기록은 찾아보기가 힘들다. 다만 개종자나 세례자의 수가 극적으로 늘어날 때 교회가 모종의 특별한 방법을 썼으리란 사실을 짐작할 수 있을 따름이다.

교회가 처해 있던 사회적·경제적 상황에 관해서는 보다 많은 기록이 남아 있다. 성직자들과, 그들에게 의존해 사는 사람들의 수는 매우 많았고, 교회는 사회의 부 가운데 상당한 부분을 차지했다.

교회는 대지주였다. 교회 사업을 뒷받침한 수입은 토지에서 나왔고, 수도원이나 성당 참사회參事會 역시 거대한 재산을 소유하기도 했다. 교회가 경제에서 차지하고 있던 이처럼 높은 비중은 당시의 서유럽 경제가 그다지 성숙해 있지 않았음을 보여 주는 것이기도 하다.

서유럽의 경제적 침체

정확히 언제부터였다고 명확하게 말하기는 어렵지만, 서로마 제국이 멸망할 무렵 유럽의 경제가 이미 쇠퇴기에 접어들고 있었다는 증거는 여기저기에서 나타난다. 이러한 경제의 침체가 유럽의 모든 사람들에게 동일하게 느껴진 것은 아니었다. 경제가 가장 발달했던 지역이 가장 심하게 몰락했다. 반면 원시적인 생활을 영위하고 있던 야만족들의 삶에는 별다른 변화가 없었다.

물물교환이 화폐를 대신했고, 그 뒤 화폐 경제가 되살아나기까지는 한참의 세월이 걸렸다. 메로빙거 왕조는 은화의 주조에 나섰지만, 화폐는 여전히 진귀한 것이었다. 특히 소액의 화폐는 거의 유통되지 않았다.

향신료는 일상 식탁에서 사라졌으며, 포도주도 비싼 사치품이 되었다. 대부분의 사람들은 빵과 죽, 맥주, 물로 연명해야만 했다.

서기들 역시 구하기 힘든 파피루스보다는

양피지에 글을 쓰기 시작했다. 그러자 구하기 쉽다는 점 이외에 양피지가 가지고 있던 새로운 장점이 하나 발견되었다. 획을 크게 그어야 했던 파피루스와는 달리 양피지에는 글씨를 작게 쓰는 것이 가능했던 것이다. 어쨌든 파피루스를 구하기 어려워졌다는 사실에서도 지중해 경제의 몰락을 알 수 있다.

경제적 침체는 자급자족적 경제 체제를 등장시켰고, 도시들은 크게 쇠퇴했다. 전쟁 역시 무역을 붕괴시킨 중요한 원인이었다. 비잔티움 제국이나 아시아와의 교류는 계속되었지만, 7세기와 8세기에 아랍이 북아프리카 해안 지역을 장악하면서 서지중해의 상업 활동은 크게 위축되었다.

나중에 서지중해에서 아랍과의 무역 활동이 부분적으로 되살아나기는 했다. 그 증거 가운데 하나가 활발하게 행해진 노예무역이었다. 이때 거래된 노예들은 상당수가 동유럽 출신이었다. 이 때문에 동유럽의 슬라브족Slav은 노예slave라는 단어의 어원이 되기도 했다.

북쪽에서도 스칸디나비아인과의 사이에 일정한 규모의 교역이 이루어지고 있었다. 스칸디나비아인은 본래부터 뛰어난 상인들이었다. 그러나 이러한 사실은 대부분의 유럽인들에게는 그다지 중요하지 않았다. 그들은 대부분 농업에 생계를 의존하고 있었기 때문이다.

중세 초의 농업

중세 초의 경제에 대해 한 가지 확실하게 말할 수 있는 것은, 당시의 유럽인들은 생계유지에도 급급했었다는 사실이다. 그들은 필사적으로 수확을 늘릴 수단을 찾아야 했다. 그러나 비옥한 땅을 새로 찾지 않는 한, 당시 수확을 늘릴 수 있는 유일한 방법은 거름을 주는 일뿐이었다. 서유럽의 토지는 사람들이 수세기 동안 땀 흘리며 힘겹게 일한 뒤에야 비옥해지게 되었다.

궁핍한 환경은 사람들에게 발육 부진이나 괴혈병을 가져다주었고, 가축들 역시 영양이 불충분해 몸집이 작았다. 지방의 섭취량 역시 부족했는데, 부유한 농부들은 북유럽에서는 돼지고기를 통해, 남유럽에서는 올리브유를 통해 지방을 공급받았다.

다행히 10세기에는 새로운 작물들이 소개되어 농민들은 보다 많은 단백질을 섭취할 수 있게 되었다. 이에 따라 농지의 생산성이나 인구 부양 능력도 크게 높아졌다.

이 시기에는 농경 기술의 진보도 일어났다. 특히 제분기의 보급이나 쟁기의 개량은 이 시대에 이루어진 농경 분야의 주요한 발전이었다. 그러나 유럽의 농업 생산량 증가는 대체로 경작지의 확대에 힘입은 것이었다. 유럽에는 여전히 미개발 지역이 많았으며 프랑스와 독일, 잉글랜드 대부분의 지역은 아직 삼림과 황무지로 뒤덮여 있었다.

도시들의 상태

서유럽 경제의 몰락 이후 이 지역에서 번영을 누리는 도시는 찾아보기가 힘들게 되었다. 다만 이탈리아 지방만은 예외였다. 이곳에서는 일부 기간을 제외하고 활발한 무역 활동이 끊이지 않고 지속되었으며 도시들 또한 경제적 번영을 유지하고 있었다. 서유럽의 다른 지역에서 도시들이 다시 발전하기 시작한 것은 1100년 이후였다. 1100년 이후에도 서유럽에 아랍이나 아시아의 주요 도시에 필적할 만한 도시가 등장하기 위해서는 상당한 시간이 더 필요했다.

수세기 동안 서유럽 전역에서는 자급자족적인 농업이 삶을 지배하고 있었다. 이러한 상황에서 상업이나 도시가 발달하고 인구가 늘기를 기대하기는 어려웠다. 당시의 인구를 정확하게 추정하기는 어렵지만, 중세 초의 서유럽 인구는 로마 제국 시대보다도 적었을 것이라 생각된다. 11세기까지 이 지역의 인구는 매우 완만한 속도로 증가했으며, 11세기경 서유럽 전체의 인구는 대략 4,000만 명으로 오늘날의 영국보다 적은 수준이었다.

봉건 제도

서구 중세 사회에서 토지의 소유 여부와 토지를 이용할 권한의 보유 여부는 곧 그 사람의 신분을 결정하는 요인이었다. 본래 게르만족의 사회에서 가장 영향력이 강한 사람들은 전사들이었다. 그러나 이들 역시 서유럽에 정착한 이후부터는 점차 지주로 변해 갔다. 토지를 소유하면 소작료나 세금을 거둘 수 있었을 뿐 아니라 재판권을 행사하고 주민들에게 부역을 시킬 수도 있었다. 그들은 자신들의 재산과 지위를 세습시켰으며, 이윽고 이들의 고귀한 신분은 전사로서의 능력이 아니라 그들이 지닌 땅에 의해 결정되었다. 그들은 단순한 지주가 아니라 그들 땅의 통치자가 되었으며 성직자, 왕들과 함께 서유럽의 지배 계급을 이루었다.

그들이 소유하고 있는 토지의 일부는 군주들이 그들에게 하사한 것이었다. 그 대가로 그들은 군주에게 군사적 지원을 해 주었다. 당시의 서유럽에는 서로마 제국이 붕괴한 이후 체계적인 행정 조직이 없었다. 따라서 게르만족의 군주들은 그들의 방대한 영토를 직접 다스리기가 어려웠다. 대신 그들은 특별한 임무를 수행하거나 자신에게 충성을 다짐하는 자들에게 토지 등을 포상으로 줌으로써 그들의 통치권을 유지해 나갔다. 나중에 봉건 제도라고 불리게 되는 왕과 영주들 간의 상호 계약적 주종 관계는 이렇게 해서 시작되었다.

로마와 게르만족의 사회적 상황이나 관습은 모두 봉건 제도의 발전에 유리한 환경을 제공했다. 서로마 제국 말기에서 메로빙거 왕조 시대에 이르기까지 서방 세계는 극심한 혼란에 빠져 있었다. 이에 사람들은 강력한 군주에게 자신의 안전을 위탁하기 시작했다. 그들은 보호를 받는 대가로 군주에게 충성하고 부역이나 군역을 제공했다. 이는 전리품을 받는 대가로 부족장에게 충성을 바치던 게르만족 전사들의 관행과도 쉽게

이 그림은 8세기 스페인의 수도사였던 리에바나의 베아투스가 쓴 책의 11세기 필사본에 나오는 것이다. 전사들이 전쟁을 하는 동안 봉건 군주가 위엄 있는 모습으로 중앙에 앉아 있다.

유럽의 성장

봉건 제도

봉건제를 뜻하는 'feudal'이란 단어는 '봉토封土'라는 의미의 라틴어 'feudum'에서 유래했다. 봉토란 지위가 높은 귀족이 충성의 대가로 지위가 낮은 귀족에게 주었던 토지를 말한다. 봉토를 하사할 때는 대개 특별한 의식이 치러지곤 했다.

봉건 제도는 카롤링거 왕조가 쇠퇴기에 접어들던 8세기의 프랑크족 사회에서 유래되었다. 봉건 제도의 출현은 당시 새롭게 부각된 중무장 기병의 중요성과 관련이 있었다. 중무장 기병은 오랜 기간의 훈련과 고가의 장비로 양성되었기 때문에 곧 군대의 엘리트층이 되었다. 이들 기사는 점차 사회의 엘리트층으로, 나중에는 봉건 귀족으로 성장해 나갔다.

프랑크족 영토 내에서 시작된 봉건제는 프랑크족이 정복 사업을 벌여 나감에 따라 이탈리아 북부, 스페인 그리고 독일 지방으로 퍼져 나갔다. 1066년 노르만족이 잉글랜드를 정복하면서 이곳에도 봉건제가 확산되었고, 곧이어 아일랜드, 스코틀랜드 지방으로도 봉건제가 전파되었다. 그러나 12세기부터 봉건제는 중앙집권화된 국가의 성장과 도시 세력의 확대로 점차 흔들리기 시작했다. 봉건 제도의 중요성은 14세기 이후 감소되었다.

봉건 제도에 대해서는 다양한 정의가 내려져 있다. 일부 역사가들은 봉건 제도를 두 명의 자유인, 즉 군주와 봉신의 계약 관계로서만 파악한다. 그러나 이러한 관점은 당시의 인구 대부분과 봉건 제도와의 관련성을 제대로 볼 수 없게 한다는 점에서 그리 만족스럽지는 않다. 어떤 역사가들은 봉건 제도를 현대의 자본주의 사회와 고대의 노예제 사회 중간에 등장한 과도기적 사회 경제 체제로 파악하기도 한다.

대다수의 전문가들은 봉건 제도가 전제 군주의 등장을 막고 협의協議 정치의 성장을 촉진했다는 데 동의하고 있다. 봉신들의 중요한 의무 중 하나는 군주에게 적절한 조언을 제공하는 일이었다. 봉건 제도 하에서 국왕의 통치는 봉신들과의 의견 조율을 통해 이루어졌다. 따라서 봉건 제도 덕분에 현대의 의회 제도가 성장할 수 있는 밑바탕이 마련되었다고 해도 그리 틀린 말은 아닐 것이다.

포도를 수확하는 농부의 모습이다. 농업은 봉건 제도 하의 경제와 사회를 지탱시켜 주는 토대 역할을 했다.

동화될 수 있었다.

카롤링거 왕조 시대에 왕과 그의 봉신封臣들 사이에는 조금 더 명확한 위계질서가 성립했다. 봉신들은 왕에게 신하로서의 예의범절을 갖추고 공개적으로 왕에 대한 의무를 인정하곤 했다. 왕은 그들의 군주였고 그들은 왕의 신하였다. 이것은 전우들 간의 동료애에 가까웠던 게르만족 전사들의 충성심이 점차 위임, 신뢰, 상호적 의무라는 개념으로 바뀌게 되었음을 의미했다.

서유럽 국가들에는 왕을 정점으로 한 복잡한 의무와 책임의 사슬이 생겨났다. 왕의 신하들은 저마다 또 다른 신하들을 거느리고 있었고, 어떤 신하들은 다른 신하들을 지배하기도 했다. 심지어 왕들 사이에서도 이러한 관계는 그대로 적용되어 어떤 왕은 다른 왕의 봉신이 되기도 했다. 이처럼 복잡하게 얽힌 관계는 종종 골치 아픈 분쟁의 씨앗을 낳기도 했다.

사회적 위계질서의 최하층에는 노예들이 있었다. 노예는 북유럽보다는 남유럽에 많았다. 중세 초기에 이들은 조금씩 신분이 상승하여 점차 농노로 변해 갔다. 농노는 자유민이 아니었으며 영주들의 땅을 벗어날 수 없었지만, 이전의 노예들에 비하면 약간의 권리도 누리고 있었다.

봉건 제도의 사회 조직

중세사를 공부하는 일부 연구자들은 중세의 모든 사회관계는 주종 관계로 설명할 수 있다고 주장했다. 그러나 이것은 전적으로 맞는 주장은 아니었다. 중세 서유럽의 사회에는 봉건적 주종 관계의 틀을 벗어난 부분도 분명히 있었기 때문이다.

유럽의 많은 땅이 봉토封土로 이루어져 있었다는 것은 사실이었다. 봉토란 군주에 대해 충성을 바치는 대가로 봉신들이 받은 땅으로, '봉건제'라는 단어도 여기에서 비롯되었다. 그러나 유럽에는 특별한 사회적 의무 관계에 속박되지 않은 자유민들이 소유한 땅도 있었다. 이러한 땅은 특히 게르만족의 위협이나 영향이 덜했던 유럽 남부에 많았는데, 이탈리아의 대부분, 스페인 그리고 프랑스 남부 지역이 그러한 곳이었다. 봉건제적 색채가 짙은 북부 지역에서도 토지를 소유한 자유민들은 늘 존재했다. 이들은 대개 사회적으로 중요한 계층이었으며, 그들의 땅은 어떠한 의무도 수반되지 않는 온전한 그들의

11세기의 기독교 세계

11세기 초 유럽에서는 일련의 중요한 사건들이 일어나 중세 유럽의 미래를 결정짓게 되었다. 이슬람 세계에서는 분열이 일어나 이집트의 파티마 왕조와 코르도바의 우마이야 왕조가 아바스 왕조로부터 독립했으며, 비잔티움 제국, 불가리아 그리고 과거 샤를마뉴 제국의 영토 모두가 분열기에 접어들어 새로운 국가들로 나누어졌다.

왕이 귀족을 봉신으로 맞아들이는 행사는 보통 공개적으로 거행되었다. 이 행사에서 귀족은 왕에 대한 자신의 충성을 서약하는 두 가지의 상징적인 행동을 취해야 했다. 우선 그는 무릎을 꿇고 꽉 쥔 두 손을 군주에게 내민다. 그러면 군주는 양손으로 귀족의 두 손을 감싸 쥔다. 이 행위는 군주와 신하 사이의 신의와 충성을 보여줄 뿐 아니라 평화를 다짐하는 행위이기도 했다.

다음에 귀족은 일어나서 신성한 물건 위에 양손을 얹고 군주에게 충성의 맹세를 한다. 12세기의 스페인 사본에 나오는 이 그림에서는 라몬 칼데스를 비롯한 여러 명의 귀족들이 국왕 알폰소 2세에게 신하의 예를 바치는 모습이 묘사되어 있다.

소유물이었다.

그러나 이러한 자유민을 제외하면 토지를 매개로 한 의무적 계약 관계가 중세 서유럽 문명의 바탕을 이루고 있었다는 견해는 대체로 맞는 것이었다. 봉건적 의무 관계는 개인뿐 아니라 단체에도 적용되었다. 예컨대 소작농들은 수도원 또는 수녀원의 땅을 이용하는 대가로 이들에 대한 의무를 지기도 했으며, 성당 참사회나 수도사 집단이 왕의 봉신 역할을 할 수도 있었다.

중세 서유럽의 사회적 질서에는 복잡하고 애매한 부분이 많았다. 그러나 그 핵심을 이룬 것은 윗사람과 아랫사람 사이의 의무의 교환이었다. 군주는 신하에 대한 의무를 지고 있었으며 신하 역시 군주에 대한 의무를 지고 있었다. 지배는 일방적으로 이루어지는 것이 아니었다. 프랑스의 한 성직자는 다음과 같이 권고했다. "농노여, 두려움과 외경으로 너의 영주를 섬기라. 영주여, 정의롭고 공평하게 그대의 농노를 대우하라." 서유럽 봉건 제도의 요지를 한마디로 잘 요약해서 표현한 말이라고 할 수 있다.

서유럽 사회는 계속해서 복잡해졌지만, 상호 계약에 의거한 관계 맺기라는 봉건 제도의 핵심적인 원칙은 수세기 동안 유럽 사회를 구성하는 기본적인 원리가 되었다. 서유럽의 문명은 이러한 봉건 제도의 토대 위에서 이루어졌다.

중세의 귀족과 군대의 관계

그러나 봉건 제도의 상호 의무 관계가 반드시 공평하게 이루어진 것은 아니었다. 단지 힘이 있는 쪽이 힘이 없는 쪽을 괴롭히지 않는다는 조건으로 약한 쪽으로부터 봉사를 받는 것 역시 일종의 '상호 의무 관계'에 해당했다. 여기에 봉건 제도의 허구성이 있었는데, 이처럼 불평등한 관계의 대표적인 예는 전사 귀족들과 농민들 간의 관계였다.

오랫동안 농민들은 귀족들의 성을 축조하고 그들의 무기와 전쟁 물자를 조달하는 작업에 동원되었다. 이를 통해 귀족 계급은 자신들의 힘을 키울 수 있었다. 중세의 군사 체제는 귀족들의 지위를 유지시키는 데 매우 중요한 역할을 했다. 귀족들은 언제든지 왕

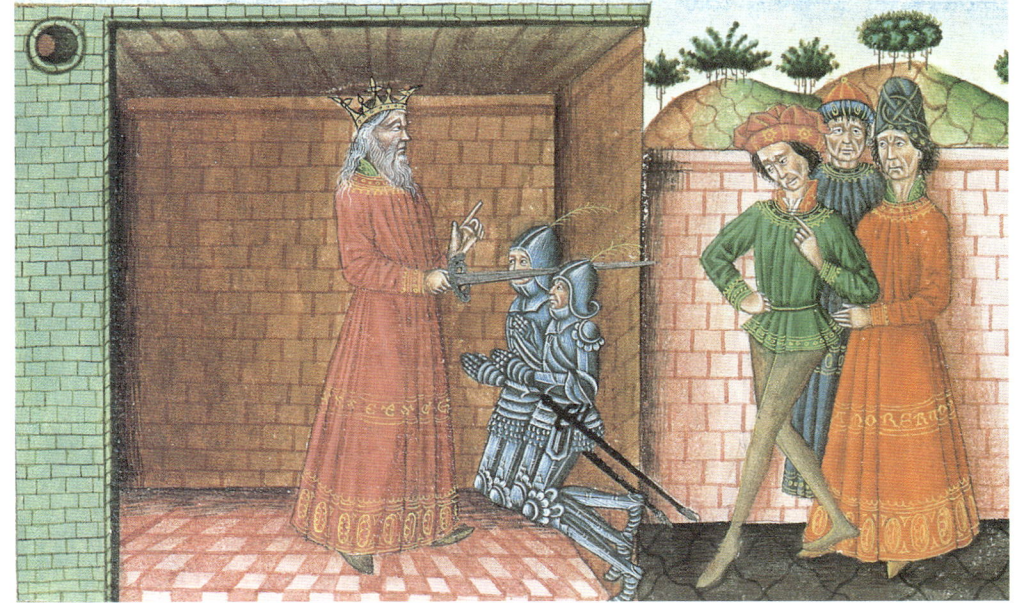

스페인의 카스티야에서 제작된 이 14세기 사본의 삽화에서는 두 명의 중세 기사가 서임을 받는 모습이 그려져 있다. 영국의 법학자 헨리 드 브랙턴은 『영국의 법률과 관습법론』에서 기사들이 서임식 때 어떠한 맹세를 했는지 이야기하고 있다. "군주여, 들으소서. 하느님과 이 신성한 유물이 도움을 주신다면, 당신의 삶과 당신의 손발, 당신의 몸, 당신의 재산과 당신의 세속적인 영광에 충성을 바칠 것을 맹세합니다."

15세기의 『성 알반 연대기』에 나오는 이 삽화에는 '리처드 2세 앞에서 마상(馬上) 시합을 벌이는 영국 기사들'이라는 제목이 붙어 있다. 기사들 간의 마상 시합은 서로의 기량을 겨루는 우호적이고 명예로운 대결로 인식되었지만, 참가자들이 시합 도중 사망하는 경우도 적지 않았다.

이 요청하면 자신의 군대 또는 자금을 전장에 내보낼 준비를 하고 있어야 했다. 귀족들의 권력은 그들의 무력으로부터 나오는 것이었다. 후대의 봉신들은 병력을 돈을 주고 고용하곤 했다.

당시의 전투 기술 중 가장 높이 평가받았던 것은 갑옷을 입고 말 위에서 싸우는 기술이었다. 이는 갑옷 입은 기병들이 당시의 전장에서 가장 뛰어난 활약을 펼치고 있었기 때문이었다.

7~8세기에 동방으로부터 등자가 도입된 이래 무장 기병들은 전장에서 승패를 결정짓는 핵심적인 역할을 했다. 기병들의 활약은 무장 기병을 제압할 수 있는 무기가 등장할 때까지 수백 년간 계속되었다.

전문적인 기병들은 이러한 기술적 우위를 바탕으로 기사 계급을 형성했다. 군주들은 직접 자신의 기사들을 관리하기도 했지만, 그들에게 장원을 하사하여 기사와 말들을 먹여살리도록 하기도 했다. 기사 계급은 중세 유럽의 전사 귀족이었고, 수세기 동안 유럽의 귀족 윤리를 형성해 나가기도 했다. 그러나 그들의 신분적 경계는 오랫동안 불분명했고, 많은 사람들이 기사 계급에 새로 편입되거나 이탈하기도 했다.

중세 왕들의 권력

왕이 국가의 수장이라고 해서 반드시 남들보다 강력한 권력을 누리는 것은 아니었다. 중세 유럽의 복잡한 봉건적 위계질서 속에서 모든 왕들이 그의 봉신들을 완벽하게 장악하고 있었던 것은 아니다. 어떤 면에서는 일반 백성들에 대한 지배력은 영주들이 국왕보다 컸을 수도 있다. 국왕은 백성들로부터 너무나 멀리 떨어진 존재였던 반면, 영주는 그들이 날마다 피부로 접하는 지배자였기 때문이다.

1077년경 제작된 '바이외 태피스트리'(사실은 태피스트리가 아니라 자수)에는 1066년의 헤이스팅스 전투와 노르만족의 잉글랜드 정복을 야기한 사건들에 관한 이야기가 묘사되어 있다. 그림 속의 장면은 '바이외 태피스트리' 중 잉글랜드의 왕 해럴드 2세가 노르망디 공작 윌리엄에게 충성의 맹세를 올리는 부분이다.
'참회왕' 에드워드는 생전에 윌리엄에게 잉글랜드의 왕위를 물려주기로 약속했으나 그가 죽자 해럴드 2세가 잉글랜드의 왕위를 가로챘다. 이 때문에 노르만족의 눈에는 해럴드 2세가 충성의 맹세를 깨버린 것으로 비춰졌을 것이다.

걸출한 신하가 국왕에게 압력을 가하는 장면은 10세기와 11세기에 유럽 어디에서나 흔히 볼 수 있는 풍경이었다. 다만 군주제의 전통이 강했던 잉글랜드에서만은 국왕들의 권력이 큰 도전을 받지 않았다. 잉글랜드 이외의 지역에서도 왕이 명민하기만 하면 아무리 왕의 권력이 약하다고 하더라도 신하들의 압력에 일방적으로 흔들리는 일은 피할 수 있었다. 많은 땅을 소유한 군주들 역시 신하들에게 영향력을 행사하는 데에는 그다지 어려움을 겪지 않았을 것이다.

중세 유럽의 왕들은 왕권이 미약했지만 신하들에 비해 두 가지 이점을 지니고 있었다. 우선 왕에게는 또 다른 신하들이 있었다는 사실이 중요했다. 현명한 왕들은 동시에 모든 신하들을 적으로 돌리는 일은 하지 않았으며, 신하들의 대립 관계를 적절히 이용해 자신의 권력을 극대화하곤 했다.

왕이 누린 두 번째의 이점은, 왕국에서 왕은 유일무이한 존재였다는 점이다. 국왕의

'바이외 태피스트리' 중 헤이스팅스의 전투 장면.

이 그림은 영국의 왕 에드워드 2세(1307~1327 재위)의 대관식 장면을 묘사하고 있다. 에드워드 2세는 황태자 시절 처음으로 '웨일스의 왕자'라는 칭호를 얻었던 인물로, 이 칭호는 이후 전통적으로 영국의 황태자에게 수여되는 칭호가 되었다. 그의 치세는 분별없는 편애, 음모 그리고 내분으로 얼룩져 있었다. 결국 그는 왕위에 오른 지 20년 만에 폐위되었으며 1년 뒤 살해당하고 말았다.

자리는 신성하고 독보적인 것이었으며, 성직자들의 축복을 받는 자리였고, 화려한 왕실 의식의 중심이기도 했다. 그는 여러 영주들의 충성심을 이끌어 내는 데 왕국 내의 누구보다도 유리한 위치에 있었다. 당시 화려하게 행해졌던 왕실의 의식들은 다른 영주와 백성들에게 국왕의 우월한 지위를 상기시켜 주는 의미를 담고 있었다는 면에서 정치적으로 매우 중요한 행사였다.

주민들의 제한된 일상

중세 초기의 사회에서 유일하게 많은 자유를 누렸던 사람들은 왕과 영주들뿐이었다. 그러나 이들조차 그들의 자유를 활용할 일들은 그다지 많지 않았을 것이다. 기도하고 싸우고 사냥하고 영지를 운영하는 일 외에 침체된 중세의 유럽 사회에서 영주들이 할 만한 일들은 사실 별로 없었다. 성직 말고는 이렇다 할 만한 직업도 없었고, 주민들의 삶을 개선할 마땅한 수단도 눈에 띄지 않았다. 중세 유럽의 사람들은 자신의 삶을 선택할 수 있는 여지가 거의 없었다. 그들은 모두 비슷한 곳에서 태어나 비슷한 일에 종사하곤 했다. 여성들의 선택권은 이보다도 훨씬 더 제한되어 있어서, 그들의 처지는 사회의 밑바닥에 있는 남성들과 비슷했다.

1100년 무렵까지 서유럽의 일상은 생기 없는 상태를 벗어나지 못하였다. 물론 12세기 이후부터는 경제가 점차 활기를 띠기 시작하면서 교역이 늘어나고 도시가 번창하며 주민들의 생활도 훨씬 역동적이 되었다. 그러나 여기서 우리가 알아 두어야 할 것은 11세기까지 서유럽에서는 이렇다 할 만한 경제적 진전이 거의 일어나지 않았다는 점이다. 그때까지의 서유럽 문명은 거의 무시해도 될 만한 수준에 머물러 있었다.

연대표(150~1750년)

241년	320~550년경
사산 제국의 샤푸르 1세가 안티오크를 점령	굽타 제국이 인도에서 번성

200년 — **300년**

224년
아르다시르 1세가
사산 제국을 수립함

260년 터키 동남부의 에데사에서 로마 황제 발레리아누스(왼쪽)가 사산 제국의 통치자 샤푸르 1세에게 패하는 장면을 묘사한 양각 조각품. 샤푸르 1세는 241년부터 272년까지 사산 제국을 통치했다.

발레리아누스 황제의 패배

309~379년
샤푸르 2세가
사산 제국을 다스림

330년
로마 황제 콘스탄
콘스탄티노플을
수도로 삼음

이 주화는 750년 세워진 아바스 왕조 시대의 것이다. 아바스 왕조의 마지막 통치자는 1258년 몽골족에게 살해당했다.

아바스 왕조 시대의 화폐

570년경	615년	632년	661~750년	726~843년
마호메트가 메카에서 태어남	사산 제국이 예루살렘을 점령	마호메트 사망	우마이야 칼리프 왕조 시대	비잔티움 제국에서 성상 파괴 운동이 전개됨

600년 — **700년**

이 접시는 사산 제국에서 만들어진 것으로 호스로우 2세가 사냥하는 장면이 묘사되어 있다. 호스로우 2세는 566년 사산 제국의 황제가 되었다. 그는 627년 로마 황제 헤라클리우스에게 패했고, 곧이어 일어난 반란으로 죽음을 맞이했다.

사산 제국의 접시

711년
이슬람 세력이 서고트족으로부터
이베리아 반도를 빼앗음

예루살렘에 있는 '바위의 돔'은 아브드-알-말리크 칼리프(685~705년) 시대에 세워졌다. 예루살렘은 반란군 수중에 있던 메카와 메디나와는 달리 당시 우마이야 왕조가 확실하게 장악하고 있었다. 따라서 이곳은 이슬람교 순례자들에게 안전하고 확실한 순례 장소가 될 수 있었다.

바위의 돔

732년
프랑크
푸아티
이슬람
격퇴

962년	1071년	1096~1099년
오토 1세가 신성 로마 제국의 황제로 등극	셀주크 제국이 소아시아 지방에서 비잔티움 제국에 승리	1차 십자군 원정

1000년 — **1100년**

987~1328년
카페 왕조가 프랑스를 다스림

바이외 태피스트리는 1066년의 헤이스팅스 전투와 노르만족의 잉글랜드 정복을 둘러싼 이야기들을 담은 자수(刺繡)이다. 이 장면은 헤이스팅스 전투 모습을 보여 주는 부분이다.

바이외 태피스트리

12세기 초부터 러시아에는 곳곳에 예술 학교들이 설립되어 성화 제작에 나섰다. 그러나 러시아에 있는 성화 중 가장 큰 숭앙을 받은 것은 콘스탄티노플에서 제작된 '블라디미르의 성모'였다.

블라디미르의 성모

1405년	1501~1736년	1526~1530년
티무르 이랑 사망	사파위 왕조의 페르시아 지배	몽골족의 후예 바부르가 무굴 초대 황제로 군

1400년 — **1500년**

1379년	1453년	1530~15
티무르 이랑이 페르시아를 정복	콘스탄티노플이 오스만 투르크족에게 함락됨	후마윤이 무굴 제국

363년
사산 왕조의 샤푸르 2세가
로마 황제 율리아누스에게 승리

527~565년
유스티니아누스 황제가
비잔티움 제국을 다스림

400년

500년

531~579년
호스로우 1세가
사산 제국을 다스림

793년 바이킹족은 잉글랜드 해안 지대를 침범하기 시작했고, 이어서 아일랜드, 프랑스, 스페인을 비롯하여 다른 유럽 국가들에도 침략의 손길을 뻗쳤다. 8세기 노르만족의 바위 그림으로 바이킹족이 타고 다니던 긴 배를 그린 것이다.

바이킹족의 바위 그림

871~899년
웨섹스의 앨프레드 대왕이
잉글랜드를 다스림

910년
클뤼니 수도원 창설

800년

900년

771~814년
샤를마뉴가
프랑크 왕국의
유일한 통치자로 군림

843년
베르됭 조약으로
프랑크 왕국이 분열

867~1025년
비잔티움 제국의 중흥기

909년
파티마 왕조의 수립

칭기즈칸은 1206년 몽골 제국을 수립했다. 그의 지도 하에 몽골군은 러시아, 미얀마, 중앙아시아, 이란 그리고 서아시아 지역까지 정복했다.

칭기즈칸

1171년
살라딘이
파티마 왕조를 무너뜨림

1189~1192년
제3차 십자군 원정

1258년
몽골 제국이
아바스 칼리프 왕조를 멸망시킴

1200년

1300년

1200년경
베네치아가 비잔티움과
유럽의 무역을 독점

베네치아 출신의 마르코 폴로는 1271년부터 1295년까지 동아시아 지방을 여행했다. 그는 쿠빌라이칸을 섬기며 오랫동안 중국에 머물러 있었다. 이탈리아에 돌아온 후 그가 집필한 회고록은 유럽에서 곧바로 유명해졌다. 이 그림은 그가 쿠빌라이칸의 시종이 건네 주는 몽골 제국의 통행증을 받는 모습이다.

쿠빌라이칸의 궁정에 간 마르코 폴로

이 화로는 페르시아의 사파위 왕조 시대에 만들어진 것이다. 아바스 1세 (1588~1629)는 세금을 낮추고, 도로망을 개선하며, 무역을 장려함으로써 사파위 왕조의 번영을 가져왔다.

사파위 왕조 시대의 화로

1658~1707년
아우랑제브가
무굴 제국을 통치

1661년
영국의 동인도 회사가
뭄바이를 매입

1707년
아우랑제브가 죽고
무굴 제국이 쇠퇴기에 접어듦

1600년

1700년

1556~1605년
악바르가 무굴 제국을 다스림

1669년
아우랑제브가
힌두교를 금지함

색인

ㄱ
가잔칸 115
가즈나 왕조 102
가지ghazi 121
갈레노스 37
고선지 장군 28
구유크칸 109
그리스도 단성설 56
그리스도 단의설 56
금장金帳한국 111

ㄴ
나디르 칼리 133
네스토리우스파 14, 114
농노 176
누레딘 105
니케아 공의회 56
니콜라우스 1세 167

ㄷ
다리우스 시대 11
다신교 23
다마스쿠스 26
데인겔드 159
동로마 제국 54
동방 정교회 50, 53, 54
동방견문록 110, 112
동인도 회사 131
동프랑크 왕국 149

ㄹ
러시아 원초 연대기 93
레오 3세 63, 65, 143, 146
로마 가톨릭교 54
로마네스크 양식 169
로에브루크의 윌리엄 114
로타르 1세 149
롤랑의 노래 142
롬바르드족 154
루이 5세 150
루트비히 1세 148, 159
루트비히 2세 149
룸(술탄 국가) 102
류리크 84, 91

ㅁ
마니교 12
마르코 폴로 110, 112
마왈리 34
마이모니데스 39
마케도니아 왕조 65
마호메트 20
마흐무드 왕 102, 133
맘루크 100, 106, 110
메디나 24
메로빙거 왕조 139
메메드 2세 50, 122, 127
메카 21
몽골족 106
몽케 110
무아위야 30
무이즈-알-다울라 46
미에슈코 1세 94
미카일 2세 65
미흐라브 41, 48

ㅂ
바랑인 83, 157
바스라 33
바실리우스 2세 64, 71
바실리카 39
바위의 돔 40
바이킹족 83, 85, 158
박트리아 왕국 17
백양白羊 투르크족 128
백장한국 111
베네치아 공화국 75, 118
베르됭 조약 149
보고밀파 운동 74
보니파키우스 파 139
보이티우스 147, 161
볼레스와프 1세 95
봉건 제도 175, 176
부이 왕조 46, 99
불가르족 63, 80
불가리아 81, 117
블라디미르 89
비드 161
비잔티움 제국 50, 53

ㅅ
사가saga 문학 160, 162
사라센 105
사만 왕조 99
사산 왕조 10
사바하 25
사파위 왕조 128, 131
4한국汗國 111
산마르코 대성당 77
살라딘 105
삼위일체설 25
샤를 3세 150

ㅇ
샤를마뉴 대제 140, 159
서로마 제국 54
서프랑크 왕국 149
성 보니파키우스 168
성상 옹호론자 65
성상 파괴 운동 59, 65, 69
세뷔크티진 102
셀주크 제국 102
셀주크족 101
송나라 101
수니파 31
수도원 개혁 운동 168
술탄 45
스벤 왕 162
스비아토슬라프 86
스키타이인 16
스탬퍼드 브리지 전투 162
스테파누스 2세 166
슬라브족 78
시아파 30, 33
신곡(단테) 39
십자군 77, 104
십자군 운동 105, 120

ㅇ
아라비아 숫자 38
아르다시르 10
아르사크 왕조 12
아바르족 80
아바스 1세 130
아바스 왕조 26, 34, 46
아부-알-아바스 34
아브드-알-라흐만 34, 44
아브드-알-말리크 43
아사신파 110
아야소피아 대성당 50, 55, 126

아우구스투스 50
아우구스티누스 147
아이유브 왕조 106
아인하르트 147
아프간족 131
아후라 마즈다 12
알모라비드 왕조 44
알모하드 왕조 44
알-안달루스 44
알-콰리즈미 39
알-킨디 39
앨퀸 147
앨프레드 대왕 160
야로슬라프 90, 93
에드워드 기번 28
오고타이칸 107, 109
오딘 85
오르한 1세 121
오스만 121
오스만 제국 121
오스만 투르크족 121
오토 1세 151
오토 2세 152
오토 3세 152
오토 왕조 151
올가 86
올레크 84
요한네스 6세 117
우마이야 사원 41
우마이야 왕조 26, 30
움마 25
울라마 103
위그 카페 150
윌리브로드 168
월지 17
유스티니아누스 1세 53
유연 18
이레네 65, 71

이맘 30
이븐-루슈드 39
이브-시나 39
이사우리아 왕조 63
이스마일 1세 128
이스파한 130
이슬람 스페인 45
일신교 23
일한국 111

ㅈ

장원 90
제노바 공화국 76, 118
조로아스터교 12
지하드 24

ㅊ

차카타이한국 111
천일야화 37
청장靑帳한국 111
칭기즈칸 107

ㅋ

카바 20
카를 2세 159
카롤링거 르네상스 145
카롤링거 왕조 139
카롤링거 서체 146
카를 마르텔 139
카탈로니아 공국 119
카페 왕조 150
칼레노스 37

칼리프 25, 98
코란 22
코사크 131
콘스탄티노플 50, 53
콘스탄티누스 25, 51
콘스탄티누스 11세 124
콤네누스 왕조 75
콥트 145
쿠라이시족 30
쿠브라트 81
쿠빌라이칸 111
크누트 대왕 162
클로비스 139
클뤼니 수도원 170
키릴 문자 81
키릴로스와 메토디오스 81, 95
키예프 공국 85, 90

ㅌ

타타르족 107
투르크족 18, 99
트레비존드 제국 53, 118
티무르 이랑 108, 116
티무르 제국 116

ㅍ

파티마 왕조 45, 98
팍스 몽골리카 113
팔라이올로구스 왕조 118
폴란드 94
푸아티에 전투 136
프랑코니아의 콘라트 150
프랑크 왕국 138
프레스터 존 104

프리지아 왕조 65
피핀 왕 139

ㅎ

하드리아누스 2세 140, 167
하룬-알-라시드 36, 144
하인리히 1세 151
하인리히 2세 153
하자르 한국 61
한(汗, khan) 18
한국汗國 61
함단 왕조 99
헤라클리우스 14, 62
헤이스팅스 162
헤지라 23
호노리우스 58
호스로우 1세 14
호스로우 2세 14
후우마이야 왕조 43
훌라구 110, 115
흉노족 17
흑양黑羊 왕조 117
히베르노-색슨 양식 159

도판 출처

이 책에 도판을 실을 수 있도록 허락해주신 다음의 기관과 개인에게 감사를 드립니다.

설명

AAA Ancient Art and Architecture Collection, London
ADO Agence Dagli Orti, Paris
AGE A.G.E Fotostock, London
AISA Archivo Iconografico S.A., Barcelona
AKG AKG, London
BAL Bridgeman Art Library, London
BL British Library, London
BM British Museum, London
BN Bibliothèque Nationale, Paris
BNM Biblioteca Nacional, Madrid
ET e.t Archive, London
KM Kunsthistorisches Museum, Vienna
MAN Museo Arqueologico Nacional, Madrid
ON Osterreichische Nationalbibliothek, Vienna
RHPL Robert Harding Picture Library, London
RMN Réunion des Musées Nationaux, Paris
SHM Statens Historiska Museum, Stockholm
WFA Werner Forman Archive, London

9 AKG / Real Monasterio, El Escorial
10 AISA
12 위 RMN / Chuzeville / Louvre, Paris
12 아래 AISA
13 아래 Giraudon / Bibliothéque Sainte-Geneviéve, Paris
14 BN
15 위 MAN
16 AAA
17 Römisch-Germanisches Museum, Cologne
18 Alinari-Giraudon / Pina Coteca Vaticana, Vatican
19 ET / Sucevita Monastery, Moldovita, Romania
20 Topkapi Palace Museum, Istanbul (Ms.H.1221)
21 BAL / Fitzwilliam Museum, Cambridge
23 Topkapi Palace Museum, Istanbul (Ms.1222)
24 Giraudon-Index / Museé Condé Chantilly
25 Spencer Collection / The New York Public Library (Astor, Lenox and Tilden Foundations)
26 Reproduced by kind permission of the Trustees of the Chester Beatty Library, Dublin
29 BN (Ar.5847, f.94v)
30 Oronoz / BN
31 Oronoz
32 ADO
33 MAN
35 Corbis / Nik Weeler
36 위 MAN
36 아래 MAN
37 AISA / BN
38 Giraudon-Dost Yayinlari / University Central Library, Istanbul
39 AISA / BN
40 WFA
41 AISA
42 AISA
44 Corbis / Sheldan Collins
45 MAN
46 BN (Ar.5847, f.125)
48 AISA / BN
50 Oronoz / Topkapi Palace Museum, Istanbul
51 AISA / Ravenna
52 AISA / Ravenna
53 Oronoz
54 AISA
56 MAN
57 1997 Dumbarton Oaks, Trustees of Harvard University, Washington DC
58 BNM (Vit.26.2, f.34v)
59 Index / Biblioteca Apostolica, Vaticana
61 Scala / S Apollinare Nuovo, Ravenna
62 Oronoz / Colección Duques de Alba, Madrid
64 WFA / Biblioteca Nazionale Marcuana, Venice
(Gr.Z17)
65 MAN
66 Lauros-Giraudon / Basilica San Marco, Venice
67 위 MAN
67 아래 Biblioteca Vaticana (Gr.372-43v)
68 Scala / S Francesca Romana, Rome
69 S Vitale, Ravenna / Scala / Art Resource, New York
70 BAL / Richardson & Kailas Icons, London
71 Scala / Galleria Freska, Belgrade
72 위 MAN
72 아래 MAN
73 BN (Gr.510, f.438v)
74 위 MAN
74 아래 BNM (Vit.26.2, f.97v)
75 ORONOZ
77 AISA
78 BAL / Giraudon / Louvre, Paris
80 WFA / BNM (f.217r)
81 Biblioteca Apostolica Vaticana (Vat. Slavo 2, f.145v)
82 Scala / San Clemente, Rome
83 National Archaeological Museum, Sofia
84 Michael Holford / SHM
85 Nationalmuseum, Stockholm
86 BAL / Kremlin Museum, Moscow
87 위 AKG / Erich Lessing / Academy of Science, St Petersburg
87 아래 Marco Polo / J de Vergara
88 Scala / State Tretyakov Gallery, Moscow
89 AGE
90 AISA
92 Lauros-Giraudon / National Art Gallery, Sofia
93 CM Dixon
94 AKG / Erich Lessing
95 Corbis / Dean Conger / Santa Sofia, Kiev
96 RHPL / State Tretyakov Gallery, Moscow
98 MAN

99 AAA / B Norman
100 BL (Add.18866, f.140r)
101 Fiorepress-Firo Foto
102 Metropolitan Museum of Art, New York (Francis M Weld Fund, 1950)
103 AGE
104 Corpus Christi College, Cambridge (Ms.26, f.279)
105 BL (Cot. Faust B, f.72v)
106 BN (Per.1113, f.44v)
107 AAA / Ronald Sheridan
109 BN
110 BN
111 BN (Pers.1113, f.107v)
112 Oronoz
113 AISA / BN
115 Corbis / Roger Wood
117 BN (Grec.2144, f.11)
119 AISA / Kariye Camii, Istanbul
120 The John Work Garett Library, Johns Hopkins University, Baltimore
121 Sonia Halliday Photograohs, Weston Turville
123 ON (Cod.8.626, f.63)
125 AISA
126 BAL / Hagia Sophia, Istanbul
128 MAN
129 AISA
130 Spencer Collection / The New York Public Library (Astor, Lenox and Tilden Foundations)
131 MAN
132 Giraudon-Dost Yanyinlari / Topkapi, Palace Museum, Istanbul
134 MAN
135 위 MAN
135 가운데 Imagen Mas / Museo Arqueologico, Oviedo
136 BN (Lat.8878, f.145v)
138 BN (Lat.8878, f.193)
139 Bibliohéque Municipale Castres, France

140 Giraudon / Museé Condé, Chantilly
141 Bibliohèque Municipale Castres, France
142 RMN / Willi / Louvre, Paris
144 위 BAL / Giraudon / BN
144 아래 BAL / Giraudon / BN
145 AKG / Schatzkammer, Aachen
146 위 Index / Biblioteca Nazionale, Turin
146 아래 Oronoz
147 BAL / KM
148 BN (Lat.1, f.423)
149 BON (Cod.908, f.3v)
150 Bibliohèque Municipale d'Arras (Ms.1045, f.8)
151 Bayerische Staatsbibliothek, Munich (Nr.335, Css.4452, f.152v)
152 Scala / Castello Sforzesco, Milan
154 BNM (Ms.413, f.16r)
155 위 AISA
155 아래 Scala
156 BM
157 BAL / SHM
158 National Museum of Ireland, Dublin
159 아래 BL Cott Nero
159 위 BM
160 SHM
161 위 BAL / BL
161 아래 SHM
162 위 AISA / Archivo de la Corona de Aragón, Barcelona
162 아래 Oronoz
163 BM
165 KM
167 Scala / Pinoteca Vaticana
168 BM
169 Imagen Mas
170 BAL / BN (Lat., f.386v)
172 Oronoz / San Isidoro, León
173 AISA
175 BNM

176 Oronoz / San Isidoro, León
178 Oronoz / Archivo de la Corona de Aragón, Barcelona
180 BN (Esp.36, f.72v)
181 위 Michael Holford / Musée Bayeux
181 아래 Giraudon / Musée Bayeux
182 Corpus Christi College, Cambridge (Ms.20, f.68r)

지도

지도판권 ⓒ 1998 Debate Pages 11, 79, 137
지도판권 ⓒ 1998 Helicon/Debate Pages 22, 27, 45, 47, 63, 76, 91, 108, 124, 143, 153, 164, 177

히스토리카 세계사 4
- 다양해지는 문화의 시대

1판 1쇄 인쇄 | 2007. 10. 19
1판 1쇄 발행 | 2007. 10. 29

지은이 | J.M.로버츠(J. M. Roberts)
옮긴이 | 조윤정
펴낸이 | 김영곤
펴낸곳 | (주)이끌리오
본부장 | 정성진
기획편집 | 김성수, 박효진
책임편집 | 한세정, 오원실
마케팅 | 주명석, 허준영, 이시몬
영업 | 윤지환, 최창규, 서재필, 도건홍, 정민영
디자인 | 양설희, 김선영
표지 디자인 | 씨디자인

등록번호 | 제16-1646
등록일자 | 2000.04.10

주소 | 경기도 파주시 교하읍 문발리 파주출판문화정보산업단지 518-3(413-756)
전화 | 031-955-2403
팩스 | 031-955-2422
이메일 | eclio@book21.co.kr
홈페이지 | http://www.eclio.co.kr

ISBN 978-89-5877-048-0
ISBN 978-89-5877-055-8(세트)

값 28,000원

이 책 내용의 일부 또는 전부를 재사용하려면 반드시 (주)이끌리오의 동의를 얻어야 합니다.
잘못 만들어진 책은 구입하신 서점에서 교환해드립니다.